U0126813

新老子道德經闡釋

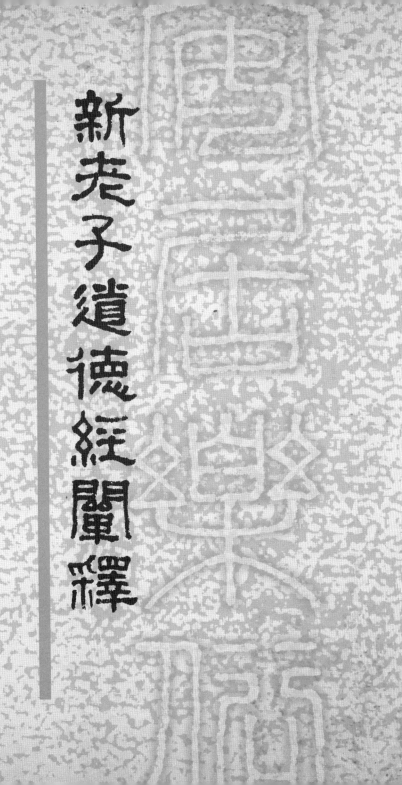

原版序

釋餘附識——代自序

老子、道德經者，司馬遷、史記、老子列傳，以為道德經乃老子所作，時代則在春秋末年。然而，近代考據大家並起，對史籍所記載，老子其人之生世、事蹟，以及道德經其書之原始作者、成書年代諸問題，重新檢討，抉發疑惑；因而多方假設，廣博求證，不過一時尚無定論。（參見古史辨、羅根澤編、第四冊、下篇；及第六冊、下篇所收諸文章）❶邇來，大陸上又有古鈔本之出土，亦無從緣之以釐清其正誤。復以今之所傳者，版本不一，異文尤多。凡此，莫不令人心生敬慎！無奈，本書之作也，乃以魏、王弼、老子注、新興書局影印、華亭張氏本為依據，並參照校勘家之意見，校正其或有不妥者。

老子、道德經，論其學術源流，班固、漢書、藝文志，以為「道家者流，蓋出於史官」，此自官制職掌所推衍而言者。論其精神形態，西漢初年有所謂「黃老」並稱者，蓋

---

❶古史辨，臺北市、明倫出版社印行，民國五十九年、三月、臺初版。

附會以稱其託始於黃帝。論其思想淵源，當於周易古經之卦象系統有所契悟。❷夫周易古經，乃周民族之筮法用書，經日積月累，至西周初年，始編輯成書。(此取劉大杰、中國文學發達史、第一章、二、之說)而周易古經乃以卦辭、爻辭解惑指迷；卦辭、爻辭則繫於卦象系統之下，即以卦象系統為超越根據。

卦象系統，乃以「⚊」、「⚋」兩符號為基礎，表現心靈中之意象，而象徵宇宙人間兩種相對相反、相感相應、相生相剋之象。憑此兩符號，即足以窮盡宇宙人間諸現象，此其「變動不居」之一層次。而此變動不居之現象，乃永續無間斷，此其「不變」之一層次。如斯，「變而不變」、「不變而變」，是為宇宙人間永無終止以發展之「規律」。至於卦象系統再由「⚊」、「⚋」兩符號交錯重疊，成兩畫之「四象」、三畫之「八卦」、六畫之「六十四卦」，並依序排列，則所窮盡之宇宙人間諸現象之「規律」，更為普遍、周密。是以周易古經之卦象系統，實已蘊涵宇宙人間「變而不變」、「不變而變」之「規律」，此即宇宙人間之發展所共同遵行之途徑，亦即所謂「道」也。

老子、道德經之內容，即將其所契悟於周易古經、卦象系統所蘊涵宇宙人間諸現象，之「變而不變」、「不變而變」之「規律」，轉為觀念化系統之建立並申述，且提煉「道」

❷ 古史辨、羅根澤編、第六冊、下篇，唐蘭、老子時代新考、第六〇九頁，有曰：「在周易裏，對列了許多相反的觀念，像剝和復，否和泰，損和益之類。老子裏，把這個方法弄得爛熟，像『有無』、『大小』、『多少』……到處都是。」

之觀念，而賦予特定意義與內容，以作為其觀念系統之綱領；❸且反以詮釋宇宙人間諸現象、之「變而不變」、「不變而變」之「規律」，並指導人主、百姓之遵循實踐。

周易古經之卦象系統，所蘊涵宇宙人間諸現象、之「變而不變」、「不變而變」之「規律」，乃屬於自然性質者。老子、道德經所契悟，並轉為觀念化系統之建立並申述，以及所提煉以為綱領之「道」，亦定性於自然意義者。由是可知老子、道德經，對周易古經之卦象系統，實有血脈之傳承。❹

老子、道德經，既以「道」為其觀念系統之綱領；對「道」之展示，乃扣緊四大要義，以為義理骨架，即：①、道之「體」義，此指「道」之自己，而定位於形而上一層次，以為萬物所共由以生成之本源，作形而上之安立。此即「不變」之一層次。②、道之「用」義，此分解「道」之自我破裂而呈現其自己，以為萬物所共由以生成之義理途徑，作超越之詮釋。此屬「變」之一層次。③、道之「玄通」義，此謂「道」之通徹其體用，並渾化而為一，以

---

❸ 古史辨、羅根澤編、第六冊、下篇，唐蘭、老子時代新考、第六一三頁，以為：「道」字之涵義，春秋時代，「哲學意義的『道』字，風行一時」，或「和方法(義)差不多」，或「差不多是人為的法則(義)」，或「『天道』和自然法則(義)差不多」，或「用占星望氣來講『天道』」。

❹ 古史辨、羅根澤編、第四冊、下篇，及第六冊、下篇，編錄諸考據大家之考證，關於「老子」其人，或以為生於春秋末年，或以為生於戰國前期，或以為生於戰國中期。關於「道德經」其書，或以為老子所作，或以為老子之語錄、成書於戰國前期，或以為戰國末期之總集。亦一時尚無定論。本書之作也，姑從傳統之說，假定老子其人為春秋末年之人，道德經其書，為老子之語錄，戰國前期編輯成書。

見道之「體」「用」一如之渾全；亦即玄通道之「變」而「不變」，「不變」而「變」，臻於圓融之境界。④、道之「實踐」義，此示「道」之大用，必須落實於政治社會，以為政治、社會所遵循之原則，故對現實政治、社會之亂源、亂象，多所批判。此老子、道德經，為迴應其「道」實踐於政治、社會諸活動之必要與價值、所作之基礎理論工作。

由於老子、道德經之思想，既超昇至形而上、「不變」一層次，亦涵蓋及於形而下、「變」一層次，且善於出、入形而上、形而下之「不變而變」、「變而不變」，而圓融為一；又能適切照應現實政治、社會之現象，以建立實踐之基礎，故其義理骨架之思惟方式，特別善於設定「相反以相成」、「矛盾而統一」之句法，運用「遮撥以反顯」、「詭譎而超昇」之理路；又能特別彰顯其「恣縱之辯證筆調」、「瑰奇之學術性格」；因而，亦為我華族開拓一足以上下飛躍、縱橫奔馳之精神宇宙。

老子、道德經之既成，即成一家之言，開一派之學，(此必須假定，依傳統之說，老子為春秋末年之人，道德經為老子之語錄，編成於戰國前期)影響及於列子之貴虛、揚子之為我、……及乎莊子之出，則消化老子之觀念化申述形態，轉化為虛靈之意念、遨遊於太虛之形容與描述，其學術性格乃顯現為廣闊而活潑之精神意境。後世則稱此學脈為「道家」。

我華族之民族實踐，至春秋、戰國，就建立領導觀念系統言，最主要者有儒、道、墨、法四家。大體上論之，儒、墨、法三家，屬於「致力以經營開拓其志業」者；道家則屬於「超然而掌握變化之樞機」者。

儒、墨、法三家之「致力於經營開拓其志業」，必須投注其精力，揮灑其才華，以創造其事功。然而，其生命亦因每每鼓盪其氣機，服從拋物線過程，以致有盛極或衰之時。其成就，固然有所造福蒼生；亦因往往由於理想與現實之落差，或者未必盡如人意，或者徒勞而無功，甚至可能流為負面價值，蓋不確定故也。

老子、道德經所申述者，則教人善於「超然而掌握變化之樞機」。蓋老子一則觀察政治社會之所以爭奪，乃起於人之意欲無盡；其所以追逐，乃緣於執著相對性價值之虛妄分別。另則，深諳盛衰消長、盈虧往復之理。故主張超然物外，無作無為；唯順應自然，以掌握事勢之迴旋。庶幾無所勞神費思，以保生全真，而志業自有成功。影響所及，如西漢初年，承暴政之後，戰亂之餘，社會元氣大傷，人民生計窮困。孝文帝用曹參為相，遵黃老之術，行無為之政，使民休養生息；因而培養國力，自然而導致孝武帝之盛世。

是以老子、道德經之治道，其實踐，乃於絕對性自然精神涵蓋下，掌握「天道好還」之樞機，道化人主之性格，芻狗百姓之存在；亦即消融人主、百姓之對待意識，拓展天清地寧之空間，於是上下相忘於化道。如是，主政者，垂拱無事，而政務雖無為而自然無不為；民情因而洋溢欣愉，社會為之日趨和樂。斯亦別一形態之「天地變化，草木繁」(易經、坤卦、文言傳之語)之功化乎！如是之政治形態，相應「致力以經營開拓其志業」、之儒、墨、法三家而言，實為於崎嶇挫折之過程中，另闢一休憩精神、慰撫創傷，以恢復活力之蹊徑。此為我華族之民族實踐過程中，生命力雖然有盛極而衰之時，卻又不旋踵轉出衰極復盛，以見其堅忍卓絕、生機健暢、而致悠久之孳生力道。

由是觀之，老子、道德經所展示者：其精神足以參契天道，其道心足以涵蓋宇宙，其玄智足以觀照變化，其治道足以曲成事功，其餘澤足以撫育生機。對於我華族之人文化成，自有其詭譎之貢獻。至於其後世，或緣之以引出陰森之詐術，或託之而墮為退避之情調，則非其初衷乎！闡釋之餘，附識此數端，用為代序焉。

中華民國八十九年、二月，朱維煥自序於臺中市。

改版序

吾常見笑于
大方家

大學及研究所求學期間，得緣與內子我沄相識相知，由此因緣得以親炙　維煥教授教誨。然年輕不知珍惜，未能把握機會好好學習，轉眼岳父竟已仙逝近二十年。

當年泰山將畢生研究心得付梓排印，交學生書局發行。境遷時易，原版式、字體大小均不符現代人閱讀習性，然思索岳父進德修業、寅夜伏案之心血，猶可供後之進修者參考。遂徵求岳母、妻眷及學生書局同意，將《周易經傳象義闡釋》、《老子道德經闡釋》兩書搭配篇題之書法、篆刻，重行版排付梓面世。

大學求學時，得緣追隨棲安先生學習書法及篆刻，是時尚稱勤學精進，哪知就業後俗事纏身，遂將此藝束之高閣，任其荒蕪封塵！驀然回首，匆匆已三十餘年歲月⋯⋯。

近些年來，夜深人靜之際，屢屢內心忖思：年過半百，隨波逐流、隨業沉浮而一事無成，更因愚痴無明造作諸多荒唐惡業。屢屢夜半夢中驚醒，汗涔涔而茫然不知所措⋯⋯，此心此境豈是「慚愧」兩字了得！然懺悔之餘，亦慶幸一路走來，總有諸多善知識、貴人提攜扶持。這些年雖是搖擺晃盪，不至撲倒不起，此情此景又豈是「感恩」兩字可了得！

經歷歲月洗鍊及種種世間法考驗，遂重拾研讀岳父著作，原來這些年自己竟是懷珠行乞，聖哲之生命智慧唾手可得，卻是心猿意馬，外求奔波不歇！種種因緣促使吾人發心篆刻《易經》、《道德經》、《心經》、《金剛經》等經典，藉此自我沉澱靜思，並期透過書法及篆刻與有緣人分享聖哲經典之智慧。漫長過程幾度身心疲憊、腸枯思竭，幾生退心之際，幸得諸多增上緣方不至退轉，進而心生清淨歡喜。已過知天命之歲，對於「天命」依然茫然懵懂無知；行將耳順，卻是耳背眼花手抖，還能於世事繁雜中偷空完成這些功課，因緣之不可思議，令人讚歎啊！

衷心感恩所有相扶持之親朋好友及一切因緣。感謝岳母李敏女士、內弟我帆、內子我沄、家父沈正德先生、家母鄧玉江女士、手足崇聖、吉博及小女佳茵、小子昕牧的鼓勵支持；感謝恩師棲安先生提供篆書；感謝潘燕玉老師協助校稿及指導編輯事宜；感謝學生書局及蘭潭印刷廠鼎力協助，《周易經傳象義闡釋》及《老子道德經闡釋》得以重新改版面世。

掠借泰山所著的篇題，藉篆刻之藝來詮釋，旨在冰冷的鉛字中賦予另一面貌。雖吾師評吾篆刻作品膽大於藝，然有篆書及經文闡釋穿插其間，一來記錄見證吾人與泰山維煥教授之翁婿情緣、與棲安先生之師生情誼，再者除掩篆刻之瑕，更祈使讀者於觀讀印語之餘，能見篆書、注文而曉經文真義；觀印而見文，循文而得義，藉此拋磚引玉爾！吾人不揣謭陋、野人獻曝，稚嫩拙劣之作，尚祈方家笑而見教！

己亥夏　沈崇詩

註：「吾長見笑于大方之家」語出《莊子．秋水》篇。今人「長」作「常」，並將句子簡化作「方家莫笑」、「方家見笑」。

新老子道德經闡釋 目錄

序
原版序 釋餘附識——代自序 朱維煥 3
改版序 吾常見笑于大方家 沈崇詩 9
老子道德經 17
上經
道常無名 一 18
處無為事 二 24
無為而治 三 30
道沖不盈 四 34
天地守中 五 38
玄牝天地 六 42
天長地久 七 46
上善若水 八 50
功遂身退 九 54
抱一玄德 十 58
無之為用 十一 64
去彼取此 十二 68
寄愛天下 十三 72
致詰混一 十四 76
濁靜徐清 十五 82
致虛守靜 十六 88
事遂自然 十七 92
仁義孝慈 十八 96
見素抱樸 十九 100
有餘若遺 二十 106

惟道是從 二十一 112

抱一曲全 二十二 118

同道同德 二十三 124

有道不處 二十四 130

道法自然 二十五 134

燕處超然 二十六 140

雖智大迷 二十七 144

知雄守雌 二十八 150

去甚去奢 二十九 156

以道佐人 三十 162

恬淡為上 三十一 166

知止不殆 三十二 170

自知者明 三十三 174

功成不有 三十四 178

淡乎無味 三十五 182

微明脫淵 三十六 186

無樸無欲 三十七 192

下經

處實無華 三十八 196

天清地寧 三十九 202

生於有無 四十 208

道隱無名 四十一 212

負陰抱陽 四十二 218

至柔至剛 四十三 224

不辱不殆 四十四 228

大巧若拙 四十五 232

知足常足　四十六　238
不為而成　四十七　242
為道日損　四十八　246
天下渾心　四十九　250
出生入死　五十　254
尊道貴德　五十一　258
見明守柔　五十二　264
行於大道　五十三　270
見觀天下　五十四　274
和常曰明　五十五　278
和光同塵　五十六　284
無欲自樸　五十七　290
禍福相倚　五十八　296
深根固柢　五十九　302
若烹小鮮　六十　306
牝靜勝牡　六十一　310
道奧萬物　六十二　316
報怨以德　六十三　320
慎終如始　六十四　324
玄德深遠　六十五　330
江海善下　六十六　334
慈儉忌先　六十七　338
不爭之德　六十八　344
不敢為主　六十九　348
被褐懷玉　七十　352
聖人不病　七十一　356

知不自見 七十二 360
天網恢恢 七十三 364
民不畏死 七十四 368
無以生為 七十五 372
柔弱處上 七十六 376
不欲見賢 七十七 380
正言若反 七十八 384
有德司契 七十九 388
安居樂俗 八十 392
為而不爭 八十一 396
天道好還 相反相成 402
超然物外 順應自然 403

老子道德經

道常無名

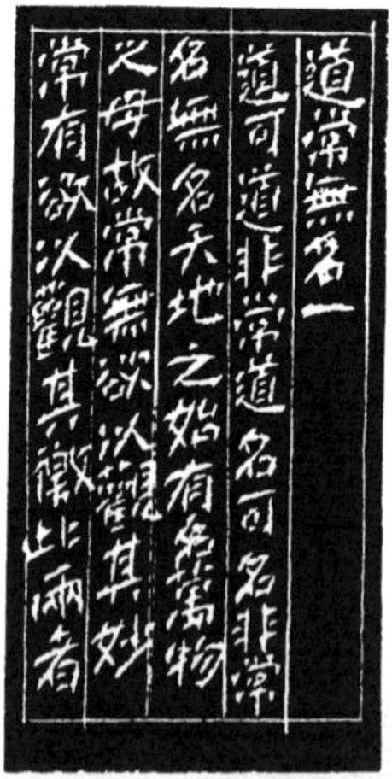
道常無名一
道可道非常道名可名非常
名無名天地之始有名萬物
之母故常無欲以觀其妙
常有欲以觀其徼此兩者

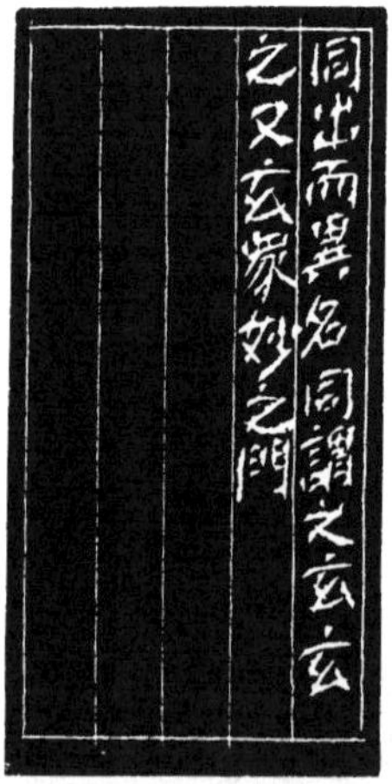
同出而異名同謂之玄玄
之又玄衆妙之門

第一章

道可道，非常道；名可名，非常名。無，名天地之始；有，名萬物之母。故常無，欲以觀其妙；常有，欲以觀其徼。此兩者，同出而異名，同謂之玄，玄之又玄，眾妙之門。

(一)、高亨、老子正詁、第一頁、❶曰：「『道可道，非常道』者，例如儒墨之道，皆可說者，非常道也。『名可名，非常名』者，例如仁義之名，皆可命者，非常名也。」

(二)、魏源、老子本義、第一頁、❷曰：「無名、無欲四句，司馬溫公、王安石、蘇轍，皆以『有』、『無』為讀。」

(三)、釋憨山、老子道德經解，第五八頁、❸曰：「常，猶尋常也。欲，猶要也。老子謂

❶ 高亨、老子正詁，臺北市、新文豐出版公司印行，民國七十年、二月、出版。

❷ 魏源、老子本義，臺北市、世界書局印行，民國四十四年、十一年、臺一版。

❸ 釋悠山、老子道德經解，（收於「觀老莊影響論」書中）臺北市、廣文書局印行，民國六十三年、三月、初版。

我尋常日用安心於無，要以觀其道之妙處。我尋常日用安心於有，要以觀其道之微處。」

（四）、呂喦、道德經解、第一頁、❹曰：「妙以虛靈之用而言。」

（五）、焦竑、老子翼、注、第一頁、❺曰：「徼、竅通，物所出之孔竅也。」

（六）、朱謙之、老子校釋、第七頁、❻曰：「謙之案：『玄』字，績語堂碑錄因避清帝（聖祖玄燁）諱，改為『元』，當據原碑改正。以下仿此。」

（七）、成玄英、老子義疏、第二十五頁、❼曰：「玄者，深遠之義，亦是不滯之名。……有欲之人，唯滯於有，無欲之士，又滯於無，故說一玄，以遣雙執。又恐行者滯於此玄，今說『又玄』，更袪後病。既而，非但不滯於滯，亦乃不滯於不滯，此則遣之又遣，故曰：『玄之又玄』。」

案：「道可道，非常道；名可名，非常名」——第一句，「道可道，非常道」，①、第一字之「道」，乃相應具有「宇宙人生全體大用」之特定涵義，而觀念化、概念化之名詞。②、「可道」之「道」，為動詞，作「敘說」解。③、「常道」，則為遮撥（非）「可道」之「道」，以反顯屬於形而上永恆存在之「道」，而以「常」形容之，曰「常道」。此「常

---

❹ 呂喦、道德經解，臺北市、廣文書局印行，民國七十九年、九月、再版。

❺ 焦竑、老子翼，臺北市、廣文書局印行，民國六十六年、七月、再版。

❻ 朱謙之、老子校釋，臺北市、漢京文化事業有限公司印行，民國七十四年、十月、十日、初版。

❼ 成玄英、老子義疏、臺北市、廣文書局，民國六十三年、三月、初版。

道」乃老子為萬物所以自化自生所安立之本源，牟宗三先生則稱之為「境界形態之形而上實體」。❽

「名可名，非常名」，①、第一字之「名」，乃相應具有各自特定涵義，而觀念化、概念化之一切「名詞」自己。②、「可名」之「名」，亦為動詞，作「指謂」解。③、「常名」，其句法所啟示之思路，亦為遮撥（非）「可名」之「名」，以反顯屬於形而上永恆存在之「名」，亦以「常」形容之，曰「常名」。然而，形而上之永恆存在者，實無所「名」，亦不可以「名」名之；故以「常名」之「名」名之，實不適當。

「無，名天地之始；有，名萬物之母」——「無」，於老子之精神宇宙中，乃形容其絕對性一層次，為宇宙萬物所安立之生而不生之本源，（始）而實無聲、無臭、無方所、無定體，一無所有，故以「無」名之。「有」，於老子之精神宇宙中，則形容其相對性一層次，為萬物所安立之成而不成之作用，（有）以其實為不成而成之存在性，故以「有」名之。

「故常無，欲以觀其妙；常有，欲以觀其徼」——「妙」，虛靈莫測之感應。「徼」，出入無端之關竅。此兩句，「故常無」，乃謂：常於「無」一層次；「欲以觀其妙」，觀斯絕對性境界，既一無所有，卻為萬物所由生，蓋其感應之虛靈莫測。「常有」，常於「有」一層次；「欲以觀其徼」，觀彼相對性世界，但呈現作用，即為萬物所由成，乃見關竅之出

❽ 見牟宗三先生、才性與玄理、第五章、第二節、第一四三頁。香港、人生出版社出版，民國五十二年、九月、出版。

入無端。

「此兩者，同出而異名，同謂之玄，玄之又玄，眾妙之門」——「玄」，王弼本作「元」，上文所引，朱謙之、老子校釋、第七頁，以為乃避清聖祖玄燁諱所改。今據更正。以下皆仿此。「此兩者」，當指本章之主眼「無」與「有」而言，蓋回應上文而綜結之也。「同出」，同出於絕對層之「自然」（常道之「道」）。「異名」，方其自我否定，以示其一無所有之感應，乃曰「無」。繼之自我呈現，轉出存在性作用之關竅，則曰「有」。「同謂之玄」，玄者，「無」「有」相與渾化也。無之境界實攝有之作用而猶無，有之作用亦涵無之境界以用有。無、有相與渾化，一歸於自然（常道之「道」）。則無、有相攝相涵，無象無迹，唯任自然（常道之「道」）而自然，故曰「玄之又玄」。夫萬物之自生自成，莫非其妙其徼之自自然然所亭毒。（「亭」者，成長也。「毒」者，成熟也。義見本經、第五十一章、第六三頁）即，此為其「門」也，故曰「眾妙之門」。

此章，可見老子之道德經，其主題即在論「道」，故列為第一章，一起筆即揭舉之。繼而分解為「無」、「有」．兩層次，以示其充盈於形而上、形而下而無間。然後復玄然渾化而為一，以見其無窮之妙用。

處無為事

處無為事二
天下皆知美之為美
斯惡已皆知善之為
善斯不善已故有
無相生難易相成
長短相較高下相傾音
聲相和前後相隨是以
聖人處無為事行不言
之教萬物作焉而不辭
生而不有為而不恃功
成而弗居夫唯弗居是
以不去

第二章

天下皆知美之為美，斯惡已；皆知善之為善，斯不善已。故有無相生，難易相成，長短相較，高下相傾，音聲相和，前後相隨。是以聖人處無為之事，行不言之教。萬物作焉而不辭，生而不有，為而不恃，功成而弗居。夫唯弗居，是以不去。

(一)、朱謙之、老子校釋、第九頁、曰：「謙之案：作『相形』是也。畢沅曰：『「形」，王弼作「較」，陸德明亦作「較」，並非。古無「較」字，本文以「形」與「傾」為韻，不應用「較」又明矣。』」

(二)、王淮先生、老子探義、第九頁、❾曰：「美與惡，善與不善，皆相對有待之『名』，而道體則是絕對無待的。……有道之士，體合絕對無待之『道』，超越一切相對有待之『名』，他所達到的是一種忘美醜，遣善惡，一是非，而合同異的境界。」

---

❾ 王淮先生、老子探義，臺北市、商務印書館發行，民國五十八年、一月、初版。

(三)、馬敘倫、老子校詁、第三三頁、❿曰：「陶紹學曰：十七章、王弼注曰：居無為之事，行不言之教，萬物作焉而不為始。可見今本作辭者，後人妄改也。不為始義較優，且與下句協韻。」

(四)、高亨、老子正詁、第七頁、曰：「余疑」『作』字當在萬物上，蓋轉寫誤竄。……謂聖人作萬物而不辭，生萬物而不有，為萬物而不恃也。……為而不恃者，猶云施而不德，謂施澤萬物而不以為恩也。」

(五)、宋常星、道德經講義、第一五頁、⓫曰：「聖人之心，雖然不居，其功終亦不可得而去者，蓋以道德高於天下，天下後世未嘗不歸功於聖人者也。」

案：「天下皆知美之為美，斯惡已；皆知善之為善，斯不善已。故有無相生，難易相成，長短相較，(形)高下相傾，音聲相和，前後相隨」——此段所列舉之美、惡，善、不善，有、無，難、易，長、短，高、下，音、聲，前、後，皆屬於世間之觀念、概念，而老子一組組列舉之，蓋示其為相對性價值存在。如果就其性質言之，則可分之為三類：

(1)道德意義之相對性價值觀念，如：①、「天下皆知美之為美，斯惡已」，則美與惡實相對待而顯。②、「皆知善之為善，斯不善已」，則善與不善，實相對待而顯。天下人皆感知其美者之為美，善者之為善；實，如是則已轉出其所相對待之惡、之不善。

---

❿ 馬敘倫、老子校詁，臺北市、綜合出版社印行，民國七十六年、初版。

⓫ 宋常星、道德經講義，臺中市、自由出版社印行，民國四十七年、八月。

(2)社會意義之相對性價值概念，如：①「有無相生」，即有與無乃相對待而生者。②、「難易相成」，即難與易乃相對待而成者。

(3)自然意義之相對性價值概念，如：①、「長短相較」，「較」，朱謙之、老子校釋、第九頁，以為當作形，以合其韻。即長與短乃相對待而形成。②、「高下相傾」，即高與下乃相對待而傾斜。③、「音聲相和」，即音階與聲調乃相對待以相和諧。④、「前後相隨」，即前與後乃相對待以相跟隨。

夫由於世間相對性價值之存在，每每引起天下人意識上之分別，情欲上之好惡，馴至於爭奪、詐偽，是社會之所以亂也。老子為防杜之，乃藉是而指點一如何超越相對性世界，臻於絕對性境域之義理途徑。其實，相對性價值觀念、概念，乃現實生活所必須；且有開拓思惟，超昇精神之架構作用，故老子並不否定。老子祇是引導消融相對之分別，渾化情意之好惡，一切當下歸於如其所如，即是所臻之絕對性精神境界。

「是以聖人處無為之事，行不言之教。萬物作焉而不辭，生而不有，為而不恃，功成而弗居。夫唯弗居，是以不去」——「是以」者，承上起下之詞。上文既示「超相對臻絕對之旨趣，下文則言：①、「聖人處無為之事，行不言之教」，蓋處事而無為，行教而不言，則不著痕跡，以任事之自成，由民之自化，此聖人之所以歸於絕對性自己。②、「萬物作焉而不辭」，此句，高亨、老子正詁、第七頁，及馬敘倫、老子校詁、第三三頁所校，作「作萬物而不為始」，（見上文引文）比較通順。案「萬物」之物，當包括物、事、人三者。此句並以下三句，乃承上句之「聖人」而為言，蓋謂（聖人）作育萬物固為其本源，而不自以為其本源。「生而不有」，則謂生長萬物固為所擁有，而不自以為擁有。「為而不恃」，乃謂成就萬物固為有恩德，而不自以為有恩德。「功成而弗居」，「弗」與「不」古音同而通用。復謂（聖人）作育萬物之大功既已完成，而不自居其大功。

「夫唯弗居，是以不去」，此句看似僅承上句，而實包括上文四句，即聖人既有大功德，而不自居大功德；萬物莫不大自由、大自在，以歸於物物自己。是萬物與聖人相與渾化於絕對性精神宇宙。是聖人作育大功德之永垂不朽。

此章，教人超越相對，消融分別，以臻於絕對性精神境界之義理途徑。

無為而治

無為而治三
不尚賢使民不爭不貴難
得之貨使民不為盜不見
可欲使民心不亂是以聖
人之治虛其心實其腹
弱其志強其骨常使民無
知無欲使夫智者不敢
為也為無為則無不治

第三章

不尚賢，使民不爭；不貴難得之貨，使民不為盜；不見可欲，使民心不亂。是以聖人之治，虛其心，實其腹，弱其志，強其骨。常使民無知無欲，使夫智者不敢為也。為無為，則無不治。

(一)、釋憨山、道德經解、第六五頁、曰：「蓋尚賢，好名也。名，爭之端也。故曰，爭名於朝。若上不好名，則民自然不爭。貴難得之貨，好利也。利，盜之招也。若上不好利，則民自然不為盜。故曰，苟子之不欲，雖賞之不竊。……若在上者，苟不見名利有可欲，則民亦各安其志，而心不亂矣。」

(二)、陸西星、老子玄覽、第九頁、⑫曰：「……聖人知其如此，故常使人舍妄歸真，返乎太朴，無所於尚，無所於貴，無所於見，而虛其心也。無所於爭，無所於盜，無所於亂，而弱其志也。實其腹，謂飽乎道德。強其骨，謂強立不反。聖人之治有如此者，是皆無知無欲之事。」

⑫陸西星、老子玄覽，臺北市、廣文書局印行，民國七十七年、七月、初版。

(三)、鄭環、老子本義、第四頁、⑬曰：「此承上無為而言，民之難治，以爭盜亂而敢於為也。為生於欲，欲生於知；知賢，知貨，知可欲，而民敢於為矣。」

(四)、成玄英、老子義疏、第四二頁、曰：「知者，分別之名；欲者，貪求之目。言聖人常以空慧利益蒼生，令倒置之徒，息分別之心，捨貪求之欲也。」

案：「不尚賢，使民不爭；不貴難得之貨，使民不為盜；不見可欲，使民心不亂」——自社會生活言之，「賢」，相對於「不肖」，乃為人格之價值。「難得之貨」，相對於「易得之貨」，則為經濟之價值。夫人主尚賢，所以鼓舞人格之成就；貴難得之貨，所以激勵經濟之發展。相應而言，百姓尚賢，則「名」得以歸之；貴難得之貨，則「利」得以滿足。凡此，亦屬社會進步之動力。然而，賢之名不可必得，則爭心生焉；難得之貨之利不易擁有，則盜念起焉。是社會之所以亂也。故老子主「不尚賢」，「不貴難得之貨」；「不見(尚賢、貴難得之貨)可欲」。庶幾使民「不爭」、「不為盜」、「心不亂」。

「是以聖人之治，虛其心，實其腹，弱其志，強其骨。常使民無知無欲，使夫智者不敢為也。為無為，則無不治」——依據上文所述之旨，老子乃復主張：聖人之治民：①、「虛其心」，「虛」者，無也；無者，自然也。一心坦蕩以任運，無待而逍遙。②、「實其腹」，體乎道，充乎德，則精神內容，圓滿而充實。③、「弱其志」，賢名不爭，難得之貨利不盜，是無所企求，一歸於絕對性自己。④、「強其骨」，內歛精神，滋養氣節，則人格之骨力勁

⑬鄭環、老子本義，臺北市、廣文書局印行，民國六十四年、四月、初版。

健，以卓立於物外。

尚賢，貴難得之貨，是分別心之「知」；以爭，以盜，是好惡情之「欲」。為人主，於主觀之自持，當「不見可欲」；於客觀之治民，則通過虛……實……弱……強……之功夫成就，以渾然而自然卓立於物外。夫上示之以化，則下從之而治，是「常使民無知無欲」。且「使夫智者不敢為也」，「智者」，當指巧智之士。意謂使巧智之士，於渾樸之風氣感化中，不敢亦不得有所施為。此聖人所以「為」而「無為」，而天下「無不治」矣。

此章，所揭示者，聖人之治，消極義乃在如何消融百姓之知、欲，積極義則當自我淬礪道化之人格；以共躋無為之大治。

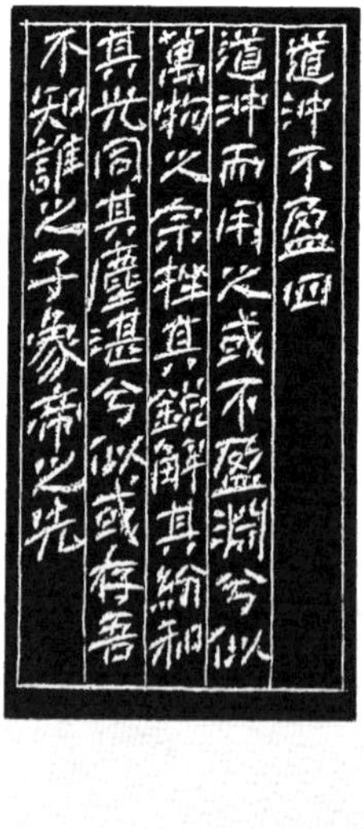
道沖不盈 四
道沖而用之或不盈淵兮似
萬物之宗挫其銳解其紛和
其光同其塵湛兮似或存吾
不知誰之子象帝之先

第四章

道沖而用之，或不盈。淵兮似萬物之宗。挫其銳，解其紛，和其光，同其塵。湛兮似或存。吾不知誰之子，象帝之先。

(一)、俞曲園、諸子（老子）平議、第八四頁、⑭曰：「樾謹案：說文皿部：『盅，器虛也。』老子曰：『道盅而用之。』盅訓虛，與盈正相對。作沖者，叚字也。」

(二)、高亨、老子正詁、第一二頁、曰：「（『挫其銳，解其紛，和其光，同其塵』）此四句重見五十六章。譚獻、馬敘倫，並謂此處衍文。」

(三)、釋憨山、道德經解、第六八頁、曰：「沖，虛也。盈，充滿也。淵，靜深不動也。宗，猶依歸也。謂道體至虛，其實充滿天地萬物，但無形而不可見，故曰，用之或不盈。道體淵深寂漠，其實能發育萬物，而為萬物所依歸。但生而不有，為而不宰，故曰，似萬物之宗。或，似，皆不定之辭，老子恐人將二言語為實，不肯離言體道，故以此等疑辭，以遣其執耳。」

⑭俞曲園、諸子平議，臺北市、世界書局印行，民國八十年、九月、五版。

(四)、王淮先生、老子探義、第一三頁、曰：「象者，『意想』之詞。……此言道之為物，吾不知其所自生，以意推想，當是先於天地而存在也。」

案：「**道沖而用之，或不盈。淵兮似萬物之宗**」——「道沖而用之」，「道」，於老子之學，乃為萬物所安立之形而上本源。質言之，即自自然然之「自然」。沖者，虛也；虛者，無也。言其體也。蓋謂「道」（「自然」）之自體至虛，一無所有，以為萬物之本源。及其起用，即「自然」之大用，則彌綸於萬物；萬物之化生，莫不遵循此「自然」（道）之自自然然而自自然然。「或不盈」，「或」者，無定之判斷限制詞，⓯乃或然、或不然之意。「或不盈」者，示其「用」之或然盈，或不然盈，周流而無礙；亦反顯其「體」之沖虛而不滯。

「淵兮似萬物之宗」，「似」者，亦無定之判斷限制詞，乃似是、似不是之意。淵兮，指「道」言，示其「體」為形而上存在，至深也。似是萬物所依歸，似不是萬物所依歸。反而言之，萬物似是由之所生成，似不是由之所生成。即，道之於萬物，生而無所生而萬物自生。故牟宗三先生稱之為「境界形態之形而上實體」。（參見第一章所引）

「**挫其銳，解其紛，和其光，同其塵**」——此四句，高亨、老子正詁、第一二頁，引譚獻、馬敘倫之說，並謂為五十六章之文，錯簡重出於此，茲從之，容後釋之。

⓯ 參見許世瑛先生、中國文法講話、第三章、第一節、第三一頁。臺北市、臺灣開明書店發行，民國五十七年、九月、修訂初版。

「湛兮似或存」——「湛兮」者，深遠澄澈之狀，亦指「道」言，示其相而無相，姑以「湛兮」狀之。「似或」者，似是或然、似是或不然之意。「似或存」，其所示之體，似是或然存在，似是或不然存在。夫連用似、或兩無定判斷限制詞，則誠如本經、第二十一章、第二四頁所言之「道之為物，惟恍惟惚」，其玄然馳騁之空間大矣。此對超越存在者之權宜形容，可謂至矣。

「吾不知誰之子，象帝之先」——「吾不知」，乃明言無從探悉，而實謂不可解知。「誰之子」，「子」者，當指首句所論之「道」；稱為「子」，則應有生之者；究竟誰生之？既然「吾不知」，勉強思索之，則又「象帝之先」。「象」者，王淮先生、老子探義、第二三頁，作「意想」解，（見上文引文）最得其義。「帝」者，天帝，假言之為造物並主宰者，萬物莫不為其所生成。今曰「象帝之先」，即意想「道」乃先於天帝而存在，亦即「道」為造物並主宰者之形而上先在。是則，道者，子而非子，先唯象先。如是，道者乃為造物並主宰者所以安立之貞定極則。

此章，所描述之「道」，其「用」、其「體」，其「相」，但見其或然或不然，似然似不然，故足以作為貞定萬物所以生成之極則。

天地守中

天地守中五
天地不仁以萬物為芻狗聖
人不仁以百姓為芻狗天地之
間其猶橐籥乎虛而不屈動
而愈出多言數窮不如守中

第五章

天地不仁，以萬物為芻狗；聖人不仁，以百姓為芻狗。天地之間，其猶橐籥乎！虛而不屈，動而愈出。多言數窮，不如守中。

(一)、馬敘倫、老子校詁、第四〇頁、曰：「倫案：范應元曰：『譬如結芻為狗以祭祀。』此說是也。莊子、天運篇曰：『芻狗之未陳也，盛以篋衍，巾以文繡，尸祝齋戒以將之。及其已陳也，行者踐其首脊，蘇者取而爨之。』此即芻狗之義。」

(二)、高亨、老子正詁、第一三頁、曰：「橐籥者，王弼曰：『橐，排橐也。籥，樂籥也。』吳澄曰：「橐籥，冶鑄所用噓風熾火之器也。為甬以周罩於外者，橐也。為轄以鼓扇於內在，籥也。』吳氏解『橐』從王說，解『籥』自立新義，是也。」

(三)、王淮先生、老子探義、第二六頁、曰：「此處章句似有脫落。疑『多言』句上脫『有為』句，觀河上與王弼兩家注文可證。又或別為他章錯簡。然皆不可詳考矣。」

(四)、魏源、老子本義、第五頁、曰：「釋文謂禮數、勢數也。中者，虛中，謂心也。」

案：「天地不仁，以萬物為芻狗；聖人不仁，以百姓為芻狗」──「仁」者，以「生機」

為義，乃其具體化落實則為「愛」。⑯因此，此章所言之「仁」、「不仁」，可從兩層次瞭解之：①、於現實世界，仁之落實，則具體化為對特定對象之「愛」。隨之，亦難免於有所執著。又者，相應而言，有所「仁」，則有所「不仁」。此為第二義、相對性之「仁」、「不仁」。②、於超越境界，「仁」，唯歸於絕對性「生機」自己；其大用則普施及於萬物，而萬物由之以生。此為第一義、絕對性之「大仁」。雖然，其大用普施及於萬物，然而，又未曾執著於特定之物作特殊之愛，故曰「不仁」。莊子、齊物論、第四一頁、曰：「大仁不仁。」⑰是以絕對義之「大仁」，乃超越相對義之「仁」、「不仁」以上之另一境界。

「天地不仁」、「聖人不仁」，言「不仁」，皆為遮撥現實世界相對性之「仁」、「不仁」，以反顯其屬於超越境界淵淵、浩浩之「大仁」。⑱至於「萬物」，乃天地所生，「百姓」亦萬物之屬，皆當仁之。今日「不仁」以「芻狗」之，意在令其各自任運而化，「大仁」潤澤於其中矣。

「**天地之間，其猶橐籥乎！虛而不屈，動而愈出**」——「橐籥」，高亨、老子正詁、第一三頁，引吳澄之說，作冶鑄之器解。（見上文引文）天地之間，萬物之生也，必有其道，老子則以橐籥為喻。「虛」者，狀其體之一無所有；「不屈」，示其蘊蓄之力道無窮。「動」

⑯ 參見四書、論語、顏淵篇、第八五頁。臺北市、世界書局印行、民國五十八年、十月、十五版。
⑰ 莊子，臺北市、世界書局印行，民國四十四年、十一月，臺一版。
⑱ 四書、中庸、第三十二章、第二九頁、曰：「肫肫其仁，淵淵其淵，浩浩其天。」

者，喻乎道之呈現自己；「愈出」，則示此一力道之彌綸於萬物。

「多言數窮，不如守中」——「數」者，生機之運數。「言」者，乃意念之觀念化為語言；「多言」，則渾然整全之道為之破裂，其生機之運數因而窮屈，以致不能無限，倒不如守其沖虛渾全之道心。（所謂「中」）

此章，論乎天地、聖人，於不之仁而見其大仁。唯大仁者既沖虛其中，且無窮其用。

玄牝天地

玄牝天地六

谷神不死是謂玄牝

玄牝之門是謂天地根

綿綿若存用之不勤

第六章

谷神不死，是謂玄牝。玄牝之門，是謂天地根。緜緜若存，用之不勤。

(一)、焦竑、老子翼、注、第三七頁、曰：「谷，喻也，以其虛而能受，受而不有，微妙莫測，故曰谷神。」

(二)、魏源、老子本義、第五頁、曰：「天下之物，惟牝能受能生。若夫受而不見其所以受，生而不見其所以生，則尤玄妙不測之牝也，可以母萬物，而萬物皆從門出，豈非天地之根乎！……緜緜若存，觀妙之事。用之不勤，觀徼之事。」

(三)、釋憨山、道德經解、第七五頁、曰：「門，即出入之樞機，謂道為樞機。萬物皆出於樞，入於機，故曰：『玄牝之門，是謂天地根。』」

(四)、丁福保、老子道德經箋注、第九頁、⑲曰：「緜緜，微而不絕也。若存，言神存於中，而不可見也。勤，勞也。謂能如是，雖終日用之而不勞矣。」

⑲丁福保、老子道德經箋注，臺北市、廣文書局印行，民國六十四年、四月、初版。

案：「谷神不死，是謂玄牝」——「谷」者，以其虛，故為百川所歸。「神」者，以其莫測，[20]故應變無方。是以「谷神」者，主乎容涵而成變也。乃所以喻「道」。「道」即自然，蓋謂「自然」虛而莫測，涵容萬物為所遵循以生成。「不死」，示其歷萬古而長在之永恆性。「玄牝」，「玄」者，無、有相與渾化。「牝」者，雌屬，即母也。玄牝，乃謂生而不生之生之者。

「**玄牝之門，是謂天地根**」——「門」者，本經、第十章、第一三頁，有「天門」之安立，以詮釋萬物所以由之而出、而入。「玄牝之門」，此句乃言（谷神是謂）生而不生之生之者、名「玄牝」，其為萬物所以由之而出、而入之「門」。「是謂天地根」，即天地生成萬物之本源，蓋萬物皆由之不生而生。

「**緜緜若存，用之不勤**」——「緜緜」，生機之縷縷而勁健不絕。「若」，亦無定判斷限制詞，若然、若不然之意。「若存」，即若然存，若不然存；蓋存而不存也。故本經、第二十一章、第二四頁，曰：「道之為物，惟恍惟惚。」皆所以形容「道」為超越存在之相狀，故曰「緜緜若存」。「勤」者，勞也。夫「道」即「自然」者，為超越境界之若存若不存，及其大用之所運，則無不自自然然而化之，無所謂勤不勤，故曰「用之不勤」。

此章，設「谷神」以喻涵容而成變，假「玄牝」以示生而不生。又復推原之，則見緜緜其生機，不勤其盡用。

---

[20] 見朱維煥、周易經傳象義闡釋、繫辭上傳、第五章，「陰陽不測之謂神」句之解釋。臺北市、學生書局，民國七十五年、十月、第二次印刷。

天長地久

天長地久七

天長地久天地所以能
長且久者以其不自生
故能長生是以聖人後
其身而身先外其身而
身存非以其無私耶
故能成其私

第七章

天長地久，天地所以能長且久者，以其不自生，故能長生。是以聖人後其身而身先，外其身而身存。非以其無私邪？故能成其私。

(一)、王淮先生、老子探義、第三一頁、曰：「所謂『不自生』，究為何義？①、在『體』上講，即不自『覺』其生之謂。②、在『用』上講，即不營其生之謂。不自覺其生，則必『無心』，不自營其生，則必『無為』。『無心』、『無為』則主觀上為一『渾沌』，而客觀上則完全『相忘』。」

(二)、魏源、老子本義、第六頁、曰：「李氏嘉謨曰：天不愛其施，地不愛其生，是謂不自生。不自生，萬物恃之以生，故能長生。此天施地生之道，所以未嘗一日息也。」

(三)、釋憨山、道德經解、第七六頁、曰：「聖人不愛身以喪道，故身死而道存，道存則千古如生，即身存也。故曰『外其身而身存』。」

(四)、王弼、老子注、第一〇頁、㉑曰：「自生、則與物爭；不自生，則物歸也。無私者，

㉑王弼、老子注，臺北市、新興書局發行，民國四十九年、十月、再版。

無為身也。身先身存，故曰能成其私也。」

案：「天長地久，天地所以能長且久者，以其不自生，故能長生」——「天長地久」，此實然之現象。「天地所以能長且久者」，此提出問題，而解之曰「以其不自生」。夫「生」，①、自具體世界言之，必須服從「因果法則」，遵守「發展過程」，故為有條件之生，為個別性之生，相應「不自生」之義而言，生之者為「自生」。（生之者自己生之）②、自超越境域言之，天自運焉，地自載焉；而萬物自生自成焉，蓋自自然然而已。誠若王淮先生、老子探義、第三一頁所言，於「體」上不自覺其生，於「用」上不自營其生。即，生之者實不生之。天地既然不自生，則但見天之運也無息，地之載也不懈，乃以「故能長生」迴應「天地所以能長且久者」。案以「長生」作迴應，則精神價值蘊涵於其中矣。

「是以聖人後其身而身先，外其身而身存。非以其無私邪？故能成其私」——體道之聖人，①、「後其身而身先」，自現實世界觀之，論先後，則落入相對性世界，難免有所對待，或者，至於爭先而恐後。自精神境界觀之，「後其身」者，依老子之意，乃謂自現實世界退後一步，無作無為，以超昇自己至絕對性清靜境界。相應萬物而言，即為其形而上之先在，而無不涵蓋，故曰「身先」。②、「外其身而身存」，人，必須寄居於人間社會，因此，亦每每為習俗、風尚所拘限。如果體乎道，置身物外，不為所誘，不為所困，得以保生全真，是為「外其身」。既然置身物外，保生全真，則精神生命得以大灑脫、大自在，故曰「身存」。

「非以其無私邪」？「私」者，主觀意欲以擁有也。此句以反問句法詮釋聖人「後其身」、「外其身」之深度理由在於「無私」。蓋「後其身」、「外其身」，則於現實社會無所趨、無所避，於主觀意欲無所擁有，此其心境豈非「無私邪」？以其「後其身」而「身先」，「外其身」而「身存」；「身先」「身存」是為大灑脫、大自在之「私」，此所以「故能成其私」。

此章，論天地以其不自生，故能長生。聖人體此不事而自致之機運，亦以後其身、外其身，而身先、身存，蓋以無私而成其私，此詭譎為用之道。

上善若水

上善若水八
上善若水水善利萬物
而不爭處衆人之所惡
故幾於道居善地心善
淵與善仁言善信正善
治事善能動善時夫唯
不爭故無尤

第八章

上善若水，水善利萬物而不爭，處眾人之所惡，故幾於道。居善地，心善淵，與善仁，言善信，正善治，事善能，動善時。夫唯不爭，故無尤。

(一)、呂嵒、道德經解、第七頁、曰：「上善，善之至者。若水，天機活潑不爭，無成心也。」

(二)、魏源、老子本義、第六頁、曰：「李氏贄曰：凡利物之謂善，而利物者又不能不爭，非上善也。惟水不然，眾人處上，彼獨處下。眾人處易，彼獨處險。眾人處潔，彼獨處穢。所處盡眾人之所惡，夫誰與之爭乎？此所以為上善也。」

(三)、馬敘倫、老子校詁、第四三頁、曰：「倫謂，幾借為近。……畢沅曰，（正）王弼作正，永樂大典作政。作正者非。」

(四)、焦竑、老子翼、第四五頁、曰：「蘇（子由）註……避高趨下，未嘗有逆，善地也。空虛靜默，深不可測，善淵也。利澤萬物，施而不求報，善仁也。圓必旋，方必折，塞必止，決必流，善信也。洗滌群穢，平準高下，善治也。遇物賦形，而不留於一，善能也。

冬凝春伴，涸溢不失節，善時也。……水唯不爭，故兼七善而無尤。」

案：「**上善若水，水善利萬物而不爭，處眾人之所惡，故幾於道**」——「善」，為道德性價值觀念。「上善」，乃謂最高之道德價值。「若水」，即以水之性德為比喻。水之性德，此章以下列兩義為規定：①、「善利萬物而不爭」，此言其「性」也。②、「處眾人之所惡」，此言其「德」也。「故幾於道」，「幾」者，近也。稱水，實以喻道。「道」即自然。水之性、德如斯，所幾之道之性、德亦如之，即：①、為萬物所由之生以成，此其「善利萬物」，為不爭之「性」。②、不辭人間卑穢之境遇，此其「處眾人之所惡」，為謙退之「德」。

「**居善地，心善淵，與善仁，言善信，正善治，事善能，動善時**」—此繼上文所列舉之「水」、並兼及所幾之「道」之所謂七「善」。句法可謂一致，其「善」字，當為程度限制詞，㉒作「善於」解。茲列舉分別闡釋之。

①、「居善地」——所居善於趨向卑下地位。

②、「心善淵」——存心善於保持虛靜玄通。

③、「與善仁」——施與善於普遍利澤萬物。

④、「言善信」——語言善於坦誠切合情境。

⑤、「正善治」——為政善於釐清程序條理。

㉒ 參見許世瑛先生、中國文法講話、第三章、第一節、第三一頁。

⑥、「事善能」——處事善於表現縱橫能力。

⑦、「動善時」——發動善於相應特殊事宜。

「**夫唯不爭，故無尤**」——「尤」者，罪責也。水之不爭，順其自然而已；道之不爭，亦順其自然而已。順其自然，則超昇至絕對性境界，無所相對；無所競逐，「故無尤」。

此章，以「不爭」為主脈，以論「水」；復兼喻於「道」。然後列舉七「善」句，以頌揚之，則其隨機應變之功德見矣。

功遂身退

功遂身退九
持而盈之不如其已揣而
銳之不可長保金玉滿堂
莫之能守富貴而驕自遺
其咎功遂身退天之道

第九章

持而盈之，不如其已；揣而銳之，不可長保。金玉滿堂，莫之能守；富貴而驕，自遺其咎。功遂身退，天之道。」

(一)、河上公、老子章句、第八頁、㉓曰：「盈，滿也。已，止也。持滿必傾，不如止也。」

(二)、朱謙之、老子校釋、第三四頁、曰：「孫詒讓曰……『揣』字當讀為『捶』。……王（弼）云：『既揣末令尖，銳之令利。（案下文又云：勢必摧衂，故不可長保也）』即謂捶鍛鉤鍼，使之尖銳。……蓋揣與捶聲轉字通也。」

(三)、焦竑、老子翼、第五〇頁、曰：「蘇（子由）註……日中則移，月滿則虧，四時之運，成功者去。天地尚然，而況於人乎！」

案：「**持而盈之，不如其已；揣而銳之，不可長保**」——此兩句中之「盈之」、「銳之」，其原始句法皆屬致使句，即「使之盈」、「使之銳」。如果還原之，則其意旨如下：①、「持而盈之，不如其已」，即，執持（盛水之容器）如果使之滿盈，（則有轉成傾溢之可能）不如及

㉓河上公、老子章句，臺北市、廣文書局印行，民國七十九年、九月、四版。

時而止之。②、「揣而銳之，不可長保」，「揣」者，朱謙之、老子校釋、第三四頁，以為當讀為捶，（見上文引文）於義較長。即，捶鍛（鈎鍼）如果使之尖銳，（則有轉成斷折之可能）．不可能長保其原狀。

「金玉滿堂，莫之能守；富貴而驕，自遺其咎」——「咎」者，災殃。此示世人皆有累積金玉、追求富貴之欲望，如果不知適可而自止、得意而自謙，則可能轉為「莫之能守」、「自遺其咎」。

「功遂身退，天之道」——「遂」者，成也。依據上文兩段所示之旨，物若過當，難免招忌，故功之既成，身則當退。蓋天之道，如日中則移，月滿則虧。人之道亦當如斯。

此章，先舉持盈則溢，揣銳則折，金玉、富貴得失無常之事例。然後告誡事物之發展過程，如果逾越其限度，則可能發生相反之效應。故教人「功遂身退」，以應天道。老子可謂善於審幾察勢，與時開闔者也。

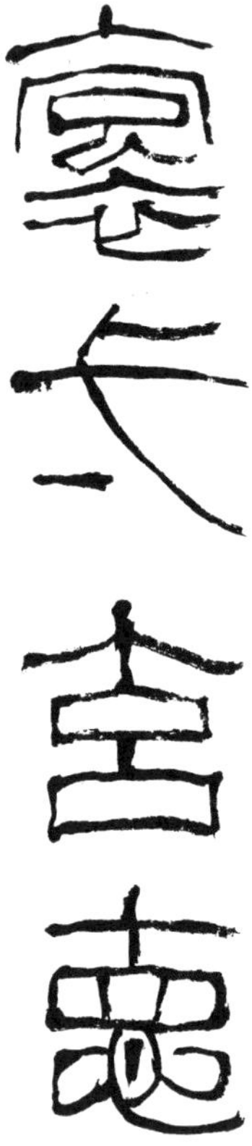

抱一玄德十

載營魄抱一能無離乎專氣至柔能嬰兒乎滌除玄覽能無疵乎愛民治國能無為乎天門開

闔能無雌乎明白四達能無知乎生之畜之生[illegible]而不有為而不恃長而不宰是謂玄德

第十章

載營魄抱一，能無離乎？專氣致柔，能嬰兒乎？滌除玄覽，能無疵乎？愛民治國，能無為乎？天門開闔，能無雌乎？明白四達，能無知乎？生之，畜之；生而不有，為而不恃，長而不宰：是謂玄德。

(一)、陸西星、老子玄覽、第一九頁、曰：「載，承載也。營魄即魂魄也。予聞之師曰，人之生也，精氣為物，魂者，氣之所化也；魄者，精之所化也。精魄屬陰，氣魂屬陽。以其寓於後天形質之中則皆陰也，而不能久。聖人知其如此，故迎其所謂先天真乙之炁者，以為一身之主。而真乙之炁，即所謂一也，道也，無名天地之始也。於是一身之中，精炁魂魄，翕然歸之。」

(二)、丁福保、老子道德經箋注、第一五頁、曰：「宋朱文公曰，專，非守之謂，只是專一無間斷，純純全全，如嬰兒然。了無知之之心，則柔亦至矣。」

(三)、高亨、老子正詁、第二四頁、曰：「亨按，『覽』讀為『鑒』，『覽』『鑒』古通用。……玄者，形而上也。鑒者，鏡也。玄鑒者，內心之光明，為形而上之鏡，能照察事物，故謂之玄覽。……洗垢之謂滌，去塵之謂除。說文：『疵，病也。』」

(四)、俞曲園、諸子(老子)平議、第八五頁、曰：「樾謹按，唐、景龍碑，作愛民治國，能無為；天門開闔，能無雌；明白四達，能無知。其義並勝，當從之。」

(五)、釋憨山、老子道德經解、第八三頁、曰：「天門，指天機而言；開闔，猶言出入應用之意。」

(六)、宋常星、道德經講義、第三五頁、曰：「明者，心之內光慧照，謂之明。白者，心之本體素存，謂之白。蓋以虛能生明，靜能生白。虛靜明白者，方可謂明白四達也。四達者，通達無礙之義。無知，……惟聖人虛靜圓明，不以聰明為用，無見無聞，無為無欲，自有一段空明境界。感之則通，叩之則應。雖所知無窮，則又終日如愚，無知而無不知，無不知卻是無知。故曰明白四達，能無知乎二句。」

(七)、馬敘倫、老子校詁、第五〇頁、曰：「然自生之畜之以下，與上文義不相應。……皆足證此文為五十一章錯簡。」

案：「**載營魄抱一，能無離乎**」——「營魄」即「魂魄」。古人解釋生命之結構，以為自然生命乃緣陰陽交感所結聚。陰陽交感，其清者為「氣」，其濁者為「質」，氣者之鼓盪為情意，質者之沈澱於形軀。情意之氣，形軀之質，昇華為永恆生命，則為「魂」為「魄」。自然生命固有時而盡，魂魄則長存於幽冥世界。

「載營魄」，即自然生命持載魂魄。「抱一」，「一」者，絕對性之整全，所謂「道」也，道即「自然」。抱一，即自然生命所持載之魂魄，擁抱自然之道，而互為內在。「能無離乎」？即自然生命所持載之魂魄，與所擁抱之自然之道，相與渾化，但見自自然然之運行，行事無所歧出，生命無所破裂，故曰，「能無離乎」？

「**專氣致柔，能嬰兒乎**」——專者，凝斂之意也。「專氣」，即凝斂陰陽交感所生之氣，於生命之中。「致柔」，乃謂順應陰陽交感之自然運行，無作無為，而臻於柔弱之精神境界。「能嬰兒乎」？能如同嬰兒之不識不知，唯順其原始諧和之意識形態，如其實，如其真以直覺反應。

「**滌除玄覽，能無疵乎**」——滌者，洗垢也。除者，去塵也。玄者，形而上（無）形而下（有）之渾化也。覽者，鏡照也。「玄覽」，即指道心之智照，遍於形而上、形而下，無照無不照。由於道心智照，必須落實於現實生活以為基礎，則染塵積垢，其所難免；滌除之者，乃相應之外緣功夫，庶幾道心之反歸於虛靜靈明自己。「能無疵乎」？疵者，病也。蓋道心智照，內而虛靜靈明，外則滌垢除塵，故能無疵。

「**愛民治國，能無為乎**」——揣乎老子之「道」，所謂「自然」者，乃相應人間社會之分別、造作、爭奪以致亂，故轉而提倡崇尚自自然然之超越精神；而此崇尚自自然然之超越精神，並非孤懸於人間社會之上，而是就人間生活、政治社會而彌綸之，亦即於牧民為政，能順應自然，以「愛」之「治」之。「能無為乎」？無為，即無所造作。無所造作，當涵所始之無所分別，所終之無所爭奪，斯為莊子、大宗師、第一二三頁所謂之「人相忘乎道術」之自自然然精神境界。

「**天門開闔，能無雌乎**」——「天門」，乃老子為詮釋萬物所以化生所假設之關竅，亦即莊子所謂之「機」。（參見下文）老子、第四十二章、第五三頁，有曰：「道生一，一生二，二生三，三生萬物。萬物負陰而抱陽，沖氣以為和。」夫天道之化生萬物，如果以陰陽之說釋之，則不妨選取任一生命行程以為例，畫分為無數之時間刻畫，由某一時間刻畫為起點。於該一時間刻畫，以觀察萬物之化生，老子乃假設一「天門」焉。唐君毅先生、哲學概論、下冊、第三部、第五章、第三節、第六三頁、㉔曰：「……其所有化於舊形之處，即舊形由之而入、而隱，此即名之為陰。其所有成於新形之處，即新形由之而出、而顯，此即名之為陽。」綜是以觀，則舊形之入、之隱，為物之化，為陰，乃天門之闔。新形之出、之顯，為物之生，為陽，乃天門之開。其實，該一時間刻畫之同一時間，舊形之入、之隱，新形之出、之顯；陰之化，陽之生；天門之闔，天門之開，皆為同時。莊子、至樂篇、第二七七頁、曰：「萬物皆出於機，皆入於機。」「機」即天門。萬物即出於機，即入於機；即天門之開，即天門之闔。其義無別。㉕

易，繫辭上傳、第五章、第四六五頁、㉖曰：「一陰一陽之謂道，繼之者善也，成之者性也。」所謂「繼之者」，即某一時間刻劃之即舊形之入、之隱，即新形之出、之顯；即陰之化，即陽之生；即天門之闔，即天門之開。同時引生下一時間刻畫繼之，亦復即舊迎之入、

㉔ 唐君毅先生、哲學概論，臺北市、學生書局印行，民國七十四、十月、出版。

㉕ 易經、繫辭上傳、第十一章、第四八二頁，曰：「是故闔戶謂之坤，闢戶謂之乾。」其義可相發明。

㉖ 見朱維煥、周易經傳象義闡釋。

之隱，即新形之出、之顯；即陰之化，即陽之生；即天門之闔，即天門之開。……如是，永續而無間，化生以不息，皆自自然然之運行。「能無雌乎」？雌之性為順，其德為從。能無雌乎？即能無如雌性之順從乎？蓋順從「天門開闔」之自自然然運行。

「**明白四達，能無知乎**」——「明白」，乃指道心之智用與體性。蓋道心之智用，無照無不照，故「明」；道心之體性，虛靈潔淨，故「白」。道心既明且白，圓照無礙，故「四達」。「能無知乎」？老子所言之「知」，乃無知無不知之「知」，故反問之，能無表現此「無知無不知」之「知」乎？

「**生之，畜之；生而不有，為而不恃，長而不宰：是謂玄德**」——此段，據馬敘倫、老子校詁、第五〇頁之考證，乃本經、第五十一章之錯簡，重出於此。（見上文引文）茲從之，容後闡釋。

此章，除末句疑為錯簡重出者外，全文連用六組複句，而每組複句之下句，皆用「能……乎」之判斷限制詞「能」、加助詞「乎」；[27]且其中五句嵌用有無句之「無」[28]如斯，錯落有致，表示反問兼期許，以曲盡反本、持修、致用之妙旨。

[27] 參見許世瑛先生、中國文法講話、第三章、第一節、第三一頁。

[28] 參見許世瑛先生、中國文法講話、第八章、第五節、第一五六頁。

無之為用

無之為用十一
三十輻共一轂當其無
有車之用埏埴以為器
當其無有器之用鑿
戶牖以為室當其無
有室之用故有之以為
利無之以為用

第十一章

三十輻，共一轂，當其無，有車之用。挻埴以為器，當其無，有器之用。鑿戶牖以為室，當其無，有室之用。故有之以為利，無之以為用。

(一)、朱謙之、老子校釋、第四三頁、曰：「錢坫曰：考工記曰：『輪輻三十，象日月。』日三十日而與月會，輻數象之。……說文解字：『轂，輻所湊也。』言轂外為輻所湊，而中空虛受軸，以利轉為用。」

(二)、焦竑、老子翼、注、第六六頁、曰：「考工記曰：埏，和也。埴，黏土也。和水土燒以為陶也。」

(三)、吳澄、道德經注、第一八頁、[29]曰：「車以轉軸者為用，器以容物者為用，室以出入通明者為用，皆在空虛之處，故曰無之以為用。」

(四)、丁福保、老子道德經箋注、第一七頁、曰：「車，載重行遠。器，所以貯藏。室，

[29] 吳澄、道德經注，臺北市、廣文書局印行，民國七十年，八月、再版。

人所寢處。此三者皆所以為天下利也。故曰，『有之以為利』。然此三者之所以有用，皆在空虛之處，故曰，『無之以為用』。」

案：「三十輻，共一轂，當其無，有車之用。埏埴以為器，當其無，有器之用。鑿戶牖以為室，當其無，有室之用」——本章，選取車、器、室三件事物為例，以喻「道」之無、用、利三層次之意義，及其關係。

⑴「三十輻，共一轂，當其無，有車之用」——「輻」者，車輪中之直木。「轂」者，輻之所湊者。三十輻共湊於一轂，轂之中空，（無）所以受軸，以使車輪轉動，（用）而盡其載乘之功。（利）

⑵「埏埴以為器，當其無，有器之用」——「埏埴」，摶和泥土。摶和泥土以為器皿，器皿之中空，（無）以備容物，（用）而盡盛裝之功。（利）

⑶「鑿戶牖以為室，當其無，有室之用」——「牖」者，側旁之窗。開鑿窗戶以成房屋，房屋中空，（無）以便居住，（用）而盡寢處之功。（利）

夫轂之中空，器之中空，室之中空，乃象徵乎「無」，無者，本來一無所有。車輪之轉動，器皿之容納，房屋之居住，則呈現之「有」。有者，本乎無所呈現之用。車之載乘，器之盛裝，室之安處，為所盡之「利」。蓋本「無」，用「有」，盡「利」，「道」所以展現自己之歷程見之矣。

「**故有之以為利，無之以為用**」——此兩句乃歸納上文所舉三例之旨。上文三例，皆特別指陳「當其無，有……之用」。其所特別指陳者，乃承本經、第一章、第三頁所言之「故常無，欲以觀妙；常有，欲以觀其徼」，而落實於具體世界。今日「有之」、「無之」，則為文法上意謂句「以之為有」、「以之為無」之倒裝而省略。[30]如果套入此兩句，即意謂：指陳其「有」者，所以見其所盡之功利；指陳其「無」者，所以見其所成之大用。

此章，藉車、器、室三例，分解「道」之由「無」而「有」而「利」、以呈現其發展歷程。

[30] 參見許世瑛先生、中國文法講話、第九章、第四節、第一八一頁。

去彼取此

去彼取此十二
五色令人目盲五音令
人耳聾五味令人口爽
馳騁畋獵令人心發狂
難得之貨令人行妨是

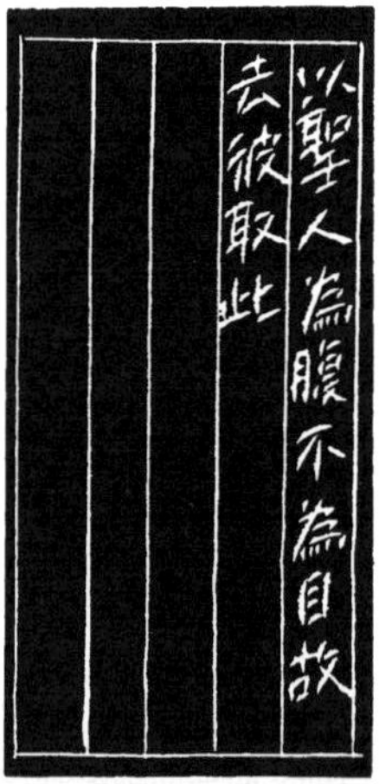
以聖人為腹不為目故
去彼取此

第十二章

五色令人目盲；五音令人耳聾；五味令人口爽；馳騁畋獵，令人心發狂；難得之貨，令人行妨。是以聖人為腹不為目，故去彼取此。

(一)、丁福保、老子道德經箋注、第一七頁、曰：「五色，青、黃、赤、白、黑也。目盲，謂能惑視也。人多以見色為明，而鮮能反照於無色之色。五音，宮、商、角、徵、羽也。耳聾，謂能惑聽也。人多以聽聲為聰，而鮮能反聽於無聲之聲。五味，酸、苦、甘、辛、鹹也。口爽，失正味也。人多以嗜味為美，而鮮能反味於無味之味。馳騁田獵，心則流逸奔放而失其正定，故發狂。貴難得之貨，則玩物喪志，而妨修道之行。」

(二)、河上公、老子章句、第一一頁、曰：「妨，傷也。難得之貨謂金、銀、珠、玉，心貪意欲，不知厭足，則行傷身辱也。……去彼目之妄視，取此腹之養性。」

(三)、王弼、老子注、第一四頁、曰：「爽，差失也。……夫耳目口心，皆順其性也。不以順性命，反以傷自然，故曰盲聾爽狂也。……為腹者，以物養己。為目者，以物役己，故聖人不為目也。」

案：「五色令人目盲；五音令人耳聾；五味令人口爽；馳騁畋獵，令人心發狂；難得之貨，令人行妨」─夫人，既生活於實然世界，必須有其實然之要求。本章所提之人之實然要求，包括下列兩類：

(一)、感官之享受──即：目之於色，耳之於音，口之於味。（感官有五，上列三者之外，尚有鼻之於香，身之於觸，本章其略乎）

(二)、情欲之滿足─即：情之於馳騁田獵，欲之於難得之貨。

平情而論，凡此實然生活之實然要求，確實有其實然價值，蓋亦人情所不能免。

老子所以責之者，實意涵一「假然推理之前件」之設定，即：「如果」：人之感官享受，情欲滿足，僅囿於感性生活一層面，則每每生起分別之心、爭逐之念，以致留連忘返，沈湎自己。既然，前件之根據得以成立，後件之歸結，便亦可推理而成立。於是，「則」：誠若老子所責之者，「五色令人目盲；五音令人耳聾；五味令人口爽；馳騁畋獵，令人心發狂；難得之貨，令人行妨」。揣夫老子之意，乃在自感性生活一層面，自我超拔，臻於精神生活一層面。莊子、人間世、第六七頁、曰：「无聽之以耳，而聽之以心。」準此，則不妨將上引之老子義五「令人」句批評句法，轉換成是非雙照之句法，即：無視之以目，而視之以心，（此「心」乃指老子義之「道心」。以下四句之「心」義同此）則不至於戀五色而致目盲；無聽之以耳，而聽之以心，則不至於迷五音而致耳聾；無嚐之以口，而嚐之以心，則不至於惑五味而致口爽；無遊之以情，而遊之以心，則不至於耽馳騁畋獵而致心發狂；（此「心發狂」之「心」，乃指情意之心，非老子義之道心）無擁之以欲，而擁之以心，則不至於溺難得之貨而致行妨。夫視之、聽之、嚐之、遊之、擁之所「以」之「心」，既指老子義之「道心」。道心虛靜圓明，故視而不視，聽而不聽，嚐而不嚐，遊而不遊，擁而不擁。則五色、五音、五味、馳騁畋獵、難得之貨，於道心物來順應之視、聽、嚐、遊、擁中，正足以潤實然生命，而養其性之全與保其德之真。

「**是以聖人為腹不為目，故去彼取此**」——「是以」者，承上起下之詞。「為腹」，本經、第三章、第六頁，有曰：「實其腹。」「腹」者，喻所涵容之道家義內在道德精神內容。「為腹」，當指以道心視之、聽之、嚐之、遊之、擁之所實然享受、滿足者，在於「為」充養內在之道德精神內容。「不為目」，即不「為」感官之享受、情欲之滿足。「去彼」，指排除所「為目」之感官享受、情欲滿足。「取此」，指選取所「為腹」之充實內在道德精神內容之功夫。

此章，論聖人人格修持之方向，在超越感官之享受、與情欲之滿足；而充實自我生命之精神內容。

寄愛天下

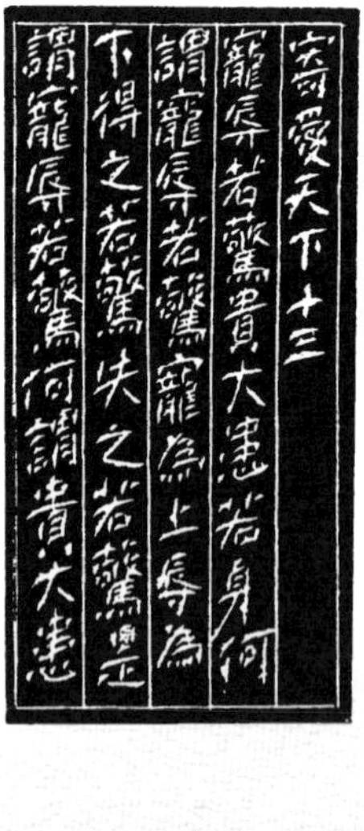

寄愛天下十三
寵辱若驚貴大患若身何
謂寵辱若驚寵為上辱為
下得之若驚失之若驚是
謂寵辱若驚何謂貴大患

若身吾所以有大患者為
吾有身及吾無身吾有何
患故貴以身為天下若可
寄天下愛以身為天下若
可託天下

第十三章

寵辱若驚，貴大患若身。何謂寵辱若驚？寵為上，辱為下；得之若驚，失之若驚：是謂寵辱若驚。何謂貴大患若身？吾所以有大患者，為吾有身；及吾無身，吾有何患？故貴以身為天下，若可寄天下；愛以身為天下，若可託天下。

(一)、呂嵒、道德經解、第一一頁、曰：「驚，危懼意。貴，重也。大患，禍害之難堪者。若身，視如身受也。……以身為天下者，不自私其身，而欲偕天下於大道也。貴，以慎重言。愛，以關切言。可寄於天下，寵辱不驚也；可以託於天下，不以一身之患為患也。此為徒愛其身，而不知以道濟天下者發。」

(二)、俞曲園、諸子(老子)平議、第八六頁、曰：「陳景元、李道純本，均作『何謂寵辱若驚？寵為上，辱為下』。可據以訂諸本之誤。」（案：王弼本作「何謂寵辱若驚？寵為下。」）

(三)、朱謙之、老子校釋、第四九頁、曰：「王念孫曰：『「及」猶「若」也。……老子曰：「吾所以有大患者，為吾有身；及吾無身，吾有何患！」言吾若無身也。』……又此二『若』字，與『則』字同義。王引之曰：『「若」猶「則」也。老子曰：「故貴以身為天下，若可寄天下；愛以身為天下，若可託天下。」』」

(四)、吳澄、道德經注、第二一頁、曰：「寄，猶寄百里之命之寄。託，猶託六尺之孤之託。」

案：「寵辱若驚，貴大患若身」——本章起筆，即以此兩句為綱領，然後分別辨析。因此，有理由懷疑此兩句可能是古有是語，而老子引之以申其義。至於此兩句之涵義，容下文隨老子所申辨者而闡釋之。

「何謂寵辱若驚？寵為上，辱為下；得之若驚，失之若驚；是謂寵辱若驚」——「寵」者；榮寵。「辱」者，恥辱。「若」者，則也。「上」者，尊崇。「下」者，卑賤。「得」者，得乎榮寵。「失」者，失乎榮寵。夫榮寵則驚喜，恥辱則驚憂；榮寵表示際遇之尊崇，恥辱表示際遇之卑賤；得乎榮寵則驚喜，失乎榮寵則驚憂。蓋榮寵與恥辱，總屬外在之際遇。得之、失之，驚喜、驚憂，則為內在之感應。由外在之際遇，引生內在之感應，乃心理之實然現象。此一心理之實然現象，深一層言之，則出於生物生命趨利避害之本能反應，故為人之常情。

「何謂貴大患若身？吾所以有大患者，為吾有身；及吾無身，吾有何患」——「貴」者，重視。「大患」，難堪之禍害。「若身」，如同身受。「及」者，若也，如果也。夫「身」指形軀，所以持載生命；執著此身，所以生存於世間。重視難堪之禍害，以其為客觀之趨勢；如同身受，乃屬主觀之意想。蓋意識上執著「身」之存在價值，故意想禍害之難堪。斯亦「避害」心理之反射，亦為人之常情。故曰，「所以有大患者，為吾有身」。

繼之，著一「及」（若、如果）字，文氣急遽迴旋，並架設一假然推理，即「及吾無身」，此示修道之士，應當是（如果）主觀上之忘身也，即有身而無身。（則）「吾有何患」？難堪之禍害，既然由於「如同身受」所意想；反之，一旦主觀上忘身，則自爾不起客觀上「難堪禍害」之意想，而忘大患。是謂主、客兩忘，則渾然順化矣。

「故貴以身為天下，若可寄天下；愛以身為天下，若可託天下」——「故」者，所以也，依據上文之理由而「所以」之。「故」字以下兩句，乃綜合上文兩義，而或異其文之駢句；其中之「貴」與「愛」，「寄」與「託」，當以互文足義解之。夫「貴」者，慎重。「愛」者，關切。「以」者，用也。「為」者，治也。至於結構上，「貴」、「愛」，應該分別與其下之「為天下」相呼應。是以老子之意，乃謂：有道之士，當以慎重、關切之態度，用「忘寵辱、忘大患之『無身』」之「身」，於治天下，則可以寄託天下。蓋內「無身」，故無作，則不存機心；外忘寵辱、忘大患，故無為，則不行機事。如是，百姓自樸，天下自安！

此章，其旨蓋主張身當忘而天下不可忘。忘身，故有道之士，無作、無為，而退開一步；不忘天下，則為政者，樸之、安之。期於同躋諧和之境域。

致詰混之

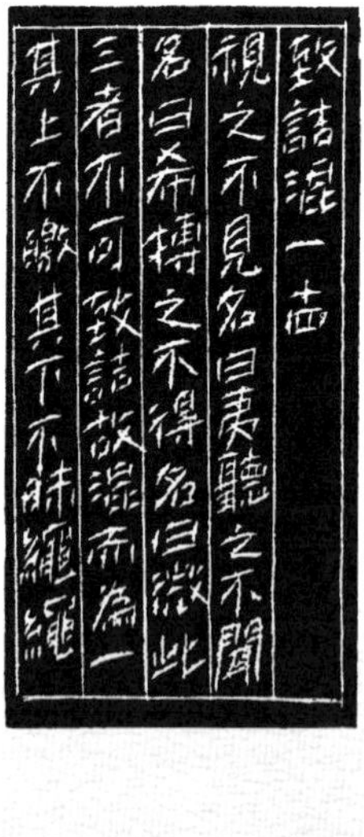

致詰混一 十四
視之不見名曰夷聽之不聞
名曰希搏之不得名曰微此
三者不可致詰故混而為一
其上不皦其下不昧繩繩

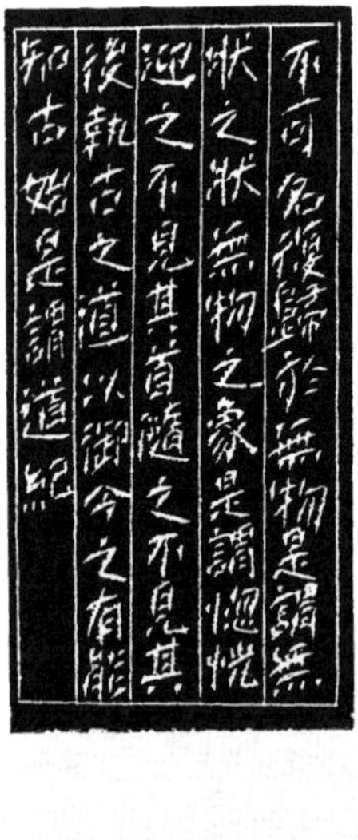

不可名復歸於無物是謂無
狀之狀無物之象是謂惚恍
迎之不見其首隨之不見其
後執古之道以御今之有能
知古始是謂道紀

第十四章

視之不見名曰夷，聽之不聞名曰希，搏之不得名曰微。此三者不可致詰，故混而為一。其上不皦，其下不昧。繩繩不可名，復歸於無物。是謂無狀之狀，無物（象）之象。是謂惚恍。迎之不見其首，隨之不見其後。執古之道，以御今之有；能知古始，是謂道紀。

(一)、釋憨山、道德經解、第九三頁、曰：「夷，無色也，故視之不可見。希，無聲也，故聽之不可聞。微，無相也，故搏之不可得。搏，取也。……其上日月不足以增其明，故不皦。皦，明也。其下幽暗不能以昏其體，故不昧。」

(二)、王淮先生、老子探義、第五七頁、曰：「老子，『繩繩兮不可名』，自河上以下，兩千年來無的解。拙作『繩繩考』，引高鴻縉先生、中國字例、象形篇：玄，即「繩字之初文」之說，證明『繩繩』即『玄玄』；『繩繩兮不可名』，即『玄玄兮不可名』。蓋道體虛無，玄之又玄，故曰：『玄玄兮不可名，復歸於無物』也。」

(三)、呂嵒、道德經解、第一二頁、曰：「繩繩，猶綿綿，相續不絕也。……執，專主也。御，調攝也。古道，先天。今有，後天。執古御今。一以貫之之意。古始，無始之始。道紀，道之統紀。」

（四）、高亨、老子正詁、第三二頁、曰：「亨按：作無象之象較勝；無狀之狀，無象之象，句法一律。」

（五）、吳澄、道德經注、第二三頁、曰：「古始者，道也，謂古先天地之所始也。道紀者，德也，謂道散為德，如理絲之縷，有條而不紊也。能知此道，則知此德為道之紀也。」

案：「視之不見名曰夷，聽之不聞名曰希，搏之不得名曰微。此三者不可致詰，故混而為一」——本章，為對道體之描述。道體，乃屬於形而上之存在。然而，吾人對外在事物之認識，每每或囿於五官之感性作用，以感知其具體存在。或限於意識之知性作用，以推知其觀念性、概念性、意象性諸存在。老子深明形而上存在之道體，非感性作用、非知性作用所能相應而窮盡，故本章之描述，乃使用「遮撥以反顯」之方式呈現之。

「視之不見」，是目不得而見。「聽之不聞」，是耳不得而聽。「搏之不得」，是手不得而觸。（依據五官之功能，推之，亦鼻不得而嗅，舌不得而嚐）「名曰夷」、「名曰希」、「名曰微」，則為假立之名，所以彰顯此三語之客觀分量。其實，此三者僅為三種不同角度之虛擬狀況，一無所當，故不可致其詰問。而所呈現者，則為混沌之絕對性自己，所謂「一」是也。

「其上不皦，其下不昧。繩繩不可名，復歸於無物。是謂無狀之狀，無象之象，是謂惚恍」——「皦」者，光明。「昧」者，昏暗。上、下，為假設之相對性方位。皦、昧，為承受陽光之相對性照明度。夫其上者皦，其下者昧，乃自然界之現象。今日「其上不皦，其下不昧」，意謂無上、下之分，亦無皦、昧之別，乃在遮撥自然界之現象，以反顯其為形而上存在。雖然，實亦兼及暗喻道體固為形而上之存在，其用則通貫於形而下世界，而圓融為一，並為下句「繩繩」作引端。至於「繩繩」者，王淮先生、老子探義、第五七頁，以為即「玄玄」，即「玄之又玄」。（見上文引文）「玄」者，渾化有、無。「無」者，示其為形而上一無所有之存在，以為萬物由之以「生」之本源。「有」者，示其為「無」之呈現於形而下存在，以為萬物由之以「成」之作用。「玄之又玄」，即承「無」以生「有」，而「無」在「有」中；攝「有」以歸「無」，而「有」在「無」中。夫即「無」即「有」，即「有」即「無」，「無」「有」渾化而為一，則萬物由之以生以成，而生機緜緜（繩繩或釋為緜緜，見上文引文）不息矣。道體，既以遮撥之方式反顯之而已，故不可以「名」指謂之，蓋唯歸於其一無所有之絕對性自己。本經、第二十五章、第二八頁，有曰：「有物混成，先天地生。」此所謂「物」者，乃準萬象之稱「物」而姑假借以名之，其實道體非「物」，故曰「無物」。而且，凡具體世界之「物」，應當有其狀態，有其現象。而道體既然「復歸於無物」，因此，下文述之曰，其狀，非具體存在之狀；其象，非具體存在之象，故曰，「是謂無狀之狀，無象之象」。如斯，若有若無，若無若有；彷彷彿彿。故曰，「是謂惚恍」。惚恍即恍惚，（作惚恍，乃為倒文以叶韻）乃通假以代彷彿。

「迎之不見其首，隨之不見其後。執古之道，以御今之有，能知古始，是謂道紀」——首者，頭也，在前。後者，尾巴，在後。此以具體物為喻，而道體非具體物，故藉「迎之不見其首，隨之不見其後」，以遮撥道體非形而下存在之具體狀、象，以反顯形而上存在之無「首」可迎，無「後」可隨。且亦兼及暗喻道體固為形而上存在，其用則通貫於形而下，而彌綸於前後，推之甚至及於左右、遠近之世界，而無所不在。

「執古之道」，老子之道，自本體論之立場言之，固「先天地生」。自時間之觀點言之，則為至「古」，且「繩繩」不絕，以至於今。「執」者，專主。「以御今之有」，「御」者，調攝。「有」者，形而上道體呈現其大用，為形而下存在之作用。調攝之，則此「道」實古今一如。「能知古始」，即能知此自古以來，為萬物所「始」之道。「是謂道紀」，「紀」者，綱紀。蓋道體自古以來，為萬物所始，乃是呈現其大用，為形而下存在之作用。質言之，則為陰陽之相對待、相感應、相繼續，（繩繩）層次秩然，條理井然，是道之綱紀群倫。

此章，遮撥具體存在之現象、狀態、名相、時間相、空間相，以反顯所謂「道」者，為超越而永恆之存在，故足以綱紀群倫。

濁靜徐清

濁靜徐清

濁靜徐清 十五
古之善為道者微妙玄
通深不可識夫唯不可
識故強為之容豫兮若
冬涉川猶兮若畏四鄰

儼兮其若客渙兮若冰
之將釋敦兮其若樸曠
兮其若谷渾兮其若濁
孰能濁以靜之徐清孰
能安以動之徐生保此

道者不欲盈夫唯不盈
故能蔽而成新

第十五章

古之善為道者，微妙玄通，深不可識。夫唯不可識，故強為之容。豫兮若冬涉川，猶兮若畏四鄰，儼兮其若客，渙兮若冰之將釋，敦兮其若樸，曠兮其若谷，混兮其若濁。（孰能晦以理之徐明）孰能濁以靜之徐清，孰能安以久動之徐生。保此道者不欲盈，夫唯不盈，故能蔽不（而）新成。

(一)、朱謙之、老子校釋、第五七頁、曰：「謙之案……依河上公注，（『謂得道之君也』）『善為士者』，當作『善為道者』。傅奕本『士』作『道』，即其證。」

(二)、吳澄、道德經注、第二四頁、曰：「豫、猶，皆獸名。豫，象屬。猶，犬子也。象能前知，其行遲疑。犬先人行，尋又回轉。故遲回不進謂之猶豫・。」

(三)、張洪陽、道德經註解、第十頁、㉛曰：「若冬涉川，不勝凜栗也。若畏四鄰，慎獨而守也。儼若客，存敬也。冰若釋，履薄也。敦若樸，不露也。曠若谷，至虛也。渾若濁，

㉛ 張洪陽、道德經註解，臺北市、廣文書局印行，民國七十七年、七月、初版。

不分別也。這幾句雖是形容之語，便是真功夫也。」

(四)、馬敘倫、老子校詁、第五九頁、曰：「畢沅曰：『河上公作「儼兮其若客」。王弼作「儼兮其若容」非是。「客」與「釋」、「樸」等字為韻也。』……易順鼎曰：『王弼注曰：「夫晦以理物則得明，濁以靜物則得清，安以動物則得生。」據此，則經文此句上，當有「孰能晦以理之徐明」句。』」

(五)、高亨、老子正詁、第三八頁、曰：「易順鼎曰：「疑當作「故能蔽而新成」。「蔽」者「敝」之借字。「不」者「而」之誤字也。敝與新對。能敝而新成者，即二十二章所云「敝則新」。與上文能濁而清，能安而生同意。』」

案：「古之善為道者，微妙玄通，深不可識。夫唯不可識，故強為之容」——「善為道者」，「為」者，治也，修也。「道」者，老子之「道」，乃謂自然。即，善於修遵循自然之道者。「微妙玄通」，則其所至之精神境界。「微」者，存心之至純至粹。「妙」者，感應之虛靈莫測。「玄」者，亦「無」亦「有」而渾化之。「通」者，圓通，示其精神之普遍及於形而上、形而下，無通而無不通也。夫修道者至此，蓋臻於再度諧和之境界矣！「深不可識」，其深度之內容，非感性作用、知性作用所可測知。雖然，故勉強為之形容。

「豫兮若冬涉川，猶兮若畏四鄰，儼兮其若客，渙兮若冰之將釋，敦兮其若樸，曠兮其若谷，混兮其若濁」——上文曰「強為之容」，即此段所舉之「七若」句。

(1)「豫兮若冬涉川」，「豫」者，獸名，象屬，其性遲疑。善於修道者，其任事作為，亦當直前而不躁進，「若冬涉川」之警惕。

(2)「猶兮若畏四鄰」，「猶」者，犬屬，雖前行而尋回轉。「畏」者，敬也。善於修道者，其居止處世，亦當敬慎而環顧，「若畏四鄰」之節制。

(3)「儼兮其若客」，「儼」者，莊重之貌。善於修道者，其周旋應對，亦當適度之矜重，「若客」之誠懇。

(4)「渙兮若冰之將釋」，「渙」者，散也。善於修道者，其風姿舉止，亦當從容而灑脫，「若冰之將釋」之豁達。

(5)「敦兮其若樸」，「敦」者，篤厚。善於修道者，其才華光芒，亦當含蓄而內斂，「若樸」之質素。

(6)「曠兮其若谷」，「曠」者，空虛。善於修道者，其心境氣量，亦當開闊以並容，「若谷」之虛靈。

(7)「混兮其若濁」，「混」，或作「渾」，互相融合而無所分別。善於修道者，其精神領域，亦當和光而同塵，「若濁」之隨俗。

以上之七「若」句，乃對善於修道之形容，亦對善於修道之期許；期許善於修道者，周旋於人間，既能有為，且能有守。逍遙於化境，當見高格，亦見平易。

「（孰能晦以理之徐明）**孰能濁以靜之徐清，孰能安以久動之徐生**」——繼之，老子俯瞰時代、社會、人心，啟示善於修道者，庶幾興發其使命感，以有所承當而變化。

(1)「能晦以理之徐明」，「孰」者，誰也，何人。何人能於當晦暗之時代，善於調理之，得以徐徐光明？

(2)「孰能濁以靜之徐清」，何人能於當溷濁之社會，善於靜止之，得以徐徐澄清？

(3)「孰能安以久動之徐生」，何人能於當安習之人心，善於鼓舞之，得以徐徐生發。

至於「孰能」者?唯「善為道者，微妙玄通，深不可識」者能之乎！

「保此道者不欲盈，夫唯不盈，故能蔽不（而）新成」——此「道」，乃指「微妙玄通，深不可識」者之道；亦即體證自然，至於體、用圓融者之道。「不欲盈」，即不欲滿足而自止，蓋修道之功夫，乃永無止境之發展過程。「唯不盈」，「故能蔽不（而）新成」，「蔽」者，借以代敝也；「敝」者，舊也，凡物經久則敝。（舊）而修道之功夫，既永無止境，於發展過程中，往者即成「敝」，來者則屬「新成」。如是之永續發展，故為即「敝」即「新成」。

此章，先是以七「若」句，描述道化人格、應有之微妙玄通精神內容。繼而以三「孰能」句，啟示其興發承當、徐圖變化。終於期許所至之境地。

致虛守靜

致虛守靜

致虛守靜 十六
致虛極守靜篤萬物
並作吾以觀其復夫
物芸芸各歸其根歸
根曰靜是謂復命復
命曰常知常曰明不
知常妄作凶知常容
容乃公公乃全全乃天
天乃道道乃久沒身
不殆

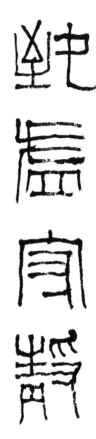

第十六章

致虛極，守靜焉。萬物並作，吾以觀復。夫物芸芸，各復歸其根。歸根曰靜，是謂復命。復命曰常。知常曰明；不知常，妄作凶。知常客，容乃公，公乃王，（全）王（全）乃天，天乃道，道乃久，沒身不殆。

(一)、宋常星、道德經講義、第五三頁、曰：「致虛者，天之道也：守靜者，地之道也。」

(二)、河上公、老子章句、第一五頁、曰：「得道之人，捐情去欲，五內清淨，至於虛極。」

(三)、王淮先生、老子探義、第六九頁、曰：「……而修道之人，其心靈所呈現之智慧，主要即在於觀照萬物活動之共同法則——『復』（原註曰：『萬物莫不出有入無，既本始於道體之虛無，亦復歸於道體之虛無』）故曰：『萬物並作，吾以觀其復。』」

(四)、成玄英、老子義疏、第二五頁、曰：「芸芸，眾多貌也。」

(五)、朱謙之、老子校釋、第六七頁、曰：「（勞健曰）『公乃王，王乃天』，兩句韻相遠。『王』字義本可疑。……此二句『王』字蓋即『全』字之譌。『公乃全，全乃天』，『全』『天』二字為韻。王弼注云『周普』是也。」

(六)、丁福保、老子道德經箋注、第二四頁、曰：「人得此道，則身雖死而道常存，故曰沒身不殆。殆，盡也。」

案：「**致虛極，守靜篤。萬物並作，吾以觀復**」——「致」者，至也，達到也。「守」者，保持。「篤」者，厚也。「作」者，起也，生也。「復」者，歸也。「致虛極，守靜篤」者，夫天道至虛，地道至靜，老子借之以為形容，而示修道者亦當體之於心，至於「虛極」，保其「靜篤」。所謂修其虛、靜者，乃相應氣質生命之意、欲而言，蓋「意」者，每為主觀之企圖，以致有所造作；「欲」者，常有心理之需求，難免有所爭逐。是以功夫上之修養，達到虛之極，持保靜之篤，即是天地境界之道心之呈現。「萬物並作，吾以觀復」者，天地境界之道心既已呈現，吾心即以「玄智」「圓照」（俱為為牟宗三先生所創之詞）萬物，觀其既「並作」於虛靜之天地之道，所謂「生」也；亦「復」回歸於虛靜之天地之道，所謂「化」也。如是生生化化，化化生生，天地自然之道盡矣！

「**夫物芸芸，各復歸其根。歸根曰靜，是謂復命。復命曰常，知常曰明；不知常，妄作凶**」——「芸芸」者，眾多貌。眾多之萬物，既「並作」於虛靜之天地之道，（為「生」也）方其通過生命之行程，則「復歸其根」，根即指所本始之虛靜之天地之道。（為「化」也）「歸根曰靜」，「曰」者，即是也。「靜」者，虛靜之天地之道之絕對性自己。萬物既「並作」於虛靜之天地之道，且通過生命之行程，復歸於其所本始（根）之虛靜之天地之道之絕對性自己，故曰「靜」。「是謂復命」，「命」者，當準中庸、第一章、「天命之謂性」之「命」解之，即虛靜之天地之道之運行而賦予者，「復命」，即萬物乃復回歸於虛靜之天地之道之運行所賦予者。「復命曰常」，「常」者，永恆之規律。萬物既生於虛靜之天地之道之運行所賦予者，而復回歸於虛靜之天地之道之運行所賦予者，即是永恆之規律。（常）「知常曰明」，「知」者，悟知。「明」者，玄智之無照無不照之圓明。悟知萬物生於虛靜之天地之道之運行所賦予者，復回歸於虛靜之天地之道之運行所賦予者，即是永恆之規律，則為玄智無照無不照之圓明。「不知常，妄作凶」，不悟知萬物生於虛靜之天地之道所賦予者，復回歸於虛靜之天地之道之運行所賦予者，即是永恆之規律；（常）反而放任主觀之企圖，（意）恣縱心理之需求，（欲）則凶。「凶」者，禍害也。

「知常容，容乃公，公乃全，全（兩「全」字或作「王」）**乃天，天乃道，道乃久。沒身不殆。」**——「知常容」，「容」者，涵容。悟知萬物生於虛靜之天地之道之運行所賦予者，復回歸於虛靜之天地之道之運行所賦予者，即是永恆之規律，則心量無所不涵容。「容乃公」，「乃」者，即也。心量無所不涵容，即坦然而朗現。「公乃全」，「全」，王弼注之曰「周遍」。心量坦然朗現，即周普萬物。「全乃天」，心量周普於萬物，即是天（亦涵地）之境界。「天乃道」，天（亦涵地）之境界即是虛極之天道。（亦涵靜篤之地道）「道乃久」，虛極之天道，（亦涵靜篤之地道）即是悠久而無窮。「沒身不殆」，「殆」者，盡也。生命固有時而終，而虛靜之天地之道則永存不盡。（此丁福保、老子道德經箋注之說，見上文引文，所解為歷來最勝者）

此章，言乎修道至於虛極靜篤，則可以契會天地之道，為萬物所由之以作、復之終始歷程。悟知此永恆規律，則圓明之道心，展現其涵容、坦然、周普，以與天地之道同其悠久。

事遂自然 十七
太上不知有之其次親
而譽之其次畏之其次
侮之信不足焉有不信
焉悠兮其貴言功成

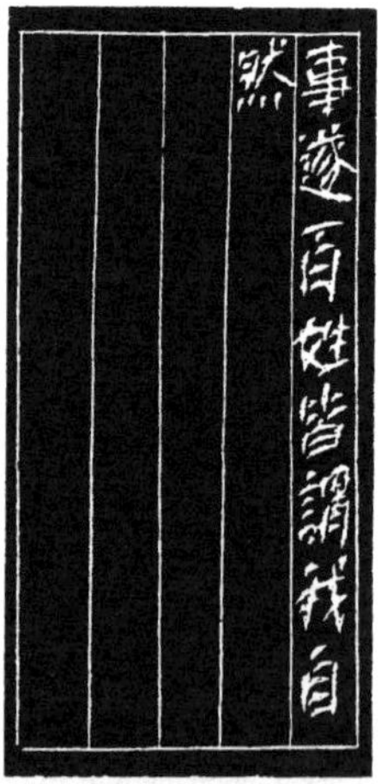
事遂百姓皆謂我自
然

第十七章

太上，下知有之；其次，親而譽之；其次，畏之；其次，侮之。信不足焉，有不信焉。悠兮其貴言。功成事遂，百姓皆謂：「我自然。」

(一)、焦竑、老子翼、第一〇五頁、曰：「陸希聲註：太古有德之君，無為無迹，故下民知有其上而已。謂帝力何有於我哉！德既下衰，仁義為治，天下被其仁，故親之；懷其義，故譽之。仁義不足以治其心，則以刑罰為政，故下畏之。刑罰不足以制其意，則以權譎為事，故眾庶侮之。」

(二)、釋憨山、老子道德經解、第一〇五頁、曰：「……其世再下，則人皆畔道而行，但以功名利祿為重，全然不信有此道矣。老子言及至此，乃歎之曰，此無他，蓋由在上者自信此道不足，故在下者不信之耳。」

(三)、吳澄、道德經注、第二九頁、曰：「貴，寶重也。然，如此也。寶重其言，不肯輕易出口，如犬行之遲疑、退縮。(猶兮)聖人不言、無為，俾民陰受其賜，得以安於其生。」

案：「太上，下知有之；其次，親而譽之；其次，畏之；其次，侮之。信不足焉，有不信焉」——此章，老子論治道，㉜依其君之道行，分為四層級：

(1)「太上，下知有之」，「太上」，指太古（在上位）之君，道行之層級最高者，其為政牧民，乃無作無為，唯順自然之道，化民成俗；而在下位之百姓，則無欲無求，各安生業，唯僅知其君在上位而已。斯乃以道化之治道化民。

(2)「其次，親而譽之」，道行次一等之君，其風範不足以化民，乃施仁恩、行義政以教導百姓。因此，百姓沐其仁而親之，感其義而譽之。斯乃以德化之治道教民。

(3)「其次，畏之」，道行之次等之君，由於世風日衰，民心日巧；仁恩不足以化之，義政不足以導之；不得已明訂法令以齊一之。民則無奈而畏之。畏者，懼也。斯乃以法令之治術齊民。

(4)「其次，侮之」，道行復次一等之君，由於世衰愈甚，民巧以詐；法有疏漏之失，令有窺避之計；於是乎設置刑罰以懲治之。民因反感而侮之。斯乃以刑罰之治術懲民。

綜觀老子於本章之如是分別為君之道行為四層級，乃觀察歷史發展之過程中，政治社會悖道日遠之不同形態。下文則繼之檢討其緣由之所在。

「信不足焉，有不信焉」——意謂在上位之君，自信此「道」不足，（此釋憨山、老子道德經解、第一〇五頁之說，見上文引文，為歷來最切章旨者）即體道不精，信道不篤；不知崇尚自然、

㉜牟宗三先生有「論中國的治道」一文，中論「儒家的德化的治道」、「道家的道化的治道」、「法家的物化的治道」。收入牟宗三先生、政道與治道書中。臺北市、廣文書局印行，民國五十年、二月、初版。

垂拱而治。尤其又下者，甚至以法齊民，以刑罰民；民固畏之、侮之，是以「不信」其君矣！

然後，老子抒發其理想之境界。

「悠兮其貴言，功成事遂，百姓皆謂：『我自然。』」——「悠兮」，悠悠然無事之狀。「其」者，「希望」也，「一定」也。「貴言」，寶貴其言之不輕言。蓋道心之情意，既出之為「言」，則為觀念化之表達，而轉為形式化，為「非存在」者；道心之情意之內容，亦因之而抽空，故老子戒乎為君者，「悠兮其貴言」。夫君無為，民自化，一旦「功成事遂」；百姓並無所感受其君之恩澤，故皆謂：「我自然」即我自自然然而如此。此即莊子、大宗師、第一二三頁所言之「人相忘乎道術」之境界。

此章，批判治國之道術，相應時代之盛衰，分為四層級，其關鍵則在君民之互信程度。於是，老子教人君「悠兮其貴言」，以使百姓相忘於自然，則「信」在其中矣。

仁義孝慈

仁義孝慈 十八
大道廢有仁義智慧
出有大偽六親不和
有孝慈國家昏亂有
忠臣

第十八章

大道廢，有仁義；智慧出，有大偽；六親不和有孝慈，國家昏亂有忠臣。

㈠、張洪陽、道德經註解、第一三頁、曰：「渾沌既鑿，遂有標榜，聰明自用，反相欺蔽，不和顯孝，昏亂見忠，一切有為之法，皆自私用智之為，去道遠矣。」

㈡、釋憨山、老子道德經解、第一〇七頁、曰：「智慧，謂聖人治天下之智巧，即禮樂、權衡、斗斛、法令之事。」

㈢、王弼、老子注、第二二頁、曰：「六親，父子、兄弟、夫婦也。若六親自和，國家自治，則孝慈、忠臣，不知其所在矣！魚相忘於江湖之道，則相濡之德生也。」

案：「大道廢，有仁義；智慧出，有大偽」──「大」者，歎詞。「道」者，依老子義，即自然；「自然」為萬物生成之本源，以及其所共由之大路，故曰「大道」。人亦萬物之屬，當然亦遵循自然之運行，以作息，以工作，以群居，以相待，凡事自自然然即是。方大道之未廢，各安其業，各遂其生，其和樂也融融，以相忘於化道。[33]於此之時，既有相親

[33] 參見莊子、大宗師篇、第一〇九頁。

之情，而無「仁」名。亦有合宜之理，則無「義」名。蓋意識上不妄生分別，情欲上不任起爭逐故也。夫如是，乃人類精神發展之原始諧和，亦即莊子、應帝王篇、第一三九頁所謂之「渾沌」形態，而老子則以之為理想中之盛世。

「大道廢」，乃緣於民智漸啟，分別之心滋生，爭逐之念興起，為人君者，為安頓民心，不得已而提煉道德觀念，倡導相親而曰「仁」，啟示合宜則曰「義」，故曰「有仁義」。以期於有所自覺、自制，庶幾共致和諧。夫由「大道廢」而「有仁義」，乃人類精神發展「原始諧和」之自我破裂，轉以觀念化展示其內容。亦即莊子、應帝王篇、第一三九頁所謂「七竅鑿而渾沌死」之意。而於老子則為歎其時代精神之下降。

「智慧出」，「智慧」，釋憨山、老子道德經解、第一〇七頁，作「智巧」解，並舉禮樂、權衡、斗斛、法令為例。（此說最得其旨，見上文引文）若然，則凡此施設，乃所以為社會建立一客觀而多元之準則，以使百姓於社會生活、經濟生活有所規範。然而，百姓於此規範下，或由於認知之落差，或緣於貪圖之無饜，則詐偽隨機而起，故曰「智慧出，有大偽」。夫「原始諧和」之破裂，而展示其仁義內容，再繼而施設禮樂、權衡、斗斛、法令諸多元之準則，則為客觀精神之表現。而老子則為歎其時代精神之愈頹。

「六親不和有孝慈，國家昏亂有忠臣」——「六親」，王弼、老子注、第二一頁，以為乃指父子、兄弟、夫婦而言。（見上文引文）當大道之未廢，六親各本其情分，君臣各盡其職責而已，無所譽毀。及乎大道既廢，或因性格不合，或因見解各異，或因利益衝突，或因權柄爭奪；於是，六親有不和，國家或昏亂，而相對之人格價值判斷生焉。故有

「孝」有「慈」，以別於「不孝」「不慈」，亦有所謂「忠臣」，以別於所謂「不忠之臣」。案人格價值判斷之「孝」、「慈」、「忠臣」，應屬依據以「仁」「義」為綱領之道德價值標準，所作之判斷，故為「大道廢」而後有之者。反之，孝、慈、忠臣之稱譽，正表示六親之不和、國家之昏亂，蓋亦「大道廢」所見之現象。

此章，老子歎大道之廢，然後有道德觀念、以及價值判斷。蓋欲回復渾沌（原始諧和）之理想社會乎！惜哉！歷史之步伐，如何可以駐足不前！

見素抱樸

見素抱樸 十九
絕聖棄智民利百倍
絕仁棄義民復孝慈
絕巧棄利盜賊無有
此三者以為文不足
故令有所屬見素抱
樸少私寡欲

第十九章

絕聖棄智，民利百倍；絕仁棄義，民復孝慈；絕巧棄利，盜賊無有。此三者以為文不足，故令有所屬。見素抱樸，少私寡欲。

(一)、吳澄、道德經注、第三〇頁、曰：「絕，謂絕而不為。棄，謂棄而不用。」

(二)、高亨、老子正詁、第四三頁、曰：亨按：老子書稱聖人者，凡三十許處，皆視為至高之人而無詆訾之語。此乃云絕聖者，非自相矛盾也？說文：『聖，通也。』是此聖字之義。……綜而觀之，此聖字僅是博通深察；可云大智曰聖，與聖人之聖異義。……以，因也。為，讀為虛偽之偽。『為文』，即偽文也。三者，絕聖棄知（智），一也。絕仁棄義，二也。絕巧棄利，三也。言所以如此者，因虛偽之文不足以治國也。」

(三)、宋常星、道德經講義、第六四頁、曰：「以權變治民者曰巧，以敗貨足民者曰利。……有所告誡者謂之令。屬，託也，信任也。欲其信任服行而不疑也。」

(四)、焦竑、老子翼、第一二〇頁、曰：「（焦氏）筆乘……素，未受采。樸，未斲器。此所謂性之初也。」

案：「絕聖棄智，民利百倍；絕仁棄義，民復孝慈；絕巧棄利，盜賊無有」——此老子

運用遮撥之筆法，三複句之中，三「絕」三「棄」，以否定其所否定者，而揭示其所對應之理想中社會現象。

(1)「絕聖棄智，民利百倍」，「聖」者，本章所名者，高亨、老子正詁、第四三頁，作「博通深察」解，（見上文引文）最得其當。「智」者，易經、繫辭上傳、第四章，以其周知萬物也。[34]此句乃謂為君者，人格上不為博通深察之聖者，智慧上不用周知萬物之智者；換言之，即唯歸於絕對性自己。如是，百姓則於生活上，遂心適性，自由自在，耕稼田獵，無所干擾，故曰「民利百倍」。「利」者，乃指利益之利。謂百姓於精神上之安適感大大提高。此兩句，蓋藉遮撥人君一般所企盼之人格成就、與智慧效用，以反顯其絕對精神境界涵蓋下，百姓守分樂天之生活。

(2)「絕仁棄義，民復孝慈」，「仁」、「義」，乃大道廢，即原始諧和自我破裂，所展示之內容，此內容乃以觀念化之仁、義為綱領。夫大道未廢，各本其情分，各盡其當然，以親其親，子其子，有所謂「孝」、「慈」之實，而不必觀念化為孝、慈之名。大道既廢，當然之情分，則提煉為以仁、義為綱領之觀念。仁義既已提煉而觀念化，則轉為形式化，成為「非存在」者，其所蘊涵之內容，亦未必充實飽滿。老子主張「絕仁棄義」，乃在遮撥以觀念化展示「大道」內容之方式，庶幾還原其真實之「當然情分」，親其親，所謂「孝」之實也；子其子，所謂「慈」之實也。故曰「民復孝慈」。

[34] 參見朱維煥、周易經傳象義闡釋、第四六二頁。

(3)「絕巧棄利，盜賊無有」，宋常星、道德經講義、第六四頁，以為，「巧」者，以權變治民；「利」者，以財貨足民。（見上文引文）夫大道既廢，仁義又不足以勸導，於是，社會日亂，民心日貪。因此，為君者繼之或用權變之術治民，或以財貨之利足民。而民亦以機心相應，一旦欲念湧起，則盜賊興焉。其實，機心、欲念，乃自然生命之實然現象，每因外緣理由而誘發。老子主張「絕巧棄利」，絕巧，則不用權變之術治民；棄利，則不以財貨之利誘民。如是，以淨化其自然生命，安樂於淳樸生活，庶幾盜賊之無有。

「此三者以為文不足，故令有所屬。見素抱樸，少私寡欲」——此三者，乃指聖智、仁義、巧利。「以為文」，高亨、老子正詁、第四三頁，作「因為是虛偽之文」解，（見上文引文）可能比較合老子之學術性格。「文」者，乃相應原始生命而有所文飾，所以「人文化成」[35]之，以提高生活品質。老子則以保持其原始生命為高格，故視「文」為虛偽不切實際者。文既為虛偽不切實際之文，是以不足以治國。「故令有所屬」，即令天下之君民皆信託於「見素抱樸，少私寡欲」。

「見素抱樸，少私寡欲」，「素」者，生命之原始質地。「樸」者，生命之渾厚情調。「見素」者，表現生命之原始質地。「抱樸」者，保持生命之渾厚情調。渾厚而原始之生命，

35 參見易經、賁卦、彖傳。朱維煥、周易經傳象義闡釋、第一六六頁。

固然亦實然反應其私心、欲念，但既然絕聖、棄智、絕仁、棄義、絕巧、棄利，則無所誘引而「少」、「寡」矣。

此章，主張絕棄社會之虛文、貪欲，以使民返復素樸之生命本真。

有餘若遺

有餘若遺

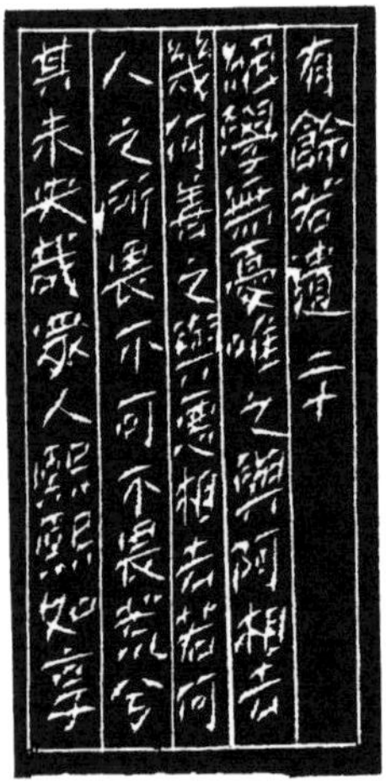
有餘若遺 二十
絕學無憂唯之與阿相去
幾何善之與惡相去若何
人之所畏不可不畏荒兮
其未央哉衆人熙熙如享

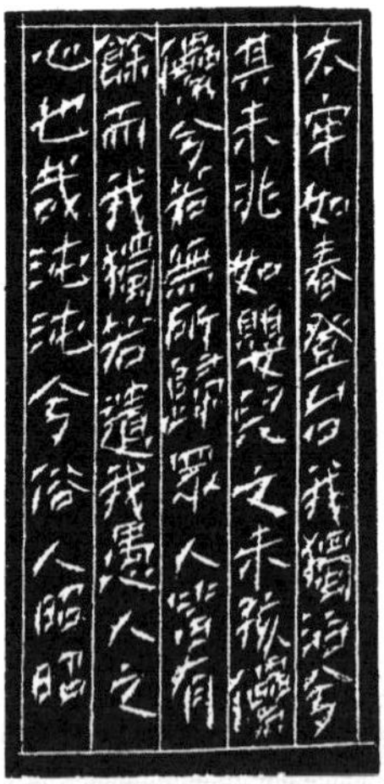
太牢如春登台我獨泊兮
其未兆如嬰兒之未孩儽
儽兮若無所歸衆人皆有
餘而我獨若遺我愚人之
心也哉沌沌兮俗人昭昭

我獨昏昏俗人察察我獨
悶悶澹兮其若海飂兮若
無止衆人皆有以而我獨
頑似鄙我獨異於人而貴
食母

第二十章

絕學無憂。唯之與阿，相去幾何？善之與惡，相去若何？人之所畏，不可不畏。荒兮其未央哉！眾人熙熙，如享太牢，如春登臺。我獨泊兮其未兆，如嬰兒之未孩。儽儽兮若無所歸。眾人皆有餘，而我獨若遺。我愚人之心也哉，沌沌兮！俗人昭昭，我獨昏昏。俗人察察，我獨悶悶。澹兮其若海，飂兮若無止。眾人皆有以，而我獨頑似鄙。我獨異於人，而貴食母。

(一)、吳澄、道德經注、第三二頁、曰：「唯、阿皆應聲，唯，正順；阿，邪諂。學應對者，唯與阿，其初相去本不遠。而唯則為善，阿則為惡，其究相去迺甚遠。學唯者其恐或流於阿。此舉可憂之一事而言也。荒，猶廣也。央，猶盡也。畏阿之為惡，則不敢阿矣，然此特一事爾。……熙熙，和樂貌。泊，靜也。兆，如龜兆之微坼。」

(二)、朱謙之、老子校釋、引奚侗、第八二頁、曰：「『遺』借為『匱』，不足意。」

(三)、宋常星、道德經講義、第六九頁、曰：「昭昭者，聰明外露，謀慮多端之謂也。若，昏，收斂視聽，有若不明之貌也。察察者，私智泛用，窺探細微之謂也。悶悶者，見德忘物，純一不雜之貌也。」

(四)、焦竑、老子翼、引蘇子由註、第一二五頁、曰：「道者，萬物之母，眾人徇物忘道，而聖人脫遺萬物，以道為宗，譬如嬰兒無所雜食，食於母而已。」

(五)、魏源、老子本義、第一五頁、曰：「此章言修己之道，惟絕世俗末學則無憂，所以明無欲之體也。『唯之與阿』，至『荒兮未央』七句，言世人為學多憂之事也。『眾人熙熙』，至『我獨若遺』八句，言己之無所欲於外也。『我愚人之心』，至『頑似鄙』十句，言己之不求知於內也。末句正與章首句相應。

案：「**絕學無憂。唯之與阿，相去幾何？善之與惡，相去若何？人之所畏，不可不畏。荒兮其未央哉**」——「學」者，一般而言，可分兩層次了解：

(1)知識經驗之學——知識經驗之學，乃指心靈之知性作用，運用抽象化之概念、觀念，以指謂外在事物。並以比較、分析、推理、綜合、判斷之程序，以成就知識，累積經驗。夫知識經驗之學，其心思每每馳騁於外在事、物之間，亦往往執著於外在事、物之中，以致「往而不返」。

(2)道德智慧之學——道德智慧（此指老子義者）之學，「道」者，自然。「德」者，得也。體乎自然之道，即得乎自然之妙，斯為「道德」。體道而有得，必須於生活上之知識、經驗中優游涵泳以得之。於生活上之知識、經驗中，優游涵泳，以得乎自然之妙，則智慧於焉滋生、增長。如斯，則其心智回歸於絕對性自己，其智光玄然圓照一切事、物，同循自然之道而運化。

老子言「絕學無憂」，所絕者唯知識、經驗，抽象化、概念化之學，庶幾心思無所馳騁，無所執著，以回歸於絕對性自己，則無得無失，無煩無惱，故「無憂」。至於在具體生活上之知識、經驗之優游涵泳，以提昇道德智慧之境界，所謂道德智慧之學，即是「修道」，非所「絕」也。

「唯之與阿，相去幾何」，「唯」者，莊敬之應聲。「阿」者，怠慢之應聲。方兩者其聲之初應，於態度上實相差無幾。「幾何」即反問之為多少？然而，或唯或阿之既應，其發展，則因「唯」而成善，因「阿」而為惡，則相去遠矣。故曰「善之與惡，相去若何」，「若何」者，如何也？相對「幾何」而言，即暗示甚多之意。蓋謂善惡之殊途，其「幾」或肇於「唯」「阿」之一念，而後分別發展而有不同。「人之所畏，不可不畏」，人所畏者，即由「阿」而為「惡」，是以不可以不畏之。此老子所舉之一端，以勉人之必須慎「始」，以免誤入歧途。「荒兮其未央哉」，「荒」者，廣大。「央」者，盡也。夫由「唯」、「阿」而成為「善」、「惡」，老子於本章舉其一事而已。至於世事之廣大眾多，則不可盡舉。

「眾人熙熙，如享太牢，如春登臺。我獨泊兮其未兆，如嬰兒之未孩。儽儽兮若無所歸。眾人皆有餘，而我獨若遺」——「熙熙」，和樂貌。此段先言世俗之人，競相經營生活，和和樂樂。「如享太牢」，「太牢」，原指牛、羊、豕三牲之祭禮，引申為食則求其美味。「如春登臺」，乃謂觀則求其美景。二者所以滿足其感官之快意也。而修道之我，「泊兮其未兆，如嬰兒之未孩」，「泊」者，淡泊。「兆」者，事象之始萌。「嬰兒」，不識不知之狀態。「孩」，孩童，有欲有求之階段。即，我獨淡泊其性情，於欲念未萌之前；如嬰兒尚在不識不知之狀態，猶未及於如孩童已見有欲有求之階段。「儽儽兮若無所歸」，「儽儽」，頹喪之狀。由於內無所欲，外無所求，即精神內斂，形貌頹喪，故若無所歸止。

繼言，「眾人皆有餘」，即眾人爭逐功名富貴，志得意滿而有餘裕。「我獨若遺」，「遺」者，朱謙之、老子校釋、引奚侗、第八二頁，以為「遺」，通假以代匱，（見上文引文）於義較勝。即修道之我，一無所有之若是匱乏。

綜觀此段之旨，乃藉世俗之人，唯追求外在之快意與滿足，以反襯修道之我，渾化其欲念，忘卻其自己；淡泊之生活，宛然一無所有。

「我愚人之心也哉，沌沌兮！俗人昭昭，我獨昏昏。俗人察察，我獨悶悶。澹兮其若海，飂兮若無止。眾人皆有以，而我獨頑似鄙。我獨異於人，而貴食母」——此段先言我無所覺，無所知，如愚人之心智。「沌沌兮」，即是非不分，事理不明之混混沌沌狀態。次言「俗人昭昭」，「昭昭」，聰明顯露於外。而「我獨若昏」，即，我獨如神不清，識不明之昏昧。復言「俗人察察」，謂俗人智巧辨析其微。而「我獨悶悶」，即，我仍是胸不朗，懷不開之悶悶。「澹兮其若海，飂兮若無止」，「澹」者，虛無之狀。「飂」者，飄忽之狀。此兩句乃承上文，總敘修道之我，有如昏悶之愚人，但心境之虛無，有如大海之廣闊。精神之飄忽，則若浮雲之逍遙，無所依止。又言「眾人皆有以，我獨頑似鄙」，「以」者，用也。「頑」者，冥頑不靈。「鄙」者，鄙賤無用。蓋謂世俗之人，各皆有其作為，（用）而我則冥頑不靈，鄙賤無用。

「我獨異於人，而貴食母」，「食母」，嬰兒之哺食母乳。兩句蓋謂我與世俗之眾人、以及萬物，同以「無」為始，以「有」為母，即皆出於「道」。而修道之我，獨異於世俗之人者，貴在滋養於化道，如嬰兒之哺食於乳母。

此章，比較俗世之人，唯縱情於物質享受，而極盡精明細察。有道之士，則晦藏於淡泊自得，而似是愚蠢遲鈍。是以一起筆即勸絕棄世俗之學，免落憂煩。於結語，復示遵循大化之道，而登聖境。

惟道是從

惟道是從　二十一
孔德之容惟道是從道之
為物惟恍惟惚惚兮恍兮
其中有象恍兮惚兮其中
有物窈兮冥兮其中有精

其精甚真其中有信自古
及今其名不去以閱衆甫
吾何以知衆甫之狀哉
以此

第二十一章

孔德之容，惟道是從。道之為物，惟恍惟惚。惚兮恍兮，其中有象；恍兮惚兮，其中有物。窈兮冥兮，其申有精；其精甚真，其中有信。自古及今，其名不去，以閱眾甫。吾何以知眾甫之狀哉？以此。

(一)、吳澄、道德經注、第三七頁、曰：「孔德猶盛德。容，謂有而可見者。從，由也。」

(二)、王淮先生、老子探義、第八九頁、曰：「恍惚，狀道之虛無變化。虛無者，道之體；變化者，道之用。道之體用，虛靈不昧，至健不息。以言其體，則非有非無，亦虛亦實；以言其用，則一陰一陽，一動一靜。」

(三)、丁福保、老子道德經箋注、第三一頁、曰：「倪元坦曰，……象即物也，精則真也，真即信也。」

(四)、王弼、老子注、第二五頁、曰：「窈冥，深遠之歎。深遠不可得而見，然而萬物由之，其可得見以定其真。……信，信驗也。」

(五)、俞曲園、諸子（老子）平議、第八七頁、曰：「樾謹按：甫與父通，眾甫者，眾父也。」

四十二章：『我將以為教父。』河上公注曰：『父，始也。』而此注亦曰：『甫，始也。』」

（六）、高亨、老子正詁、第五四頁、曰：「荀子、修身篇：『良賈不為折閱不市。』楊注：『閱，賣也。』蓋折閱即折出，折出即折賣也。並閱有出義之證。字或作脫。」

案：「孔德之容，惟道是從」——「孔德」者，盛德。所謂「德」者，乃指於「道」而有所得之。㊱亦即，一方面為道之呈現其自己以運行，為萬物所依據以生成，於萬物為有功，此為道之「功德」。一方面為萬物遵循道之運行，以生以成，即萬物體現（得）乎道，以為其性，是為萬物之「性德」。道之「功德」，萬物之「性德」，實玄然圓融而為一。「容」者，相狀也。自「道」言之，其呈現以運行之功德，自自然然而已，蓋相而無相，狀而無狀。自「萬物」言之，以生以成，唯循乎自自然然而已，故所體現（得）之性德，亦相而無相，狀而無狀。是以「孔德之容」者，乃謂道之展現其功德，萬物之體現為性德，實相與玄然而圓融，唯見相而無相，狀而無狀之相狀。（容）如是，則「德」者，其本源至深矣，其涵蓋至廣矣，故曰「孔」（盛）也。「惟道是從」，「惟」是助詞。「道是從」為倒裝句。還原之，則成「從道」。「從道」即自道（而生）。蓋謂盛德之相而無相，狀而無狀之相狀，乃自道而生。（呈現）

以下，即自「盛德之容」，反以展示「道」之內容，及其大用。

㊱見禮記、樂記篇、第二〇五頁，曰：「德者，得也。」臺北市、啟明書局景印，民國四十六年、十月、再版。

「**道之為物，惟恍惟惚。惚兮恍兮，其中有象；恍兮惚兮，其中有物**」——「道」非物，此章為討論方便，故假設為一對象而稱「物」。「惟恍惟惚」，本經、第十四章、第一六頁，有曰：「……是謂無狀之狀，無物之象，是謂惚恍。」所謂恍惚，即是彷彿，乃在形容「孔德之容」，相而無相，狀而無狀；似有非有，似無非無之超越存在相狀。繼之曰，「惚兮恍兮，其中有象」，「恍兮惚兮，其中有物」，此兩句，一則構成兩偶句，再則變文以諧韻，特見筆姿之搖曳生輝。所謂「象」，即形象，萬物猶未生成以前，相應其將來可能生成為特定形態之形象，已孕育於道體之中。所謂「物」，即物象，亦指萬物猶未生成以前，相應其將來可能生成為特定形態之物象，亦已孕育於道體之中。故丁福保、老子道德經箋注、第三一頁，曰，「物即象」。（見上文引文）由於萬物之形象，已孕育於道體之中，及其生成成為各種特定形態，則見其生成過程之條理秩然有序。

「**窈兮冥兮，其中有精；其精甚真，其中有信**」——「窈冥」，王弼、老子注、第二五頁，解之曰，「深遠不可得而見」。（見上文引文）蓋道為形而上之存在，非感官所可得而覺知，非概念所可得而指謂。雖然，「窈兮冥兮」之中，猶有精焉。「精」者，易經、繫辭上傳、第五章、第五〇一頁、[37]曰：「天地氤氳，萬物化醇；男女構精，萬物化生。」夫道，既呈現其生成萬物之功德，則落在「氣化作用」一層次。「氣化作用」一層次，即陰陽之結聚為「氣」，氣之變化為氣化作用，而化生萬物。相應萬物之化生，氣乃構成其「精」焉。

---

[37] 參見朱維煥、周易經傳象義闡釋。

故「精」者，乃指道之窈冥中，孕有萬物化生之原始形象與作用。「其精甚真」，夫「精」，既為陰陽之氣所構成，亦隨陰陽感應而變化，以生成萬物。「真」者，真實。乃對精之構成及其變化成為具體物之歷程，作一貞定。「其中有信」，「信」者，有徵可驗。蓋謂精之構成及其變化成為具體物之歷程，乃有徵可驗者。

依本經、第一章、第三頁，「道」為萬物之本源，復分之為「無，名萬物之始」，及「有，名萬物之母」兩層次。道實不可名，故勉強以「無」狀之。上段及此段之「恍兮惚兮」，「窈兮冥兮」，乃對不可名之道之描述。道，既經呈現其「恍兮惚兮」，「窈兮冥兮」之相狀，即是自我之破裂，而呈現其內容。「其中有象」，「其中有物」，「其中有精」，「其精甚真」，「其中有信」，凡此所謂「象」、「物」、「精」、「真」、「信」，皆屬道之自我破裂所呈現之內容，乃所謂「德」者是也。道之呈現其內容，所謂「德」者，即已展現其自己，而落在「有」一層次矣。

「自古及今，其名不去，以閱眾甫。吾何以知眾甫之狀哉？以此」——「名」者，觀念、概念，所以指謂形而下之事、物。道為形而上之存在，故不可名；及其呈現其中之象、物、精、真、信諸內容，使其「德」得以充實飽滿，而落於「有」一層次，則可以「名」矣。是以「名」者，即指謂包涵象、物、精、真、信諸內容之「德」，「不去」，一直於俗諦之立場假立並使用。「以閱眾甫」，高亨、老子正詁、第五四頁，以為「閱」借以代脫，即出也。（見上文引文）「眾甫」，萬物之始生。蓋謂所名之「德」，萬物皆由之而生出。吾何以知萬物始生之情狀者？即依據此「德」也。此章如此作結，則巧妙而與首句之「孔德之容」相迴應矣。

此章，描述「道」之無相狀之相狀，無內容之內容，是以為萬物所自出。

[illegible][illegible]曲全

抱一曲全 二十二
曲則全枉則直窪則盈敝
則新少則得多則惑是以
聖人抱一為天下式不自
見故明不自是故彰不自

伐故有功不自矜故長夫
唯不爭故天下莫能與之
爭古之所曲則全者豈虛
請
言哉誠全而歸之

第二十二章

曲則全，枉則直，窪則盈，敝則新，少則得，多則惑。是以聖人抱一為天下式。不自見，故明；不自是，故彰；不自伐，故有功；不自矜，故長。夫唯不爭，故天下莫能與之爭。古之所謂曲則全者，豈虛言哉！誠全而歸之。

(一)、焦竑、老子翼、第一四六頁、曰：「(李)息齋註：物不可終曲，故曲則全。物不可以終枉，故枉則直。窪則必盈，敝則必新。少則易得，多則易惑。此盈虛之至理也。

(二)、焦竑、老子翼、第一四五頁、曰：「呂(吉甫)註：……故因天下之所見而見之，而我不自見也，則所見無不察，故曰不自見故明。因天下之所是而是之，而我不自是也，則所是莫之能蓋，故曰不自是故彰。歸天下以功，而我不自有也，故有功。任萬物以能，而我不自矜也，故長。如是者無他，得一則無我，無我則不爭，夫唯不爭，天下莫能與之爭矣。」

(三)、吳澄、道德經注、第四一頁、曰：「誇其功曰伐。……負其長曰矜。」

案：「曲則全，枉則直，窪則盈，敝則新，少則得，多則惑；是以聖人抱一為天下式」

——本段一起筆，即連用六句三字句，以組成排句，而以「聖人抱一為天下式」作結，並藉之揭示修道之最高境界。所謂「抱一」，「一」者，絕對性之道也。「抱一」，即生命與道互為內在化、所至之圓融精神境界，唯聖人至焉。而其前之六句三字句所組成之排句，則是首先於自然現象、人間社會展示「道」之變化、所見之消息、盈虧諸現象。茲略釋其義於下：

(1)「曲則全」——「則」者，即也，將也。㊳下五句三字句亦同此解。「曲」者，偏曲。「全」者，整全。方偏曲之時，即將轉而趨向整全。

(2)「枉則直」——「枉」者，屈枉。「直」者，正直。方屈枉之時，即將轉而趨向正直。

(3)「窪則盈」——「窪」者，低窪。「盈」者，滿盈。方低窪之時，即將轉而趨向滿盈。

(4)「敝則新」——「敝」者，陳舊。「新」者，成新。方陳舊之時，即將轉而趨向成新。

(5)「少則得」——「少」者，較少。「得」者，獲得。方較少之時，即將轉而趨向獲得。

(6)「多則惑」——「多」者，較多。「惑」者，迷惑。方較多之時，即將轉而趨向迷惑。

以上六句，自世俗之立場觀之，「得」「失」之心理，乃人所難免。是以對於上文之曲、枉、窪、敝、少五者，總相對屬於「失」；多者，則相對屬於「得」。反之，全、直、盈、新、得五者，乃相對屬於「得」；而惑者，相應於「道」，則相對屬於「失」。如果自道之立場論之，莫非大道運行所見之消息變化、盈虧現象之兩端而已。是故，依據「物極必反」之原則，「失」則轉而趨向於「得」，「得」則轉而趨向於「失」。老子指點「是以聖

㊳ 參見裴學海、古書虛字集釋、第五八九頁、第六一〇頁。臺北市、泰順書局出版。

人抱一為天下式」，「式」者，法也。蓋在啟示修道者，應當眠滅兩端之對待，消融得失之心理，以歸於絕對性自己，如斯，以為天下之法式。

「不自見，故明；不自是，故彰；不自伐，故有功；不自矜，故長。夫唯不爭，故天下莫能與之爭」——此四「不自」句，又組成排句，丁福保、老子道德經箋注、第三三頁，以為乃承上句「抱一」而申言之。如是，則本章之血脈更見其通暢。蓋於「抱一」之精神境界涵蓋下，四「不自」，乃所以曲折成就其功德。

(1)「不自見，故明」，「見」者，現也。「不自見」，即不蔽於私心以自見，而以「抱一」之心見之，則所見者，無非消息、盈虧之現象，故顯明。

(2)「不自是，故彰」，「彰」者，著也。「不自是」，即不拘於私智以自是，而以「抱一」之智是之，則所是者，無非自然之道，為萬物所本之以生成，其德盛矣，故彰著。

(3)「不自伐，故有功」，「伐」者，誇也。「不自伐」，即不逞於私情以自伐，而以「抱一」之情伐之，則所伐者，無非道之無為無不為也，故有功。

(4)「不自矜，故長」，「矜」者，尚也。不自矜，即不執於私意以自尚，而以「抱一」之意矜之，則所矜者，天之虛也，地之靜也，而成變化之無疆，故久長。

夫「不自見」，「不自是」，「不自伐」，「不自矜」，即超越乎自見、自是、自伐、自矜，而提昇至絕對性精神境界，而無所對待，故「不爭」：而自然故明、故彰、故有功、故長，「故天下莫能與之爭」。

「古之所謂曲則全者，豈虛言哉！誠全而歸之」——本段以「曲則全」句，一則與本章首句「曲則全」相迴應，再則總結本章之旨趣。不過，本章首句「曲則全」，乃自相對性立場，示其互為消、息之兩端。而本段之「曲則全」，則就「抱一」之修道功夫，論其過程或有偏曲之時，而其最高境界則當至於整全。自古以來，亦唯「抱一」者，能得其「全」，故曰「誠全而歸之」。

此章，觀察自然現象、人間世事，莫不消息往來、盈虧輾轉，故聖人抱一以式天下。即，「不自」表現方能，而天下之成就「全」歸之。斯乃超越自己以順應變化之道。

同道同德

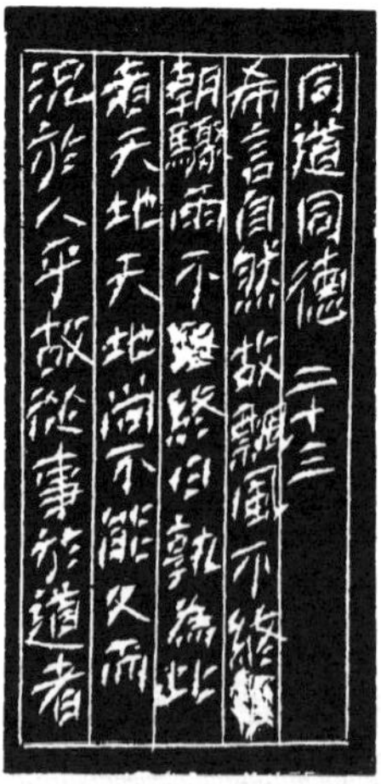

同道同德　二十三
希言自然故飄風不終
朝驟雨不終日孰為此
者天地天地尚不能久而
況於人乎故從事於道者

同於道德者同於德失者
同於失同於道者道亦樂
得之同於德者德亦樂得
之同於失者失亦樂得之
信不足焉有不信焉

第二十三章

希言自然。故飄風不終朝，驟雨不終日。孰為此者？天地。天地尚不能久，而況於人乎？故從事於道者，（道者）同於道；德者，同於德；失（天）者，同於失。（天）同於道者，道亦樂得之；同於德者，德亦樂得之；同於失（天）者，失（天）亦樂得之。信不足焉，有不信焉。

㈠、吳澄、道德經注、第四二頁、曰：「聽之不聞曰希。希言，無言也。得道者忘言，因其自然而已。」

㈡、俞曲園、諸子（老子）平議、第八七頁、曰：「樾謹按：下『道者』二字，衍文也。本作『從事於道者，同於道』，其下『德者』、『失者』，蒙上『從事』之文而省。猶云『從事於道者，同於道；從事於德者，同於德；從事於失者，同於失』也。」

㈢、高亨、老子正詁、第五七頁、曰：「亨按：『失』當作天，形近而譌。……亨按：二『失』字亦天字之譌。……此文初言『從事』，次言『同』，又次言『樂得』，語淺深有序。」

（四）、王淮先生、老子探義、第一〇〇頁、曰：「案：上文自『主觀』言之，謂『人』如誠心求道，（原註：力行實踐）必有所得也。此處就『客觀』言之，謂『道』既為人所求得，亦樂得（原註：甘願而不拒絕）為人所用，而必不與人為難也。」

案：「希言自然」——「希言」者，無言、忘言之意也。希言，所以達到自然之境界。蓋「自然」者，不著意，不使力，順其自然而然而已。至於「言」者，所以表情達意，情意乃發自生命之心思欲念，以自然流露之。及其表達於「言」，則抽象化而觀念化、概念化，以致「言」所表達之情意，與乎生命之心思欲念之真實，難免有所落差離乎自然矣。故「希言」者，旨在回歸於生命真實之情意，順其自然而然以流露，此即老子之「道」。

「**故飄風不終朝，驟雨不終日。孰為此者？天地。天地尚不能久，而況於人乎**」——飄風、驟雨，天地之所為也。蓋天地之生成萬物，以陰陽消長有晴雨，春秋迭代以生煞，……斯乃自然之常道。今飄風、驟雨，見其狂暴之氣，摧殘之勢，逾越自然之道也。幸其「不終朝」，「不終日」。「孰為此者，天地」，此設問以作答，以示天地違反自然之作為，尚不能久，何況於人乎？

「**故從事於道者，（道者）同於道；德者，同於德；失（天）者，同於失。（天）**」——「從事」者，從而事之。「從事於道者，（道者）同於道」，俞曲園、諸子（老子）平議、第八七頁，以為下「道者」兩字為衍文。（見上文引文）如斯，則兩句祇是一句，而以「從事」提之。「道者，同於道」則為所提。至於下兩句，「德者，同於德」，「失（天）者，同於失（天）」，高亨、老子正詁、第五七頁，以為兩「失」字皆為「天」字之譌。（見上文引文）

又，俞曲園、諸子（老子）平議、第八七頁，以為亦當分別以「從事」提之，唯據上句之「從事」而略之。（見上文引文）若然，則三句之涵義，可以作如下之闡釋：

(1)「從事於道者，（道者）同於道」，從事於求道者，則慧悟於其道。

(2)「德者，同於德」，從事於修德者，則充實於其德。

(3)「夫（天）者，同於失（天）」，從事於知天者，則契會於其天。

「同於道者，道亦樂得之；同於德者，德亦樂得之：同於失（天）者，失（天）亦樂得之」——上段言從事以同之，本段則繼而言料想彼亦樂於迴應以相得。

(1)「同於道者，道亦樂得之」，既慧悟於其道者，則道亦樂於迴應以相得乎從事於道者之慧悟。

(2)「同於德者，德亦樂得之」，既充實於其德者，則德亦樂於迴應以相得乎從事於德者之充實。

(3)「同於失（天）者，則失（天）亦樂得之」，既契會於其天者，則天亦樂於迴應以相得乎從事於天者之契會。

本章言體道者，消極功夫在「希言」而已，積極功夫唯「自然」是也。至於精神進境之入路與理想，則為：

(1)同於道，並為道之所樂得者，所以建立其主體性精神。

(2)同於德，並為德之所樂得者，所以建立其實踐性精神。

(3)同於失，（天）並為失（天）之所樂得者，所以建立其絕對性精神。

「信不足焉，有不信焉」——體道者，如果於求道、修德、知天之誠信有所不足，則料想道、德、天亦不誠信、不樂意迴應以相得之：

此章，主張當回歸生命之真實自然，蓋由所喻可知世事無常，是以如能誠信於求道、修德、知天，必有迴應以「得」焉。

有道不處　二十四
企者不立跨者不行自
見者不明自是者不彰
自伐者無功自矜者不
長其於道也曰餘食贅

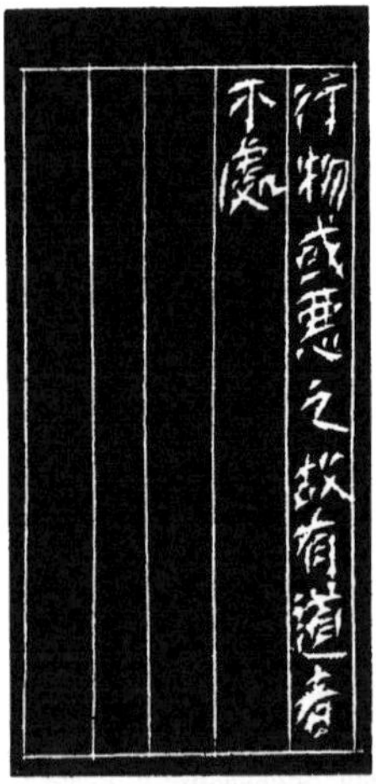
行物或惡之故有道者
不處

第二十四章

企（跂）者不立，跨者不行。自見者不明，自是者不彰，自伐者無功，自矜者不長。其於道也，曰：餘食贅行。物或惡之，故有道者不處。

(一)、釋憨山、老子道德經解、第一二四頁、曰：「跂，足根不著地也。跨，闊步而行也。蓋跂者止知要強，高出人一頭，故舉踵而立，殊不知舉踵不能久立。跨者止知要強，先出人一步，故闊步而行，殊不知闊步不能長行。以其皆非自然。以此兩句，為向下自見、自是、自伐、自矜之譬喻耳。」

(二)、朱謙之、老子校釋、第九八頁、曰：「易順鼎曰：『行』疑通作『形』，『贅形』即王注所云『肬贅』。肬贅可言形，不可言行也。」

案：「企（跂）者不立，跨者不行」——「企」，河上公、老子章句、作跂，企與跂，音同義通也。此兩句乃謂：舉踵強立，則不能久立，違乎自然故也；闊步疾行，則不能長行，亦悖乎自然故也。本章首先立此兩事以為比喻，而示以下四「自」句，違悖自然之反效果。

「自見者不明，自是者不彰，自伐者無功，自矜者不長」——此四「自」句，乃承上段企（跂）者不立，跨者不行」兩例，以矯正立身行事有所偏失者。

⑴「自見者不明」，「見」者，現也。「自見」者蔽於私心以自見，以致不能以體乎自然之心、明乎消息、盈虧之大道，故大道不能明顯。

⑵「自是者不彰」，「彰」者，彰著。「自是」者拘於私智以自是，以致不能以體乎自然之心、是乎自然為萬物所本之以生成之盛德，故盛德不能彰著。

⑶「自伐者無功」，「伐」者，誇也。「自伐」者逞於私情以自伐，以致不能以體乎自然之心，伐乎大道無為無不為之成就，故成就之功無所稱揚。

⑷「自矜者不長」，「矜」者，尚也。「自矜」者執於私意以自矜，以致不能以體乎自然之意，矜乎天地成變化之無疆德業，故德業不能久長。

本章四「自」句，與第二十二章四「不自」句，意義實相類，句法則不同。第二十二章之四「不自」句，乃運用遮撥之筆法，以「不」消融自我主觀意識，然後彰顯大道之功業。此章之四「自」句，則扣緊世俗之心理，蓋謂如果表現自我主觀意識，則窮盡自然之大道矣。（此章四「自」句，乃參照第二十二章四「不自」句之涵義而作詮釋）

「**其於道也，曰：餘食贅行。物或惡之，故有道者不處**」——「道」者，自然也。四「自」句，於「企（跂）者不立，跨者不行」之比喻下，皆屬逾越自然之分際，故「曰餘食贅行」，「曰」者，「說是」也。「行」者，借以代形。意謂如食物之多餘，身體之贅肬。「物或惡之」，「物」者，人也，眾人也。「或」者，也許。眾人或許厭惡其逾越自然之分際；「有道者不處」，有道者唯循自然而已，故不處於如斯逾越自然之分際、令人厭惡之境地。

此章，論偏執一端，悖離自然中道者之失；且反而視「道」為贅餘。故有道者不如是。

道法自然

道法自然

道法自然 二十五
有物混成先天地生寂兮
寥兮獨立而不改周行而
不殆可以為天下母吾不
知其名字之曰道強為之

名曰大大曰逝逝曰遠
遠曰反故道大天大地大
人亦大域中有四大而人
居其一焉人法地地法天
天法道道法自然

第二十五章

有物混成，先天地生。寂兮寥兮，獨立而不改，周行而不殆，可以為天下母。吾不知其名，字之曰道，強為之名曰大。大曰逝，逝曰遠，遠曰反。故道大，天大，地大，王（人）亦大。域中有四大，而王（人）居其一焉。人法地，地法天，天法道，道法自然。

(一)、成玄英、老子義疏、第一七五頁、曰：「寂，無聲也。寥，無形也。」

(二)、馬敘倫、老子校詁、第八七頁、曰：「倫案：殆借為怠。」

(三)、朱謙之、老子校釋、第一〇二頁、曰：「范應元曰：『人』字，傅奕同古本，河上公本作『王』。……然按後文『人法地』，則古本文義相貫。況人為萬物之靈，與天地並立而為三才，身任斯道，則人實亦大矣。」

(四)、吳澄、道德經注、第四七頁、曰：「人者，聖人也。法者，水平之準，與之平等如一也。人之所以大，以其得此道而與地一，故曰法地。地之所以大，以其得此道而與天一，故曰法天。天之所以大，以其與道一，故曰法道。道之所以大，以其自然，故曰法自然。」

案：「有物混成，先天地生。寂兮寥兮，獨立而不改，周行而不殆，可以為天下母」——此所謂「物」者，乃指稱道體。然而，道體非具體存在，不可稱「物」。由於本段旨在指點道體之存在層次、與其相狀，故姑且假立之為一「指點之對象」，乃稱「物」焉。「有物混成」之「混成」，混借以代渾，即渾然而成。其成也，無所組合，故不得分析。非經程序，故未有變化。蓋自然渾然而成而已。「先天地生」，天地，為萬物所以由之而生成；或曰，天地生成萬物，則，其「道」涵焉。道為形而上之存在，既為天地所涵，故為先天地而存在，（生）此「先」乃形而上之先。蓋所以貞定天地所以為萬物由之以生成之形而上理由。其實，道即天地，天地即道；道為天地之內在充足理由，天地為道之外在姑立假名。

既然，「先天地生」之道，乃「寂兮寥兮」，即無聲可聞，無形可見，亦即非感官所可覺知，蓋非具體存在故也。「獨立而不改」，指其體之存在於形而上，為無所對待之絕對性，無所變易之永恆性。「周行而不殆」，指其用之彌綸於形而下，為無所偏倚之普遍性，無所懈怠之規律性。「可以為天下母」，可以為天下萬物所以由之而生而成之母氏。

「吾不知其名，字之曰道，強為之名曰大，大曰逝，逝曰遠，遠曰反」——「道」者，形而上之存在。「名」者，形而下之概念。形而上之道，非形而下之概念所得而指稱，故婉言「吾不知其名」。然而，對其「體性」之體悟，又不能不設立假名以指稱之，故曰「字之曰道」。同時，為示其相狀，其相狀又無可表述，故「強為之名曰大」。「強」者，姑且也。「大」者，狀其體積之相對性程度。

夫「道」以指稱其體性，「大」以表述其體積。終於，又雙雙落入概念性領域，故方其完成指稱、表述之後，立即由原一相狀轉現另一相狀，庶幾不滯不泥。至於其轉現之方式，乃以「曰」字為準繫辭，相當於「便是」之意，以對所立者隨即掃之，筆鋒甚見輕盈。

(1)「大曰逝」，「大」既形容其相狀之體積，而道實無體積，故以「逝」掃之。「逝」者，逸去。相應上文而言，「道」既「獨立而不改」，以「逝」掃之，則復見其「周行」。「逝」者，「周行」之狀也。

(2)「逝曰遠」，「逝」既形容其逸去，道既逸去，復以「遠」掃之。「遠」者，遙也。相應上文而言，「道」既「周行」，以「遠」掃之，則復見其「不怠」。「遠」者，「不怠」之狀也。

(3)「遠曰反」，「遠」既形容其遙，道既逝而及於遠，為免其滯泥於遠方，故以「反」掃之。「反」者，回歸。相應上文而言，「道」既「周行」而「不怠」，以「反」掃之，即示其且「周行而不殆」，且．「獨立而不改」。

「故道大，天大，地大。王（人）亦大。域中有四大，而王（人）居其一焉。人法地，地法天，天法道，道法自然」——道體，既然「強為之名曰大」，復經「大曰逝，逝曰遠，遠曰反」之行程，則「獨立而不改」，「周行而不殆」之無相之相，無狀之狀展而示之矣。繼而讚之，

(1)「道大」，「道」，既經大、逝、遠、反之展示，則其「大」，乃絕對性無不普遍之「大」。

(2)「天大」，天涵乎道以生物，故與道同其大。

(3)「地大」，地涵乎道以成物，故與道同其大。

(4)「王（人）大」，「王」，朱謙之、老子校釋、第一〇二頁，引范應元，以為古本作「人」。吳澄、道德經注，第四七頁，以為指聖人言。人體乎道以為政理民，故與道同其大。

「域中有四大」，即於自然化道涵蓋下之宇宙中，道大，天大，地大，人亦大。莊子、齊物論、第三四頁、曰：「恢恑憰怪，道通為一。」夫通其道，故同其大，此所以「王（人）居其一焉」。

雖然，「道通為一」，及其表現為不同之價值形態，於境界上則有層級之先後。是故：

(1)「人法地」，地在無不成，人法式之以無不就。

(2)「地法天」，天在無不生，地法式之以無不滋。

(3)「天法道」，道在無不運，天法式之以無不育。

(4)「道法自然」，自然在無不化，道法式之以無不諧。

此章，窮盡「道」即「自然」之飄逸神情，及其所呈現之諸價值形態。並示由人，而地、而天、而道、而自然，依次相「法」以遞昇，則莫不為「自然」所玄通而諧和。

燕處超然

燕處超然 二十六
重為輕根靜為躁君是以
聖人終日行不離輜重雖
有榮觀燕處超然奈何乘
之主而身輕天下 萬

以
輕則失根躁則失君

第二十六章

重為輕根，靜為躁君。是以聖人終日行，不離輜重，雖有榮觀，燕處超然。奈何萬乘之主，而以身輕天下？輕則失根，躁則失君。

(一)、朱謙之、老子校釋、第一〇五頁、曰：「蓋輜重為載物有重，故謂輜重。古者吉行乘乘車，師行乘兵車，皆有輜重車在後。此以喻君子終日行，皆當以重為本，而不可輕舉妄動也。」

(二)、高亨、老子正詁、第六三頁、曰：「榮讀為營，古字通用。說文：『營，帀居也，从宮，熒省聲。』蓋營者，宮垣也。……爾雅、釋宮：『觀謂之闕。』闕者門側築臺，亦所以守望者也。超然者，高脫無憂之義。此言聖人所居有營闕以為固護，故能安處無憂也。」

(三)、魏源、老子本義、第二〇頁、曰：「根本必重於枝葉，君上必靜於臣下，故取以為喻也。躁者動之甚也。車行日五十里，師行日三十里。以輜重在後，不敢遠離，是輕之本乎重也。雖有榮華游觀之地，而不及超然燕處，是動以靜為主也。故君子於天下事，必持重而主靜也。」

案：「重為輕根，靜為躁君」——物量有輕重，重者在下為根本，輕者在上為枝末，故曰「重為輕根」。心境有躁靜，靜者存中為身主，躁者隨緣而流轉，故曰「靜為躁君」。斯兩語者，乃自社會經驗所提煉而得之人生智慧。本章則舉之以為準則，蓋期乎有道者應有所持守。

「是以聖人終日行，不離輜重；雖有榮觀，燕處超然」——聖人，「終日行」，謂自早至晚，行役在外，以喻「輕」者也。「不離輜重」，謂必須跟隨載運飲食、衣著、用品、器具之補給，以喻不離之「重」者也。如果移之政事，「終日行」，如生活上之生心動念，政務上之舉措施為，此喻其「輕」者。「不離輜重」，如無所干擾，以使百姓和樂：無所作為，而期社會安定，此喻其不離之「重」者。斯乃「重為輕根」之謂乎。

「榮觀」，示其生活之優裕。生活優裕則每每志得意滿，以致心浮氣躁，或至縱情享樂，執著迷失。「燕處超然」，即於日常生活，保持其閒情逸致；對於人間之得失、榮辱、功過、……莫不淡然處之。於是，我心如湖，水波不興。斯乃「靜為躁君」之謂乎。

「奈何萬乘之主，而以身輕天下？輕則失根，躁則失君」——「以身輕天下」，當為「以身為重」，（據下句之「輕」，合理可以如此推測）「以天下為輕」兩意謂句之組合，而倒裝並省略。是故，如何萬乘之主，「以身輕天下」？蓋輕重倒置而失其本也。失其本，以身為重，則隨緣而躁動，而無所主也。故曰「輕則失根，躁則失君」。

此章，教萬乘之主，當以超然之心境，為天下所倚重。

雖智大迷

雖智大迷　二十七
善行無轍迹善言無瑕謫
善數不用籌策善閉無楗
而不可開善結無繩關
約而不可解是以聖人常善
救人故無棄人常善救物
故無棄物是謂襲明故善
人者不善人之師不善人
者善人之資不貴其師不愛
其資雖智大迷是謂要妙

第二十七章

善行無轍迹，善言無瑕讁，善數不用籌策，善閉無關楗而不可開，善結無繩約而不可解。是以聖人常善救人，故無棄人；常善救物，故無棄物。是謂襲明。故善人者，不善人之師；不善人者，善人之資。不貴其師，不愛其資，雖智大迷。是謂要妙。

(一)、焦竑、老子翼、第一七〇頁、曰：「瑕，玉玷也。讁，直革反，責也。籌策，計數者所用之筭，以竹為之。楗，其偃反，拒門木也；橫曰關，豎曰楗。」

(二)、王弼、老子注、第三二頁、曰：「順自然而行，不造不施，故物得至，而無轍迹也。順物之性，不別不析，故無瑕讁可得其門也。因物之數，不假形也。因物自然，不設不施，故不用關楗、繩約，而不可開解也。此五者皆言不造不施，因物之性，不以形制物也。」

(三)、吳澄、道德經注、第五〇頁、曰：「善行者，以不行為行，故無轍迹。善言者，以不言為言，故無瑕讁。善計者，以不計為計，故不用籌策。善閉者，以不閉為閉，故無關鍵，而其閉自不可開。善結者以不結為結，故無繩約，而其結自不可解。舉五事為譬，以起下文聖人善救之意。聖人之救人，救物，以不救為救，亦若上文所譬，以不為其事為善也。」

(四)、河上公、老子章句、第二七頁、曰：「聖人所以教民順四時，以救萬物之殘傷。」

(五)、成玄英、老子義疏、第一九一頁、曰：「襲，承也，用也。此即結歎常善聖人利物無棄，可謂承用聖明之道。」

(六)、朱謙之、老子校釋、第一一〇頁、曰：「（謙之案）『要妙』即幼妙，亦即幽妙。……（劉台拱、引楚辭、遠遊、集註）『要妙，深遠貌』。」

案：「善行無轍迹，善言無瑕讁，善數不用籌策，善閉無關楗而不可開，善結無繩約而不可解」——此五「善」句，乃相應社會上之或然習慣，以遮撥之進路，表現其「玄境」。

(1)「善行無轍迹」，「轍迹」，車輪所輾之軌迹。相應而言，社會上之行事，每有所企圖，有所執著，故如車之行，遺留其軌迹。而「善行」者，無所企圖，無所執著，故其「行」事，如車之行，然「無轍迹」。

(2)「善言無瑕讁」，相應而言，社會上之言語，每有所意欲，有所標指，故亦因而招致是非之議論。而「善言」者，無所意欲，無所標指，故其「言」也，如響之應聲，是以「無瑕讁」。

(3)「善數不用籌策」，相應而言，社會上之計數，每用其機心，較其多少，故每不自覺陷溺於「數量」之領域。而「善數」者，消融機心，齊一多少，故其「數」也，不起差別，則「不用籌策」。

(4)「善閉無關楗而不可開」，相應而言，杜會上之閉門，每因有所阻止，乃假關楗之形禁使不可開。而「善閉」者，無所阻止，唯聽其自度其進出，故其「閉」也，實無關楗之形禁，而不可「開」。

(5)「善結無繩約而不可解」，相應而言，社會上之結縛，每因有所拘限，乃以繩索之形制使不可解。而「善結」者，無所拘限，唯任其自制其舉止，故其「結」也，實無繩索之形制，而「不可解」。

由上觀之，五「善……」句，固可相應社會上之習慣而言，然所謂「善……」，並非僅囿於社會上之技巧擅長而已；而是超越社會上之技巧擅長以上，即體乎自然之絕對性「善……」。此體乎自然之絕對性「善……」，於社會上無所遺留，無所憑藉，實不合常情，故不可稱之為「善……」；依是，則此所謂「善……」而實無所「善……」；即順其自然而然而已。亦即王弼、周易注、第三一頁，所謂之「不造不施」、「不以形制物」。夫「不造不施」，是主觀上之無事；「不以形制物」，是客觀上之無為；無事、無為，則民自正、自化矣。孟子、盡心篇上、第一九一頁、有曰：「君子所過者化，所存者神。」最足以道盡此中之旨趣乎！

「**是以聖人常善救人，故無棄人；常善救物，故無棄物。是謂襲明**」——此兩「善」字之義，亦與上段五「善」句之「善」同解。「救」者，濟助。「常善救人」者，蓋人之願，在得其樂，救之之道在「無事」，以使各樂其業；無事以使各樂其業，實為不救之救，不救之救，則無不救矣，故「無棄人」。「常善救物」者，蓋物之性，在得其安，救之之道在「無為」，以使各安其生；無為以使各安其生，亦為不救之救，不救之救，亦無不救，故「無棄物」。此兩句，當作「互文足義」解之，以豐富其意義。夫以無事、無為，以不救之救救人救物，以使各樂其業，各安其生，乃為承用前聖玄智之明，故曰「襲明」。

「**故善人者，不善人之師；不善人者，善人之資。不貴其師，不愛其資，雖智大迷。是謂要妙**」——「善人」，指善救人者；「不善人」，指不善救人者。善人者，以其善救人，故為不善救人之不善人所師法。反之，不善救人之不善人，乃善救人之善人所緣助而修其善，故曰「不善人者，善人之資」。下一句，乃為假然推理之句法，即，如果「不貴其師，不愛其資」，則「雖智大迷」。即，如果，不敬重善救人之善人為所師法，不珍愛不善救人之不善人為所緣助，則，雖是智者，猶屬愚迷。夫敬重善救人、善救物之善人為師，以善救人、善救物；珍愛不善救人、不善救物之不善人為資，以為緣助，是之謂要道妙旨。

此章，闡述善於作為者，無所著迹，而自有功績。此聖人之所以善於救人、善於救物之詭譎大德。是以世間「善人」、「不善人」之互為師、資，即是聖人不救之救之證驗。

知雄守雌　廿八
知其雄守其雌為天下谿
為天下谿常德不離復歸
於嬰兒知其白守其辱為
天下谷為天下谷常德乃

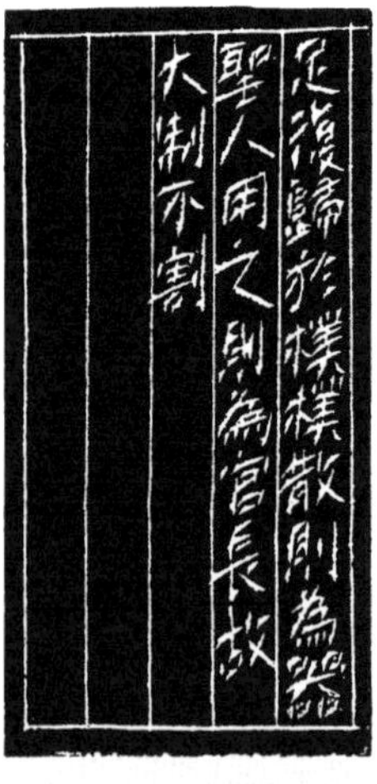
足復歸於樸樸散則為器
聖人用之則為官長故
大制不割

第二十八章

知其雄，守其雌，為天下谿；為天下谿，常德不離，復歸於嬰兒。知其白，（守其黑，為天下式；為天下式，常德不忒，復歸於無極。知其榮，）守其辱，為天下谷；為天下谷，常德乃足，復歸於樸。樸散則為器，聖人用(因)之則為官長，故大制不割。

(一)、張洪陽、道德經注解、第二一頁、曰：「恃雄則必爭，惟守雌則以柔勝剛，咸歸之若溪壑。……潔白則易汙，惟守黑則汙不可染，無所指摘，人皆以我為楷式。……榮名則難保，惟守辱則藏垢納汙，天下皆在所翕受。」

(二)、馬敘倫、老子校詁、第九四頁、曰：「易順鼎曰：『此章有後人竄入之語，莊子、天下篇、引，無『知其黑』，至『知其榮』二十三字，蓋老子原文。老子本以雌對雄，以辱對白，後人不知辱為黑義；以辱對白為自周至漢古義，此其竄改之迹顯然者一也。……』」

(三)、高亨、老子正詁、第六五頁、曰：「老子本以雌對雄，以辱對白，辱即後起黷字，玉篇：『黷，垢黑也。』」

(四)、王弼、周易注、第三四頁、曰：「樸，真也。真散則百行出，殊類生，若器也。

聖人因其分散，故為之立官長，以善為師，不善為資，移風易俗，復使歸於一也。」

(五)、俞曲園、諸子（老子）平議、第八七頁、曰：「河上注曰：『聖人升用，則為百官之元長也。』……至王弼注曰：『聖人因其分散，故為之立官長。』則當作聖人因之，方與注合。今作『用』者，後人據河上本改之耳。」

(六)、河上公、老子章句、第二九頁、曰：「聖人用之，則以大道制御天下，無所傷割；治身，則以天道制情欲，不害精神也。」

案：「知其雄，守其雌，為天下谿；為天下谿，常德不離，復歸於嬰兒。知其白，（守其黑，為天下式；為天下式，常德不忒，復歸於無極。知其榮）**守其辱，為天下谷；為天下谷，常德乃足，復歸於樸」**——今本老子，此章之首段，乃以三複句、排偶而組成。然而，據馬敘倫、老子校詁、第九四頁，引易順鼎之考證，其中自「知其黑」，至．「知其榮」計二十三字，為後人所篡入，（見上文引文）據之以刪，則成兩複句之偶句。

(1)「知其雄，守其雌，為天下谿；為天下谿，常德不離，復歸於嬰兒」，「雄」，象徵態度上之主動、進取。「雌」，象徵態度上之被動、保守。「知其雄」者，深明其為社會上創造價值之動力；但於創造中，每須通過對立之格局，於對立之格局中，爭「雄」，未必盡勝，且可能以致亂。「守其雌」者，姑且保持被動、保守之態度，以等待時移勢易之機運。「為天下谿」，如為眾水所流匯之谿，而為天下所歸往。蓋恃「雄」以爭強，不如守「雌」待變之得民。「常德不離」，體乎道之永恆不變之德性，與生命互為內在。「復歸於嬰兒」，老子以嬰兒表示至真之精神境界。（案嬰兒固「真」，其真僅為原始諧和之真，尚須通過辯證發展之超昇，始能臻於再度諧和之極致至真之精神境界）「復歸」，即臻於此一極致至真之精神境界。

(2)「知其白，（此間，今本之「知其黑」至「知其榮」，計二十三字，據馬敘倫、老子校詁、第九四頁，引易順鼎之說而刪之。見上文引文）守其辱，為天下谷；為天下谷，常德乃足，復歸於樸」，「白」，象徵品格上之潔淨、顯耀。「辱」，據高亨、老子正詁、第六五頁之考證，辱之古字作黭，黭，黑也。（見上文引文）故辱，象徵品格上之汙濁、愚昧。「知其白」者，深明其為杜會上實踐價值之指標；但於實踐中，每須落實多元之文化，於多元之文化中，競「白」，未必盡遂，且可能被淹沒。「守其辱」，（黭，黑也）姑且保持汙濁、愚昧，以展現橫來順受之氣度。「為天下谷」，如為眾水流所注之谷，而為天下所歸向，蓋逞「白」而得意，不如守「辱」（黭，黑也）同塵而和光。「常德乃足」，體乎道之永恆不變之德性，於是乎圓滿而具足。「復歸於樸」，「樸」者，道也，道為萬物所由之以生成，樸即狀其體之本來無所形貌之渾全形貌。「復歸」，即圓滿具足之常德，回歸於渾全之道，圓融而為一。

夫有道之士，態度上知雄守雌，品格上知自守辱，（黭，黑也）此心路歷程之發展，分解觀之：第一階段，或雄或雌，或白或辱，（黭，黑也）各有天性。第二階段，知雄守雌，知白守辱，（黭，黑也）當知當守，自有分寸。第三階段，即雄、即雌，即白、即辱，（黭，黑也）渾然圓融於化道。

「**樸散則為器，聖人用**（因）**之則為官長，故大制不割**」——「樸」既指渾合之大道，「散」者，謂萬物由「樸」以生成，則「樸」呈現其自己，見其大用，而自我破裂，轉為陰陽之氣化作用，以結聚成萬物，萬物即統稱之曰「器」，故日「樸散則為器」。樸（大道）雖然散而為器，但猶不失其渾全。

「聖人用（因）之則為官長」，上段既申有道之士，於態度上、品格上之心路發展歷程之進境，於此繼之曰「聖人用（因）之」，「用」字，俞曲園、諸子（老子）平議、第八七頁，據王弼注、考證原文當作「因」字（見上文引文），於義甚當。「聖人因之」，即聖人體乎渾全之大道。「則為官長」，王弼、周易注、第三四頁、曰：「故為之立官長，以善為師，不善為資，移風易俗，復使歸於一也。」王弼迴應上章之旨為注，於義至切。

「故大制不割」，「制」者，裁也。乃謂聖人為之立官長以裁制天下，使各適其所，各遂其生，各守其分，各盡其用，蓋自然而渾然，是以雖裁制而無所分割。夫制而不割，故曰「大制」。

此章，啟示智固應有所知，德則當有所守；即知即守，存乎一心，則可以谿天下，樸萬物。此聖人所以「大制不割」。

去甚去奢

去甚去奢　二十九
將欲取天下而為之吾
見其不得已天下神器
不可為也不可執也為
者敗之執者失之故物

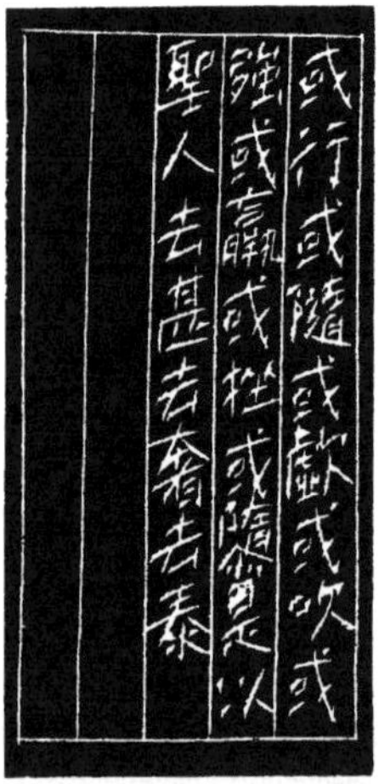
或行或隨或歔或吹或
強或羸或挫或隳是以
聖人去甚去奢去泰

第二十九章

將欲取天下而為之，吾見其不得已。天下神器，不可為也，不可執也。為者敗之，執者失之。故物或行或隨，或歔（呴）或吹，或強或羸，或挫（載）或隳。是以聖人去甚，去奢，去泰。

(一)、馬敘倫、老子校詁、第九六頁、曰：「劉師培曰：『王注：「可因而不可為也，可通而不可執也。」則「不可為也」下，當有「不可執也」一句。』」

(二)、焦竑、老子翼、第一八九頁、曰：「蘇（子由）註：聖人之有天下，非取之也；萬物歸之，不得已而受之。其治天下，非為之也；因萬物之自然而除其害耳。……陰陽相盪，高下相傾，大小相使。或行於前，或隨於後，或呴而暖之，或吹而寒之，或益而強之，或損而羸之，或載而成之，或隳而毀之，皆物之自然，而勢之不免者也。」

(三)、呂喦、道德經解、第二八頁、曰：「甚，太甚。奢，華侈。泰，矜肆。物情不一，聖人權其輕重緩急，去此三者，是以能理萬物之宜，而與天下相安於無事也。」

案：「**將欲取天下而為之，吾見其不得已。天下神器，不可為也，不可執也。為者敗之，執者失之**」——「天下」，為政治意義之概念，在此，乃意指普天之下之領域，以及人民。「取」者，即獲得統治之權力，包括政權與治權。「欲」者，取之之企圖心。「為」者，治也。夫「將欲取天下而為之」，所憑藉者，不外巧智與武力，未必應乎天、順乎民；即違悖自然之道，故老子非之。「吾見其不得已」，此老子相對「將欲取天下而為之」者，提出其批判性主張。句中所「見」之「其」，當為指「取天下而為之」之事，所謂「不得已」者，非權力意志之追逐，乃道德使命之不容已。即基於盛德，以應天順民，而為天下所歸往，斯乃事之自然，實亦勢所當然。如此，始為正確之途徑。

「天下神器」，「器」者，易經、繫辭上傳、第十二章、曰：「形而下者謂之器。」是以「器」，乃泛指具體存在之物。相應「將欲取天下而為之」者而言，姑且視「天下」為一對象「器」。自有其神聖莊嚴之價值，故稱「天下神器」。「不可為也」，天下既是神器，故不應該本一己之企圖心獲取以統治之。繼此，則是兩句假然推理之判斷句，即：①、如果「為者」，[39]則「敗之」。蓋廣大之領域，眾多之人民，所願者，莫非各適其性，各遂其生；如果本其一己之企圖心以「為者」，則違反自然，以悖其性，傷其生，終於「敗之」。②如果「執者」，則「失之」。蓋廣大之領域，眾多之人民，既然所樂者，在適性遂生；如果

[39] 「為者」之「者」字，與下句「執者」之「者」字，可以①、作指事之詞解。②、作「之」字解。見裴學海古書虛字集釋、第七五九頁，及七五八頁。若然，不論作指事之詞解，或作「之」字解，既置於「為」字、「執」字之下，則「為」字、「執」字皆為述詞，兩「者」分別為其止詞，以表「為」、「執」兩述詞之對象事。

以一己之企圖心，取而「執者」，如是，一旦擁有其權力，往往使人由於因循而僵化，耽於逸樂而腐化，終於不再保有而「失之」。

「故物或行或隨，或歔（呴）或吹，或強或羸，或挫（載）或隳。是以聖人去甚，去奢，去泰」——「物」者，事也。「歔」，河上公、老子章句、第二七頁、作「呴」，注曰：「呴，溫也。」——「挫」，河上公、老子章句、第二七頁、作「載」，注曰：「載，安也。」「隳」者，毀也。老子此章，列此八事分為四組為例，意謂：①、「或行或隨」，或者行走在前，或者跟隨在後。②、「或歔（呴）或吹」，或者呴而暖，或者吹而寒。③、「或強或羸」，或者壯而強，或者弱而羸。④、「或挫（載）或隳」，或者寧而安，或者墜而毀。即，凡事皆有其發展過程之趨勢，且雖見其相對而相反，但總不失其平衡，此自然之道也。如果移之政事，「將欲取天下而為之」，若非出於「不得已」，則明顯違反自然之道。

然則，如能出於「不得已」，又當如何？曰，「是以聖人去甚，去奢，去泰」。

⑴「去甚」，「甚」者，過分。蓋緣於企圖心以有所為，往往斧鑿太重，以致逾越自然之分際，此聖人之所以「去甚」。「去甚」者，「慈」也。

⑵「去奢」，「奢」者，侈靡。蓋緣於企圖心以有所為，難免鼓盪氣機，放情享樂，以致悖離自然之質樸，此聖人之所以「去奢」。「去奢」者，「儉」也。

⑶「去泰」，「泰」者，恣縱。蓋緣於企圖心以有所為，一旦揮灑才氣，傲視群倫，以致有失自然之常度，此聖人之所以「去泰」。「去泰」者，「不敢為天下先」也。

夫措施上去甚，生活上去奢，風格上去奢，則凡事遵循自然，以道化自己，則生命還其本真。

此章，言乎「天下神器」，當如聖人道化其生命者，始可「不得已」而有之。

以道佐人

以道佐人 三十

以道佐人主者不以兵強天下其事好還師之所處荊棘生焉大軍之後必有凶年善有果而已不敢以強取強果而勿矜果而勿伐果而勿驕果而不得已果而勿強物壯則老是謂不道不道早已

第三十章

以道佐人主者，不以兵強天下。其事好還。師之所處，荊棘生焉；大軍之後，必有凶年。善有（者）果而已，不敢以取強。果而勿矜，果而勿伐，果而勿驕，果而不得已，果而勿強。物壯則老，是謂不道，不道早已。

㈠、朱謙之、老子校釋、第一二〇頁、曰：「案『其事好還』，謂兵凶戰危，反自為禍也。……此（物壯則老，是謂不道，不道早已）三句亦見五十五章。」

㈡、高亨、老子正詁、第七一頁、曰：「左傳、宣公、二年、傳：『殺敵為果。』爾雅、釋詁：『果，勝也。』果而已，猶云勝而止也。……已（指『不道早已』之『已』）當作亡，形近而譌。」

㈢、焦竑、老子翼、第一九六頁、曰：「矜，自恃也。伐，夸大也。驕，恣肆也。已，止也。早已，言不久也。……（呂吉甫註）果而勿矜其能，果而勿伐其功，果而勿驕其勢，其果常出於不得已，是乃果而勿強之道也。」

案：「以道佐人主者，不以兵強天下。其事好還。師之所處，荊棘生焉；大軍之後，

必有凶年」——佐人主者，人臣。人臣以「道」佐人主，「道」者，自然。莊子、天道篇、第二〇八頁、曰：「上必無為，而用天下；下必有為，為天下用。此不易之道也。」故佐人主之所謂「道」，相應「上必無為」，即於精神上尊重百姓之尊嚴與自由；相應「下必有為」，則於措施上注意患害之預防與排除。總之，在於使百姓各安其居，各樂其業。「不以兵強天下」，「兵」者，軍隊，乃國家之武力，亦支持為政者之權力。一旦加諸天下百姓，則掌控其行為，折挫其志氣。因此，難免產生其怨懟。「其事好還」，「其事」，乃指「兵強天下」，以致引起百姓之怨懟；而百姓之怨懟，則反以指向為政之君、臣。因此，上下對峙，離心離德矣。故老子反對。

「師」者，亦稱軍隊，「所處」，所經之處，百姓流離，田疇荒蕪，故「荊棘生焉」；「大軍之後」，摧殘已甚，民不聊生，故「必有凶年」。此補充申述「兵強天下」對生靈之一荼毒。

「**善有（者）果而已，不敢以取強。果而勿矜，果而勿伐，果而勿驕，果而不得已，果而勿強**」——「善」者，善於用兵。「有」，河上公、老子章句、第三〇頁，作「者」字，於義較順。「果」者，勝也。蓋佐人主之人臣，當有為，則「用兵」乃或所必須，唯「勝（果）」而已。其分限在於以非常手段，安邦定國。如果逾此分限，以「取強」，則有所鑿傷，故「不敢以取強」。以下五「果而」句，乃為就「兵強天下」與「不敢以取強」兩者，而折其中。

(1)「果而勿矜」，「矜」者，恃也。即勝而已，不可自恃其才能。

(2)「果而勿伐」，「伐」者，誇也。即勝而已，不可自誇其功勳。

(3)「果而勿驕」，「驕」者，傲也。即勝而已，不可自傲其氣燄。

(4)「果而不得已」，「不得已」，不能不如此。即勝而已，實出於客觀情勢之不能不如此。以上三句，以「勿」字示勸誡之意。此句則教當存慈憫之情懷。

(5)「果而勿強」，「強」者，盛也。即，勝而已，不可顯露其威武。此句總結上列四句，並回應上文「不以兵強天下」。

「物壯則老，是謂不道，不道早已」——「物壯則老」，即盛極必衰之意，蓋喻如果用兵既勝而復取強，則士氣耗損而轉為衰竭。「是謂不道」，「不道」，即不合自然之道。「不道早已」，即不合自然之道，則將及早消失。

此章，教人臣之善用兵者，以「果（勝）而已」為限度。此外，則當凝斂鋒鋩，消融傲氣，庶幾無所「損」「耗」。斯乃以非常作為，而盡安保使命乎！

恬淡為上

恬淡為上

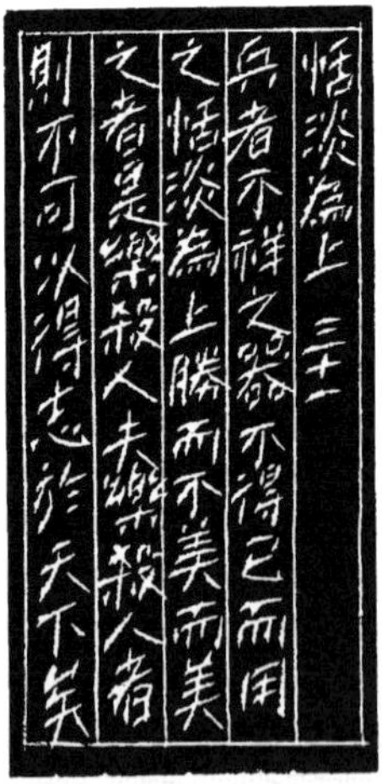
恬淡為上 三十一
兵者不祥之器不得已而用
之恬淡為上勝而不美而美
之者是樂殺人夫樂殺人者
則不可以得志於天下矣

第三十一章

（夫佳兵者，不祥之器，物或惡之，故有道者不處。君子居則貴左，用兵則貴右）

兵者，不祥之器，（非君子之器）不得已而用之。恬淡為上，勝而不美，而美之者，是樂殺人。夫樂殺人者，則不可以得志於天下矣。（吉事尚左，凶事尚右，偏將軍居左，上將軍居右，言以喪禮處之。殺人之眾，以悲哀泣之，戰勝以喪禮處之）

㈠、馬敘倫、老子校詁、第一〇〇頁、曰：「王念孫曰：「……佳，當作佳，字之誤。佳，古唯字。』石田羊一郎，以『美（佳）兵者，不祥之器』為衍文。……石田羊一郎，以此（物或……）二句為衍文。……石田羊一郎，以此（是以君子……）二句為衍文。……『非君子之器』，則正釋『不祥之器』也。……石田羊一郎，曰：『此（故吉事……）文以下甚淺露，疑注者所加。』」

㈡、王淮先生、老子探義、第一二七頁、曰：「……茲據以上所校，將本章刪定如左，……『兵者，不祥之器，不得已而用之。恬淡為上，勝而不美；而美之者，是樂殺人。夫樂殺人者，則不可以得志於天下矣』。」

(三)、宋常星、道德經講義、第一○六頁、曰：「恬淡，即是安靜之義。……以不得已之心，用不得已之兵，得恬淡之妙也。此等用兵，何不祥之有？」

(四)、高亨、老子正詁、第七三頁、曰：「亨按：『泣』叚為『𨽻』，古書多作『蒞。』

案：（「夫佳兵者，不祥之器。物或惡之，故有道者不處。君子居則貴左，用丘則貴右」）——此段，①、據馬敘倫、老子校詁、第一○○頁，引日人，石田羊一郎所考，均為衍文。（見上文引文）。②、馬敘倫、老子校詁，以「物或……」兩句，乃二十四章錯簡於此而重出。③、據王淮先生、老子探義、第一二七頁所考，老子書中，（此章以外）從無稱「君子」者；並「君子……」兩句，於文義上下無所屬，當是注語錯入經文者。故宜刪之。

「兵者，不祥之器，（非君子之器）**不得已而用之，恬淡為上。勝而不美，而美之者，是樂殺人。夫樂殺人者，則不可以得志於天下矣」**——據王淮先生、老子探義、第一二七頁所考證，此章至為雜亂，乃刪定如此段。（見上文引文）「兵」者，軍隊，代表國家武力，亦支持為政者行使權力。「不祥」，價值上為不吉利。「器」者，既以「不祥」形容之，是姑視之為一對象物。「非君子之器」，馬敘倫、老子校詁、第一○一頁，以為是注釋「不祥之器」之注文，而後世誤抄為正文，當刪。（見上文引文）「不得已而用之」，上章已有「果而不得已」之句。平情而論，用兵，實為國際社會所必須，要之，如果用之得當，則有安邦定國之作用；如果用之不得當，則貽傷殘生靈之禍害。如何執其兩端而用其中道？即抱持「不得已而用之」之心境。「不得已而用之」之心境，即服從理性，衡量情勢，已至瀕臨非如此不可之境況，然後用之。若然，則但見其意念深沈之神態，「恬淡」是也。故曰「恬淡為上」。

以「不得已而用之（兵）」，並「恬淡為上」，則「勝而不美」。用兵當然求勝，即上章所言之「善有（者）果而已」。「不美」，不自以為光榮。即上章所謂之「果而勿矜，果而勿伐，果而勿驕」。反之，如果「美之者」，即以戰勝為光榮，則是以殺人為樂事，蓋心存殘暴，誠「不祥」之甚，悖道遠矣，故「不可以得志於天下矣」。

（「吉事尚左，凶事尚右，偏將軍居左，上將軍居右，言以喪禮處之。殺人之眾，以悲哀泣（蒞）之，戰勝以喪禮處之」）——「泣」者，高亨、老子正詁、第七三頁，以為當作蒞。（蒞）、王淮先生、老子探義、第一二七頁，以為：①、「偏將軍」之名，似非老子之時所宜有。②、「貴右」。以殺人之眾，「悲哀泣（蒞、蒞）之」。戰勝，「喪禮處之」等語句。可信其確非老子原文，以其非老子思想也。故宜刪之。（俱見上文引文）

此章，誠用兵者，當存慈憫情懷，以免有傷其德。

知止不殆

知止不殆 三十二
道常無名樸雖小天下
莫能臣也侯王若能守
之萬物將自賓天地相
合以降甘露民莫之令

而自均始制有名名亦
既有夫亦將知止知止
可以不殆譬道之在天
下猶川谷之與江海

第三十二章

道常無名，樸，雖小，天下莫能臣也。侯王若能守之，萬物將自賓。天地相合，以降甘露，民莫之令而自均。始制有名，名亦既有，夫亦將知止，知止可（所）以不殆。譬道之在天下，猶川谷之於江海。

(一)、吳澄、道德經注、第六一頁、曰：「樸，指道言，道彌滿六合，而斂之不盈一握，故曰小。」

(二)、高亨、老子正詁、第七五頁、曰：「亨按：『民莫之令而自均』，猶言莫之令而民自均也。天地相合，以降甘露，無使之者，而民均沾濡其澤，則實為之。舉此以見道之無為而無不為。」

(三)、王弼、老子注、第三八頁、曰：「始制，謂樸散始為官長之時也。始制官長不可不立名分以定尊卑，故始制有名也。過此以往，將爭錐刀之末，故曰名亦既有，夫亦將知止也。」

案：「道常無名，樸，雖小，天下莫能臣也。侯王若能守之，萬物將自賓」——「道常無名」，當作「道常」而「無名」解。「常」者，形容道體為屬於形而上一層次，不佔空間位置，亦未通過時間過程，是故為無所變化之永恆存在。（常）「名」者，概念也。道，既為形而上之永恆存在，則非概念（名）所可指謂，故「無名」。此章對道之描述，「常」，表詮也。「無名」，遮詮也。「道常無名」，是表、遮雙運。

「樸」，即指道言，所以形容道體無所形貌之渾全形貌，亦即形容道之全體大用發展過程中之原始諧和。「小」者，吳澄、道德經注、第六一頁、曰：「道彌六合，而斂之不盈一握，故曰小。」（見上文引文）最得其義。「斂之不盈一握」，示其斂之於形而上世界，無形無踪，故本經、第十四章曰：「視之不見名曰夷，聽之不聞名曰希，搏之不得名曰微。」此章則姑稱之曰「小」。「樸，雖小」萬物實由之而生成，是為萬物之「始」，故「天下莫能臣也」。「侯王」，政治社會之領袖。「若能守」，即守樸抱道，體虛靜而唯無為，則萬物自然歸趨而賓服。

「**天地相合，以降甘露，民莫之令而自均**」——夫天德下貫，地德上應，陰陽交感，則甘露自降，故曰「天地相合，以降甘露」，此自然之道也，斯所以為「天下莫能臣也」。甘露既降，「民莫之令而自均」，即民莫有使令之者，而均霑其潤澤，此亦自然之事也，斯所以為「萬物將自賓」。蓋或施或受，功化盛矣。

「**始制有名，名亦既有，夫亦將知止，知止可（所）以不殆。譬道之在天下，猶川谷之於（與）江海**」——河上公、老子章句、第三三頁，「可」作「所」，「於」作「與」。「制」者，制作。「名」者，概念。「始制有名」，即渾全之樸既呈現其大用，即自我破製，轉出所制作之概念，（名）落在政治社會，則為立法度，設官長。（名）即本經、第二十八章所謂之「樸散則為器，聖人用之則為官長」。「名亦既有，夫亦將知止」，「知止」，即朱子、四書、大學、經文、章句、第一頁、所言之「止者，必至於是而不遷之意」。如果借以用於此章，則「必至於是」之「是」，為指稱其最高境界，乃指民均甘露，莫非天地之道；始制有名，復歸渾全之樸。是為承體起用，攝用歸體，體用渾化而為一之再度諧和。下句「知止可（所）以不殆」之「知止」，乃迴應前段之「侯王若能守之，萬物將自賓」。故「不殆」。「殆」者，怠也。「不殆」，不逾越（守樸抱道之）分際。

至於最後兩句，上句為總結此章章旨，曰，「道之在天下」，蓋謂道之在天下，所以並育萬物，且迴應中段之「天地相合，以降甘露」句。下句則補充上句之文義，故設「川谷之於（與）江海」之喻，以喻萬物之遵循（賓服）大道，亦迴應首段之「萬物將自賓」句。如是，一往一來；易經、繫辭上傳、第十一章、第四八二頁、曰：「往來不窮謂之通。」則化道盡矣。亦中段所言之所知之所「止」。

此章，分解「道」之功化，其脈絡有二：一為宇宙論路數，見諸甘露均霑萬民。一為實踐論路數，見諸侯王之制名以立規範。兩路並行匯歸於渾全之樸，乃其最高境界。

自知者明

自知者明　三十三
知人者智自知者明勝人
者有力自勝者強知足者
富強行者有志不失其所
者久死而不亡者壽

三十三章

知人者智，自知者明。勝人者有力，自勝者強。知足者富，強行者有志。不失其所者久，死而不亡者壽。

(一)、焦竑、老子翼、第二一四頁、曰：「（李）息齋註：知在外為智，在內為明。勝在外為力，在內為強。智與力為妄，明與強為真。入道之門，皆由於此。」

(二)、王弼、老子注、第三九頁、曰：「勤能行之，其志必獲，故曰強行者有志矣。」

(三)、高亨、老子正詁、第七七頁，曰：「『死而不亡』，猶云『死而不朽』也。」

(四)、釋憨山、老子道德經解、第一五二頁、曰：「老子意謂道大無垠，人欲守之，莫知其向往。苟能知斯數者，去彼取此，可以入道矣。侯王如此，果能自知自勝，知足強行，適足以全性復真，將與天地終窮，不止賓萬物，調人民而已。又豈肯以蝸角相爭，以至戕生害性者哉？」

案：「**知人者智，自知者明**」——「知」，可以分為三層次：①、感性之知——即假感官以感知外在之事物。②、知性之知—即承感性所知之印象，抽象化、概念化，而作分析、比較、推理、綜合、判斷，以成就經驗知識。③、悟性之知——即承知性之知，以領悟道理，判斷是非，提煉觀念，開拓境界，……。

「知人」，乃以悟性之知，觀照人物，於價值標準衡量下，判斷其相應現實社會之道行、能力、心境、成就，（此依此章下文所舉之德目而擬定）所得於道之形態以及層級。凡能如是以知人者，乃為道家義道德智慧之「智」。

「自知」，亦以悟性之知，反觀自己，於價值標準衡量下，省察自己，判斷相應現實社會之道行、能力、心境、成就，（此亦依此章下文所舉之德目而擬定）所得於道之形態以及層級。此所用之智亦為道家義之道德智慧。凡能如是以自知者，謂之「明」。

老子之基本精神乃在守樸抱道，以期待萬物之自賓。所謂「自知」，乃所以提撕「無為」之氣度。所謂「知人」，乃所以極成「無不為」之迴應。此即所謂「玄」也。故「知人」、「自知」之智，是為「玄智」。（此牟宗三先生所創之詞）。

「勝人者有力，自勝者強」——「力」者，開拓曲折變化之力量。蓋老子之教，固在守樸抱道，但所期盼者，則在「萬物將自賓」之迴應。如何玄通此一感應過程？「勝人」，即是開拓曲折變化之力量。

「自勝者強」，「自勝」，自己戰勝自己。蓋人之生命，有精神生命之一層面，有氣質生命之一層面。（此據宋儒、張橫渠「天地之性」「氣質之性」之說而分）精神生命一層面勿論之。氣質生命一層面，如才華之揮灑則思有所作為，情欲之恣縱則思有所追逐，……又如惰性令人懈怠，積習導致偏頗，……。此生命之所以駁雜。如何消融駁雜之氣質。所謂「自勝」，以道化人格，始可謂之堅強。

「知足者富，強行者有志」——人既有情欲，為滿足生活與生存之需要，以及提高物質享受，進而創辦事業，施展抱負，則累積資財以具備必須條件，亦屬經濟杜會之價值行為。「不知足」之心理，實為潛意識之鼓盪力量。老子則主張內斂精神，返樸歸真，故於適度擁有之際，知所滿足，即是心理上之富足。

「強行者有志」，「強」者，堅定之意。依老子，守樸抱道，固為基本精神，而如何期待「萬物將自賓」，於玄通之過程中，開拓曲折變化之力量，唯有堅定實踐（強行）者始能竟其功，斯為「有志」。

「**不失其所者久，死而不亡者壽**」——「所」者，所在。此當指老子義安身立命之「所在」。據上文，「智慧」既知人亦自知，則足以照徹群己。「能力」既勝人亦自勝，則足以玄通感應。「心境」既自足亦強行，則足以適時靜動。至乎是，不論修道，不論治國，安身立命不失其「所在」，是精神生命與道渾然而共化育萬物，至於悠久。

「死而不亡者壽」，「死」者，自然生命有時而盡。「不亡」，精神生命之永恆存在。蓋安身立命既不失其所在，雖自然生命有時而盡，唯精神生命與道渾然而共化育萬物，至於悠久，斯為「壽」者。

此章，論道家人格修持之卓立與「存神」。[40]

---

[40] 此借用孟子之語。四書、孟子、盡心篇上、第一九一頁、曰：「夫君子所過者化，所存者神，上下與天地同流，豈曰小補之哉！」

功成不有

功成不有 三十四
大道氾兮其可左右萬
物恃之而生而不辭功
成不名有衣養萬物而
不為主常無可名於小
萬物歸焉而不為主可
名大以其終不自為大
為
故能成其大

第三十四章

大道氾兮，其可左右。萬物恃之而生而不辭，功成不名有，（而不有）衣養萬物而不為主。常無（欲），可名於小；萬物歸焉而不為主，可名為大。以其終不自為大，故能成其大。

(一)、王弼、老子注、第四〇頁、曰：「言道氾濫，無所不適，可左右上下，周旋而用則無所不至也。」

(二)、馬敘倫、老子校詁、第一〇九頁、曰：「劉師培曰：此文『不辭』與二章同，當從畢（沅）說作『不為始』。」

(三)、高亨、老子正詁、第七七頁、曰：「（易順鼎曰）今王本『功成不名有』，當作『功成而不有』，『名』字衍。……亨按：『欲』字疑衍。『常無』者，謂道之本體為無也，唯其常無，故可名小，增一『欲』字，則不可通矣。」

(四)、俞曲園、諸子（老子）平議、第八九頁、曰：「樾謹按：河上公本作愛養，此作衣養者，古字通也。」

案：「大道氾兮，其可左右。萬物恃之而生而不辭，功成不名有，（而不有）衣養萬物

而不為主。常無（欲），可名於小；萬物歸焉而不為主，可名為大」——「大道」，萬物共同遵循以生成之途徑。老子所言之此「途徑」，即自自然然之自然是也。萬物則遵循此一自自然然之自然以生以成。夫此自自然然之自然，所謂「大道」者，其「體」，固為形而上之存在。其「用」，則普遍及於具體世界；「左右」，舉其一端而已，實應兼及如王弼、周易注、第四〇頁所言之上下，並周旋而無所不至。（見上文引文）

「萬物恃之而生」，「之」者，指大道。夫天道本其自然以生物，地道本其自然以成物，此自然並「周旋而無所不至」，此所以為「大」也，萬物即依賴此自然大道以生成。（祇言「生」，則實涵「成」）「而不辭」，同本經、第二章，馬敘倫，老子校詁、第一〇九頁、引畢（沅）說，當作「不為始」。「始」者，本源。其體為形而上存在之大道，固為「萬物恃之而生」之本源，而不自以為本源。（始）蓋唯用其自然之途徑，任由萬物之遵循而生成。因此，為「萬物恃之而生」之功德，既已成就，而不自以為有功德，故曰，「功成不名有」。高亨、老子正詁、第七七頁，則以為當作「功成而不有」。（見上文引文）其義較長，故依之。「衣養萬物」，河上公、老子章句，作「愛養萬物」。俞曲園、諸子（老子）平議、第八九頁，以為「衣」「愛」古字通用。（見上文引文）「愛」者，情意之投注。「養」者，資源之供給。「不為主」，即大道之於萬物，既投注其情意，復供給其資源，固為其主宰，而不自以為主宰。

「常無（欲）」，高亨、老子正詁、第七七頁，疑「欲」字為衍文，（見上文引文）甚是，茲從之。「常無」，即本經、第一章，「故常無，欲以觀其妙」。蓋謂大道常於形而上一無所有之絕對性境界，亦即朱子、四書、中庸章句、題解、第一頁，引程子之言，「卷之則退藏於密」之超越存在，姑且「可名於小」。「萬物歸焉而不為主」，自自然然之大道，既為萬物所遵循以生成；萬物之遵循焉，是萬物之歸趣焉，大道固為萬物之主宰，而不自以為主宰。大道既為萬物所歸趣，是大道之普遍彌綸於萬物之生成歷程，誠如朱子、四書、中庸章句、題解、第一頁，引程子之言，「放之則彌六合」，故姑且「可名為大」。其實，大道並無小、大之相狀，但依其「密」「顯」而姑且相對以名之。

「**以其終不自為大，故能成其大**」——「以其終不自為大」句，河上公、老子章句、第三四頁，作「是以聖人終不為大」，並注之曰：「聖人法道，匿德，藏名，不為滿出。」於義較勝，茲從之。蓋前段言大道之普遍及於萬物之生、養，並為萬物之所歸以成其大。此段據上文所引河上公、老子章句、第三四頁之版本，則以「是以」相承而轉出「聖人」體道，澤被蒼生，而不自以為德；名顯天下，而不自以為名。夫德量廣大，而不自以為大，而蒼生無不從化，此所以「能成其大」。

此章，申述「大道」為普遍存在，以生成、衣養萬物。亦為超越存在，而「不為始」、「不為主」。則自然之義盡矣。聖人體道，既德業廣大，亦自我超越，而天下賓服，此所以「成其大」。

淡乎無味

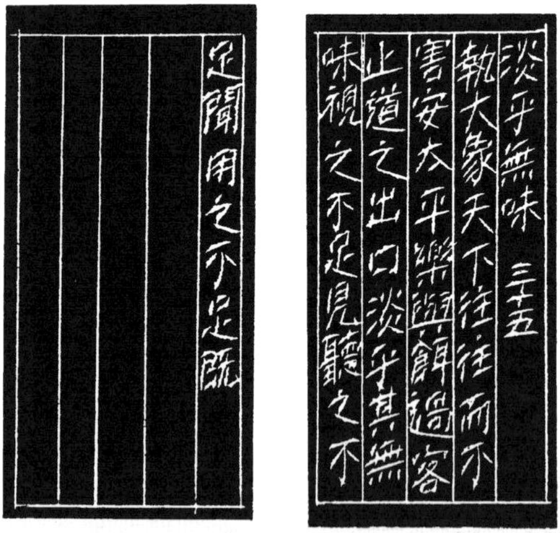
淡乎無味 三十五
執大象天下往往而不
害安太平樂與餌過客
止道之出口淡乎其無
味視之不足見聽之不
足聞用之不足既

第三十五章

執大象，天下往。往而不害，安平太。樂與餌，過客止。道之出口，淡乎其無味，視之不足見，聽之不足聞，用之不足既。

(一)、成玄英、老子義疏、第二三一頁、曰：「執，持也。此不執而執，執無所執。大象，猶大道之法象也。……樂，絲竹宮商也。餌，飲食滋味也。樂，有聲可悅。餌，有味可翫。可樂可翫，故暫過之客，逢必止住耽愛也。」

(二)、朱謙之，老子校詁、第一四一頁、曰：「王引之、經傳釋詞、……謂：『「安」猶於是也，乃也，則也。老子曰：「往而不害，安平太。」言往而不害，乃得平泰也。』」

(三)、王淮先生、老子探義、第一四〇頁、曰：「彼聖人者，無私無為，天下雖歸之，彼將不視天下為私有。……人君誠能無私無為，不以主宰百姓，支配天下為事，則天清地寧，上下相忘，何害之有?非太平而何?」

案：「執大象，天下往。往而不害，安平太」——本經、第四十一章、第五三頁、曰：「大象無形，道隱無名。」「大象」即指道之形象，道為形而上之存在，如朱子、四書、中庸章句、題解、第一頁、引程子之言曰：「卷之則退藏於密。」故象而無象，是謂「大象」。道既為象而無象之大象，則「執大象」之「執」，亦為執而無執，無執而執之

「執」，即「體」之也。此章首言「執大象」者，其聖人乎！聖人「執大象」，即體道以為政，道即自然，體乎自然以為政，則一切施為唯任其自然，無為無作；天下百姓亦迴應以遵循自然，適性遂生而歸往。

「往而不害」，乃謂天下百姓既已歸往，而聖人無為無作，任由天下百姓各有寬廣之自由生活空間。於是聖人之與百姓，誠如莊子、大宗師篇、第一二三頁所言，「魚相忘乎江湖，人相忘乎道術」，故為最高境界之「安平太」。「安」者，朱謙之、老子校詁、第一四一頁引王引之、經傳釋詞，解為於是也，乃也。（見上文引文）「平太」，即「太平」，為與「往而不害」之「害」字諧韻，乃倒其文。

「樂與餌，過客止。道之出口，淡乎其無味，視之不足見，聽之不足聞，用之不足既」——樂音以聲韻悅人耳，餌食以滋味可人口，設之以待過客，則過客止步聆嚐。此設耳口之感性價值為喻，以反襯下文之「道」，為超感性之悟性價值。故曰，「樂與餌，過客止」。

「道之出口」，道之出乎口述，則為觀念化表達，衡之感性價值，誠屬淡然無味，不若樂音之悅耳，不若餌食之可口。但原其所屬，乃為悟性價值，所以養心也。

「視之不足見」，視之所及者，唯具體之形象。道為形上之存在，非具體形象，故「視之不足見」。本經、第十四章、第一六頁、有曰：「視之不見名曰夷。」

「聽之不足聞」，聽之所及者，唯具體之聲音。道為形而上之存在，非具體聲音，故「聽之不足聞」。本經、第十四章、第一六頁、有曰：「聽之不聞名曰希。」

「用之不足既」，「既」者，高鴻縉先生、中國字例、會意篇、第四四三頁、釋之曰：既，原為食畢、言畢之意，引申為窮盡。[41]夫道者，自然也。天以自然生物，自然即天之道。地以自然成物，自然即地之道。老子即提煉此自然之道，而觀念化為「道」。此道之用，但見之於自然之自自然然運行，而萬物遵之以生以成。反之，觀萬物之生成不已，則可以證明道之「用之不足既」。

此章，示「道」者，其無象可象之「大象」，非感官所可感知；而其大用則不可窮盡。聖人執之而無所執，為天下所歸往，以致太平。

[41] 高鴻縉先生、中國字例，臺北市、三民書局印行，民國七十九年、第八版。

微明脫淵

微明脫淵　三十六
將欲歙之必固張之將
欲弱之必固強之將欲
廢之必固興之將欲
奪之必固與之是謂

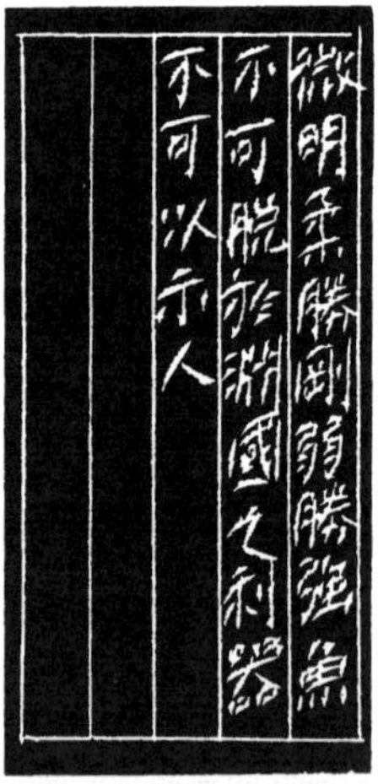
微明柔勝剛弱勝強魚
不可脫於淵國之利器
不可以示人

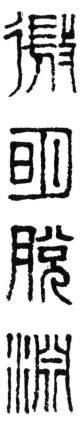

第三十六章

將欲歙之，必固張之。將欲弱之，必固強之。將欲廢之，必固興（舉）之。將欲奪之，必固與之。是謂微明。柔弱勝剛強。魚不可脫於淵，國之利器不可以示人。

㈠、焦竑、老子翼、第二二九頁、曰：「（王）純甫註：將欲云者，將然之辭也。必固云者，已然之辭也。造化有消息盈虛之運，人事有吉凶倚伏之理。故物之將欲如彼者，必其已嘗如此者也。將然者雖未形，已然者則可見。能據其已然，而逆睹其將然，則雖若幽隱，而實至明白矣。故曰是謂微明。……利器，兵也，設喻之言。蓋微明之理，聖人用之，則為大道。姦雄竊之，則為縱橫捭闔之術。其害有甚於兵刃也，故聖人喻之以利器云。」

㈡、高亨、老子正詁、第八一頁、曰：「亨按：『興』當作『舉』，形近而譌，古書常『廢』『舉』對言。……此文『張』『強』為韻，『舉』『與』為韻。……范應元曰：『張之、強之、興之、與之之時，已有歙之、弱之、廢之、取之之幾，伏在其中矣。幾雖幽微，而事已顯明也，故曰是謂微明。』」

㈢、焦竑、老子翼、第二三一頁、曰：「（李）息齋註……此之微明，既柔且弱，而能勝天下剛強之欲，以其不離道母也。若離道母，則如魚之脫於淵。魚既不可脫於淵，則國之利器，亦不可示人。」

案：「將欲歙之，必固張之。將欲弱之，必固強之。將欲廢之，必固興（舉）之。將欲奪之，必固與之。是謂微明」——本段連用四組排句，上句皆用「欲」字，下句皆用「固」字。「欲」、「固」皆為虛義字，其涵義乃隨上下文之意旨而變化。因此，①、如果「欲」字作心理上之意欲解，「固」字作借以代「故」之故意解，則上下句構成一假然推理之命題，或有執政者，將據之以行其「欲擒故縱」之權謀。此解恐非老子之本意。②、如果「欲」字作「事勢實然趨勢」之「將然」解，「固」字作「事勢原來狀態」之「本然」解，則「將然」、「本然」之間，實寓一「持果探因」之連結，而另有所戒焉。

(1)「將欲歙之，必固張之」，「歙」，繫辭上傳、第六章、第四六八頁、曰：「夫坤，其靜也翕，其動也闢，是以廣生焉。」則「歙」者，收斂。相對而言，則「張」者，擴展。此兩句似為有見於天地生機而言，即天地生機之將然收斂，必由於本然之暢旺。

(2)「將欲弱之，必固強之」，「強」者，堅固。張橫渠、張子全書、正蒙、太和篇、曰：「太和所謂道，……其來也，幾微易簡；其究也，廣大堅固。」依此，則此兩句，似為有見於宇宙氣化而言，即宇宙氣化之將然減弱，必由於本然之堅固。（堅固即形容氣化作用結聚成品物之狀態）

(3)「將欲廢之，必固興（舉）之」，「興」，高亨、老子正詁、第八一頁，以為「興」

字乃「舉」字之譌，（見上文引文）其見甚當。此兩句似為有見於世事運會而言，即世事運會之將然廢滅，必由於本然之縱容。

(4)「將欲奪之，必固與之」，此兩句似為有見於權位爭逐而言，即權利爭逐之將然剝奪，必由於本然之給與。

老子觀乎天道之運行，世事之變化。則天道之消息、盈虧，往復不已。世事之盛衰、得失，起伏不定。此章乃在申述將然緣於本然，本然導致將然之因果關係。其實，歙、張，弱、強，廢、興，（舉）奪、與，皆可互為因果，相與變化。此章則僅設定歙、弱、廢、奪之將然，而以張、強、興、（舉）與所本然者之不足恃。蓋本然之張、強、興、（舉）與之至其極，則必轉為將然之歙、弱、廢、奪之將然，盛極必衰故也。此轉變過程，其幾甚微，其勢甚明，微而明也，故曰「微明」。庶幾有道之士能知幾明勢以有所自守。（牟宗三先生、有「觀事變莫若道，察業識莫若佛，盡心盡性莫若儒」之智慧語）。

「**柔弱勝剛強。魚不可脫於淵，國之利器不可以示人**」——柔弱，乃相對剛強而言，剛強者，如此章所言本然之張者、強者、興（舉）者、與者。然而，盛極必衰；柔弱者，即知乎本然之必轉為將然之「幾」，明乎盛極必衰之「勢」，於是當機超越乎此轉變過程，而無所爭。唯無所爭，則無所盛，亦無所衰，盛衰皆為所消融，是柔弱之所以勝乎剛強。此為「微明之道」。

「淵」者，喻乎微明之道也。有道者如「魚不可脫於淵」之不離微明之道，則至柔至弱，而勝至剛至強。「國之利器」，亦指微明之道，持之，既可保身，亦可守國，是以

「不可以示人」。

此章，乃觀察事勢之發展，將然者，必緣於其本然；本然者，則導致其將然。深諳此天運反復之道者，可信守柔弱者，必勝剛強。斯為不可示人之治國利器。

無樸無欲

無樸無欲　三十七
道常無為而無不為侯
王若能守之萬物將自
化化而欲作吾將鎮之
以無名之樸夫亦將無
欲不欲以靜天下將自
定

第三十七章

道常無為而無不為，侯王若能守之，萬物將自化。化而欲作，吾將鎮之以無名之樸。無名之樸，夫亦將無欲。不欲以靜，天下將自定。

(一)、河上公、老子章句、第三七頁、曰：「道以無為為常也。……萬物以化效於己也，復欲作巧偽者，侯王當身鎮撫以道德。」

(二)、魏源、老子本義、第三十頁、曰：「蓋欲作者，欲生萌動也。夫萬物自化，則任其自生自息而已。自生自息，而氣運日趨於文，將復有欲心萌作於其間。」

(三)、鄭環、老子本義、第四〇頁、曰：「……然欲民之不欲，而吾不免有欲樸之欲，則吾之欲猶未靜，而樸猶未樸也，必也幷無名之樸而亦不欲，則樸之至，靜之至，無為無名之至，而與道為一矣。」

(四)、丁福保、老子道德經箋注、第四九頁、曰：「欲樸之心亦無，乃謂之真靜。無思無為，不動而化，不言而信，垂衣拱手，天下不待教令，而將自正定也。」

(五)、焦竑、老子翼、第二三三頁、曰：「(陸)希聲註……首篇以常道為體，常名為用，而極之於重玄。此篇以無為為體，無不為為用，而統之以兼忘，始末相貫，盡其體用也。」

案：「**道常無為而無不為，侯王若能守之，萬物將自化**」——「常」者，永恆不變。「常無為」，據河上公、老子章句、第三七頁之說，當作意謂句解，即「以『無為』為常」，（見上文引文）即「以『無為』為永恆不變之常道」。「無為」，乃扣緊道體言，相應其作用言，實唯任其自然之運行，而萬物自生自成；此外，無所致使之者，是為「無為」。雖然，萬物無不自生自成，故曰「無不為」。

移之人間，為政之侯王，若能持守此「無為而無不為」之道，唯任萬物（民）各於其生活方式、社會習俗之基礎上，以作以息，此外，無所造作之者，是為「無為」。雖然，萬物（民）無不各遂其生，各安其業，偃然而自爾以化。

「**化而欲作，吾將鎮之以無名之樸。無名之樸，夫亦將無欲。不欲以靜，天下將自定**」——「作」者，起也。雖然，萬物（民）無不偃然而自爾以化；但是，萬物（民）難免出於生命之實然需要而有欲，尤以民智日啟，外誘日多，競相「尚賢」，「貴難得之貨」，繼之以爭、以盜，或巧、或偽，無不用其極，此「化而欲作」，社會之所以亂也。「樸」者，名乎原始狀態之道，以其為形而上之存在，非概念所可指謂，故為「無名」。「鎮」者，撫安之、消融之。「鎮之以無名之樸」，即以自然之道調節其欲望，使其適度滿足，無所泛濫，是自然之消融。

不過，以無名之樸鎮其欲，則陷於「有為」之功夫一層次，而著其「迹」矣。夫鎮之而著迹，則非「無為」。故「鎮之以無名之樸」之功夫，亦將「無欲」；「無欲」，即鎮而不鎮，以泯其「鎮之」之迹，故曰「不欲」。「以靜」者，蓋歸於絕對性虛靜自己之境界。

夫天下於侯王無為、無迹之道化中，將莫不自定其分。

此章，勉侯王守道以「靜」，而任萬物自化。偶而「欲」作，則鎮之以樸；同時，鎮之之念，亦與當機而化。庶幾但見自然之運，而天下自定。

處實無華

處實無華 三十八
上德不德是以有德下德
不失德是以無德上德無
為而無以為下德為之而
有以為上仁為之而無以
為上義為之而有以為上
禮為之而莫之應則攘臂
而扔之故失道而後德失
德而後仁失仁而後義失
義而後禮夫禮者忠信
之薄而亂之首前識者道
之華而愚之始是以大丈
夫處其厚不居其薄處其
實不居其華故去彼取
此

第三十八章

上德不德，是以有德；下德不失德，是以無德。上德無為而無以為，下德為之而有以為。上仁為之而無以為，上義為之而有以為，上禮為之而莫之應，則攘臂而扔之。故失道而後德，失德而後仁，失仁而後義，失義而後禮。夫禮者，忠信之薄，而亂之首。前識者，道之華，而愚之始。是以大丈夫處其厚，不居其薄；處其實，不居其華。故去彼取此。

(一)、高亨、老子正詁、第八六頁、曰：「陶鴻慶曰：『……（王弼）注又云：「凡不能無為而為之者，皆下德也，仁義禮節是也。」然則經云下德，即包上仁、上義、上禮言之。』……（亨按）『攘臂而扔之』者，謂攘臂以引人民，使就於禮也。」

(二)、宋常星、道德經講義、第一三三頁、曰：「識者，知識見識也。能知人之所未知，能見人之所未見，是謂前識。」

(三)、丁福保、道德經箋注、第五〇頁、曰：「攘臂，除衣袂以出臂也。」

案：「**上德不德，是以有德；下德不失德，是以無德。上德無為而無以為，下德為之而有以為**」——禮記、樂記、第二〇五頁、曰：「德者，得也。」蓋謂有得於道，亦即精神上之體道而有得者，是為「德」。「上德」，德之至上者，體乎道，臻於至純至粹之境界，則精神生命與道互為內在，渾然而化矣。如斯，所得之德，實德而不德，故曰「不德」。以其臻於渾然而化、德而不德之境界，是為至上之德，故曰「有德」。「下德」，體道而有得之境界，視上德為下一等。固然，亦為體道而有德，但是方其體之之時，不能當機而化，而滯於意識上之有所自覺，企圖有以實踐其德，故曰「不失德」。老子之道，既為自然之道，德亦為自然之德，但下德者，以其滯於意識上之自覺，則難免於執著。德而執著，與自然之道有間矣，轉而為非至純至粹之德，故曰「無德」。

上德既體至純至粹之道，至純至粹之道，亦唯自自然然而已。上德，凡事超越意識之自覺，任其自然，無作無為，故曰「無為」。至於「無以為」者，「以」者，所也。即無所為。下德，體道而有得，但視上德為下一等者，以其於意識上自覺以有所實現其德，而致執著，故曰「為之」。至於「有以為」者，「以」亦作所解，即有所為。復案，上德之「無為」，下德之「為之」，皆指其所至之精神境界言之。而上德之「無以為」，下德之「有以為」，則指其所採之實際措施之狀態言之。

「**上仁為之而無以為；上義為之而有以為；上禮為之而莫之應，則攘臂而扔之**」——下德不能及於無為之境界，唯滯於有為。所謂「下德」，依王弼、周易注、第四七頁，上仁、上義、上禮三者屬之。其實，三者於層次上又有不同。

(1)「上仁為之而無以為」，「仁」者，其涵義，王弼、周易注、第四七頁，作「仁愛」解。如此，仁愛當然不屬於精神境界之「無為」上德，而屬於意識上自覺以「為之」之下德。至於實際措施，乃如王弼、周易注、第四七頁，．所謂「宏普博施」、「無所偏私」，是以「無以為」。

(2)「上義為之而有以為」，「義」者，宜也，所以判斷是非以歸於合宜。當然亦非屬於精神境界之「無為」之上德，而屬於意識上自覺以「為之」之下德。至於實際措施，則緣於判斷是非必須落實於特殊事件，是以「有以為」。

(3)「上禮為之而莫之應，則攘臂而扔之」，「扔」者，引也。「禮」者，包括禮制義、禮法義、禮儀義，所以規範個人行為、杜會秩序，尤非屬於精神境界之「無為」之上德，而屬於意識上自覺以「為之」之下德。至於實際措施，百姓或有莫之應而逍遙於禮之規範以外，則行使其強制性，所謂舉臂捲袖而引導其就範。

誠然，上仁、上義、上禮，皆屬「為之」之下德，而上仁之「無以為」，上義之「有以為」，上禮之「攘臂而扔之」，其「為之」之斧鑿痕跡之淺深有異，乃示其境界之層次有別。

「**故失道而後德，失德而後仁，失仁而後義，失義而後禮**」——上德體道於精神上唯任自然而「無為」，於實際措施上亦「無以為」，此上德所體證之「道」即「無為而自然」。「失道」，上德不出，則道之不行，乃有下德之體道，轉出意識上之有所自覺以「不失德」而「為之」，於實際措施則應之以「有以為」。「失德」，即德之既薄，乃有

「仁」者之自意識上之自覺，轉出觀念化之「仁」而「為之」，於實際措施則出於「宏普博施」、「無所偏私」而「無以為」。「失仁」，即仁之落空，乃自「義」者之自意識上之自覺，轉出觀念化之「義」而「為之」，於實際措施則落實於特殊事件作價值判斷，故「有以為」。「失義」，即義之失效，乃有「禮」者之自意識上之自覺，轉出觀念化之「禮」而「為之」，於實際措施，或為禮制，或為禮法，或為禮儀，行使其強制性以規範個人行為、社會秩序。夫由「道」而「德」，由「德」而「仁」，由「仁」而「義」，由「義」而「禮」，愈「失」而愈下矣。

老子生於春秋末期，道德經則可能成書於春秋、戰國之際。老子亦反省吾華族之民族實踐，抒發其理想境界之道家義道德，並涵攝儒家義文化意識之仁、義、禮，而批判吾華族之文化生命，而判定其為日益衰頹，老子古典主義之精神價值，揭示於其間矣。

「夫禮者，忠信之薄，而亂之首。前識者，道之華，而愚之始。是以大丈夫處其厚，不居其薄；處其實，不居其華。故去彼取此」——「忠信」，易經、乾文言傳、第一三頁、曰：「忠信，所以進德也。」夫「忠」者，主觀上之盡其在己。「信」者，客觀上之取信於人。故忠信乃為內在自覺以進德之法門。而「禮」者，不論禮制、禮法、禮儀，老子以為皆屬形式之節文、外在之規範；百姓為趨利避害，則巧偽生焉，爭亂起焉，而忠信不存焉，故曰「夫禮者，忠信之薄，而亂之首」。

「前識」，識知明敏之智者。其對道之領悟，每為概念化之知解，得其華而失其實。相對體道而言，其悖也遠，實為愚昧；歧出之行，自此開端。故曰「前識者，道之華，愚之始」。

「大丈夫」，指體道而有得之人。「處」、「居」，謂其存心、費神。「厚」，言其本於道之忠信。「薄」，為遠於道之禮。「實」，乃質樸之道。「華」，即道所浮華。夫體道有得之大丈夫，當存心於本諸道之忠信，不費神於遠於道之禮。當存心於質樸之道，不費神於知解諸道所浮華之概念。「去彼」，即捨去枝末與浮華。「取此」，即資取本根與質實。

此章，詮釋德、仁、義、禮諸觀念、於實踐上之特殊形態，並判定其價值上之層級。然後指示大丈夫當善於選擇其所「處」所「居」。

天清地寧

天清
地寧

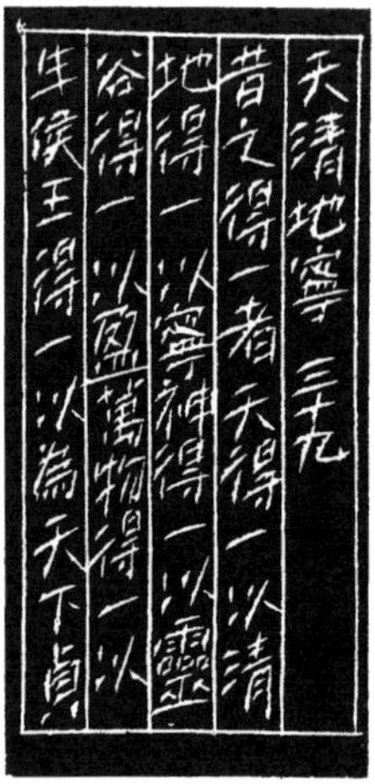
天清地寧 三十九
昔之得一者天得一以清
地得一以寧神得一以靈
谷得一以盈萬物得一以
生侯王得一以為天下貞

其致之天無以清將恐裂
地無以寧將恐發神無以
靈將恐歇谷無以盈將恐
竭萬物無以生將恐滅侯
王無以貴高將恐蹶故貴

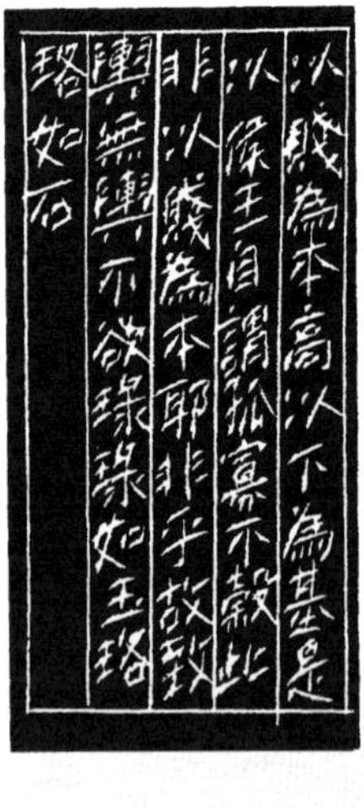
以賤為本高以下為基是
以侯王自謂孤寡不穀此
非以賤為本耶非乎故致
數輿無輿不欲琭琭如玉珞
珞如石

第三十九章

昔之得一者；天得一以清，地得一以寧，神得一以靈，谷得一以盈，萬物得一以生，侯王得一以為天下貞。其致之。天無以清將恐裂，地無以寧將恐發，神無以靈將恐歇，谷無以盈將恐竭，萬物無以生將恐滅，侯王無以貴高（當作「為貞」）將恐蹶。故貴以賤為本，高以下為基。是以侯王自謂孤寡不穀，此非以賤為本邪？非乎？故致數輿無輿。（當作「致譽無譽」）不欲琭琭如玉，珞珞如石。

(一)、河上公、老子章句、第三九頁、曰：「言天得一，故能垂象清明。地得一，故能安靜不動搖。言神得一，故能變化無形。」

(二)、吳澄、道德經注、第七七頁曰：貞，猶木之楨榦。為天下貞，猶曰為民極也。

(三)、焦竑、老子翼、第二五三頁、曰：「裂，破毀也。……歇，消滅也。竭，枯竭也。蹷，音厥，顛仆也。」

(四)、高亨、老子正詁、第八九頁、曰：「劉師培曰：『發讀為廢。說文：「廢，屋頓也。」……恐發者，猶言將崩圮也，即地陷之義也。』……（劉師培曰：）『惟此句「無以貴高」，與上「以為天下貞」不相應。疑貴即貞字之訛，高乃衍文也。』亨按：作『為貞』是也。……（與）作譽是也。數字衍，當刪。致讀為至，古字通用。夫唯至譽無譽，故不欲琭琭如玉，使而貴而譽之，珞珞如石，使人賤而毀之也。……琭琭，玉美貌。珞珞，石惡貌。」

案：「**昔之得一者：天得一以清，地得一以寧，神得一以靈，谷得一以盈，萬物得一以生，侯王得一以為天下貞。其致之**」——「一」者，道也。以其為形而上之絕對性存在，故狀之曰「一」。其實，老子亦屢以「一」名「道」。「昔」者，以往，蓋攏統以指自古以來。「得一」，得乎道，體乎道，即以道為體。此句下賅天、地、神、谷、萬物、侯王。

(1)「天得一以清」，「以」者，因而。下五句「以」字亦同此解。天，日月麗焉，風雨興焉，得乎一，（道）因而氣象清明。

(2)「地得一以寧」，地，山河布焉，草木植焉，得乎一，（道）因而持載安寧。

(3)「神得一以靈」，神，遍在於天地萬物之間，其不可測度之作用，得乎一，（道）因而感應靈妙。

(4)「谷得一以盈」，谷，山間之深廣洞穴，得乎一，（道）因而川流匯歸而滿盈。

(5)「萬物得一以生」，天地間雜陳之鳥獸蟲魚，花草樹木，得乎一，（道）因而生氣盎然。

(6)「侯王得一以為天下貞」，「貞」者，吳澄、道德經注、第七七頁，作楨幹解，（見上文引文）於義最長。侯王為群居之領袖，得乎一，（道）因而作為萬民之精神支柱。

「其致之」，「其」者，當然性判斷限制詞，相當於「那當然是」，其意則指上述六句所謂之「得」。「致」者，（得一所）導致。「之」字，代表上文之六者，即謂天之清、地之寧、神之靈、谷之盈、萬物之生、侯王之貞，即，那當然是「得一」所導致。

「天無以清將恐裂，地無以寧將恐發，神無以靈將恐歇，谷無以盈將恐竭，萬物無以生將恐滅，侯王無以貴高（當作「為貞」）將恐蹶」——上句「其致之」，已總結上段之旨。此段復承上文六「得一」排句，再以「（如果）……無（得一）以……（則）將恐……」之假然推理之句法六排句，自反面指出其可能之後果。

(1)「天無以清將恐裂」，天，如果無「得一」以清之，則「將恐裂」。「裂」者，破裂。即其清明之氣象，將恐支離破裂。

(2)「地無以寧將恐發」，地，如果無「得一」以寧之，則「將恐發」。「發」者，廢也，崩圮也。（此取高亨、老子正詁、第八九頁、引劉師培之說。見上文引語）即其載持之安寧，將恐崩圮。

(3)「神無以靈將恐歇」，神，如果無「得一」以靈之，則「將恐歇」。「歇」者，消滅。即其感應之靈妙，將恐消滅。

(4)「谷無以盈將恐竭」，谷，如果無「得一」以盈之，則「將恐竭」。「竭」者，枯竭。即其容受之滿盈，將恐枯竭。

(5)「萬物無以生將恐滅」，萬物，如果無「得一」以生之，則「將恐滅」。即其盎然生氣，將恐渙散。

(6)「侯王無以貴高（當作「為貞」）將恐蹶」，侯王，如果無「得一」以貴高，（為貞）則「將恐蹶」。「蹶」者，顛仆。即精神之支柱，將恐顛仆。

「故貴以賤為本，高以下為基。是以侯王自謂孤、寡、不穀，此非以賤為本邪？非乎？故致數與無輿。（當作「致譽無譽」）**不欲琭琭如玉，珞珞如石」**——「貴」、「賤」，「高」、「下」，皆相對性社會價值觀念。「貴以賤為本」，「高以下為基」，正表示貴、高實然上立本、建基於賤、下。蓋由於因緣際會而致有所差別。侯王者，其社會地位，世俗言之，實至貴至高，然而猶「自謂孤、寡、不穀」。「孤」者，孤獨之人。「寡」者，寡德之人。「不穀」，穀者，君、大夫、士之祿；不穀，即無福受祿之人。此乃自謙以示居賤、居下之意，是侯王之能身分雖貴，而以賤為本；地位雖高，而以下為基者。其所以然者，「得一」故也。既「得一」，則其精神向上一機而超轉。相應而言，相對性之價值觀念，貴、賤，高、下，則泯然無所分別；雖道化之而如其所如，是以貴而不貴，賤而不賤，高而不高，下而不下。

侯王之得一，既能泯滅分別，超轉自己。至於作為、功業方面，「致數與無輿」，高亨、老子正詁、第八九頁，以為當作「致譽無譽」。而「致」讀為至。（見上文引文）即，或譽或毀，猶屬相對性價值觀念。既得一，則道化而泯滅之，各如其所如；譽而不譽，毀而不毀，故曰「致譽無譽」。能如是，則於人格上，「不欲琭琭如玉，珞珞如石」。高亨、老子正詁、第八九頁、曰：「琭琭，玉美貌。珞珞，石惡貌。」（見上文引文）「琭琭如玉」，喻社會價值上之貴；「珞珞如石」，喻杜會價值上之賤。得一，則不欲落於「琭琭如玉」之貴、「珞珞如石」之賤，即貴而不貴，賤而不賤，各如其所如；歸於「得一」之絕對性自己，自由自在。

此章，先是以是非雙照之筆法，就形而下諸事物之體性，論辨其「得一」與否之利、弊。繼之，從修養上啟示「得一」者，自當泯滅相對性社會價值觀念，臻於道化之絕對性境界。如是，則莫不為道所諧和。

生於有無

生於有無 四十
反者道之動弱者道之
用天地萬物生於有有
生於無

第四十章

反者道之動，弱者道之用。天下萬物生於有，有生於無。

(一)、丁福保、老子道德經箋注、第五四頁、曰：「大道人人俱足，個個圓全。」

(二)、宋常星、道德經講義、第一四三頁、曰：「大道之妙，有妙動妙靜之機也。然動之機，不因動而生，動之至于極也。動極而反于靜。靜極，動之機乃生焉，故言反者道之動。天地之道，不反覆，則陰陽不能消長。……」

(三)、吳澄、道德經注、第七九頁、曰：「道之體則虛，用則必以弱為事，弱者虛而不盈也。此二句一章之綱。」

(四)、王弼、周易注、第五一頁、曰：「天下之物，皆以有為生。有之所始，以無為本。將欲全有，必反於無也。」

案：「反者道之動，弱者道之用」——老子之「道」，乃萬物遵由以生成之本源。此本源，①、就「體」言，為形而上存在之渾然整全。以其無聲，無臭，無形體，無方所；一無所有，故老子名之曰「無」。②、就「用」言，所謂「反」者，乃渾然整全之呈現而自我破裂，以展現其一無所有之內容。即就其自我破裂而稱「反」。所謂「動」者，即渾然整全之自我破裂，而呈現其一無所有之內容自己。即就其呈現自己而稱「動」。

渾然整全之「道」，既自我破裂，（反）以呈現其一無所有之內容自己，（動）而萬物由之以生以成，以見其大用。夫「道」所呈現之大用，內無所企圖，外無所著意，唯隨機而應，隨緣而運，無不極盡其曲折以彌綸之，而但見其自自然然而已，斯為「弱」也，故曰「弱者道之用」。

「**天下萬物生於有，有生於無**」——「有」者，老子、第四十二章、第五三頁、曰：「……萬物負陰而抱陽，沖氣以為和。」，萬物即由陰陽相感相應之氣化作用所結聚而成，此相感相應之陰陽氣化作用，即是所謂之「有」，蓋由道之大用，轉出屬於形而下之存在者。天下萬物即由此陰陽相感相應之氣化作用所結聚而成，故曰「天下萬物生於有」。

「無」者，道也，自然也，以其為形而上存在之渾然整全，無聲，無臭，無形體，無方所；一無所有，故名之曰「無」。為萬物所由生之陰陽相感相應氣化作用所謂「有」者，即生於形而上存在而一無所有之渾然整全，所謂「自然」、所謂「道」、所謂「無」，故曰「有生於無」。

老子以「道」詮釋萬物生成之歷程，則①、「道」於形而上之存在，為渾然之整全，是為「原始諧和」階段。②、渾然整全之自我破裂而呈現，所謂「反」，即是「原始諧和」之自我否定，而呈現其自己以見大用，是為「動」。並轉出為陰陽相感相應之氣化作用，所謂「有」也，是為「正、反對立」階段。③、天下萬物既生於陰陽相感相應之氣化作用之「有」，而陰陽相感相應之氣化作用之「有」，則生於渾然整全一無所有之「無」。如是，則天下萬物直可謂之莫不由「道」而生而成。而「道」則生而無所生，復歸於其渾然整全自己，是為「再度諧和」階段。

此章，剖析「道」之生物行程，一是承體起用路數，一是攝用歸體路數；如實言之，則體用一如。此老子以順敘、反溯之迴環筆法，所建構之辯證宇宙論。

道隱無名

道隱無名 四十一
上士聞道勤而行之中
士聞道若存若亡下士
聞道大笑之不笑不
足以為道故建言有之

明道若昧進道若退夷
道若纇上德若谷大白
若辱廣德若不足建德
若偷質真若渝大方無
隅大器晚成大音希聲

大象無形道隱無名夫
唯道善貸且成

第四十一章

上士聞道，勤而行之；中士聞道，若存若亡；下士聞道，大笑之。不笑不足以為道。故建言有之：明道若昧，進道若退，夷道若纇，上德若谷，大白若辱，廣德若不足，建德若偷，質真（德）若渝，大方無隅，大器晚成，大音希聲，大象無形；道隱無名。夫唯道，善貸且成。

（一）、高亨、老子正詁、第九二頁、曰：「亨按：若猶或也。留於心謂之存，去於心謂之亡。（忘）……行道而平易之謂夷，行道不平易之謂纇。此就行道者而言，非就道之本體而言也。……辱，讀為黷。……玉篇：『黷，垢黑也。』此（大白若辱）句疑當在大方無隅句上，用德字諸句相依，其證一也。用大字諸句相依，其證二也。……劉師培曰：『上文曰：「廣德若不足，建德若偷。」此與並文，疑真亦當作德。蓋德字正文作悳，與真相似也。』……是質有實義之證。渝借為窬，說文：『窬，中空也。』……質德若渝，猶言實德若虛耳。……說文：『貸，施也。』」

(二)、王淮先生、老子探義、第一六五頁、曰：「今案：建，立也。建言，猶立言。『建言有之』，即謂古之立言者，有如下文之所言也。……建，為健之假，是形容詞，俞(曲園)說，『剛健之德，反若偷惰』，於義固可通，……依老子之意，修道建德者之精神，需是寂寞恬退似若偷惰。莊子天下篇所謂：『澹然獨與神明居』者，即其義也。」

(三)、馬敘倫、老子校詁、第一二七頁、曰：「倫案各本作谷，俗之省也。言高上之德，反如流俗，即和光同塵之義。」

案：「上士聞道，勤而行之；中士聞道，若存若亡；下士聞道，大笑之。不笑不足以為道」——「士」者，古代官制，卿、大夫、士之一職級。此章之上士、中士、下士，當為以心智能力所及之層次分等。

(1)「上士聞道，勤而行之」，「上士」，上等之士。「聞道」，即以心智之悟性能力、以心領神會悟知之。所悟知之道，乃至真至切，然後以「存在性」之精神，勤謹實踐之。

(2)「中士聞道，若存若亡」，「中士」，中等之士。「聞道」，即以心智之知性能力、以觀念化解知之。所解知之道，僅為道之觀念化，唯以「非存在性」之精神，或存之於心而偶然實踐之，或忘之於懷而遺棄之。

(3)「下士聞道，大笑之。不笑不足以為道」，「下士」，下等之士。「聞道」，即以心智之感性能力、以概念化感知之。所感知之道，僅為道之概念化。此概念化之道與其具體感之心態，實不相容，蓋以為迂闊而無用，故「大笑之」。以其「大笑之」，反而足以證明「道」者，乃屬於超越「具體感心態之感知能力所及」以上之最高層次存在。故曰「不笑不足以為道」。

「故建言有之：明道若昧，進道若退，夷道若纇，上德若谷，大自若辱，廣德若不足，建德若偷，質真（德）若渝，大方無隅，大器晚成，大音希聲，大象無形；道隱無名」——「建言」，立言也。「建言有之」所「有」者，可分之為三組。至於其句法，皆為：①、先設定一特定之意象。②、隨即遮撥該「所設定之意象」之屬性。（或準屬性）「所設定之意象」之屬性，（或準屬性）既已遮撥，則「所設定之意象」立即陷於自我矛盾，而轉為否定。③、由是，精神上立即向上一機而超轉。則「所設定之意象」，於形而下雖有而實無，於形而上又一無所有而姑稱之而已。斯乃建言所有之悟道辯證進路。

（甲）、踐道所至之形而上無所狀態之狀態

(1)「明道若昧」，踐道至於彰明，此彰明之道，卻如闇昧。以闇昧遮撥彰明，則所踐之道臻於形而上無所彰明之彰明境界。

(2)「進道若退」，踐道有所進境，此進境之道，卻如後退。以後退遮撥進境，則所踐之道臻於形而上無所進境之進境境界。

(3)「夷道若纇」，「纇」者，絲節，引申為行道之不平，崎嶇。踐道見其平易，此平易之道，卻如崎嶇。以崎嶇遮撥平易，則所踐之道臻於形而上無所平易之平易境界。

（乙）、踐道所至之形而上無所成就之成就

(4)「上德若谷」，「谷」借以代俗。踐道成就其至上之德性，此至上之德性，卻如流俗，以和光同塵。（馬敘倫、老子校詁、第一二七頁之說。見上文引文、）以流俗遮撥至上之德性，則其踐道所成就之上德，乃屬於形而上非上德之上德。

(5)「大白若辱」，「辱」，高亨、老子正詁、第九二頁，以為借以代黷，垢黑也。（見上文引文）至大之潔白，卻如垢黑。以垢黑遮撥潔白，則至大之潔白，乃屬於形而上非大白之大白。又：高亨、老子正詁，疑「大白若辱」句，當在「大方無隅」句之上。（見上文引文）其說甚是。

(6)「廣德若不足」，踐道成就其廣闊之德性，此廣闊之德性，卻如有所不足。以有所不足遮撥廣闊之德性，則其踐道所成就之廣德，乃屬於形而上非廣德之廣德。

(7)「建德若偷」，「偷」者，偷惰。踐道成就其建立之德性，卻如偷惰。以偷惰遮撥建立之德性，則其踐道所成就之建德，乃屬於形而上非建德之建德。

(8)「質真（德）若渝」，「質」者，實也。「真」者，高亨、老子正詁、第九二頁、以為悳之訛；悳，古德字。「渝」者，高亨、老子正詁、第九二頁，以為借為窬，窬，空虛也。（見前文引文）踐道成就其質實之德性，此質實之德性，卻如虛空。以虛空遮撥質實之德性，則其踐道所成就之質真，（德）乃屬於形而上非質真（德）之質真。（德）

（丙）、道為形而上存在之無所形象之形象

(9)「大方無隅」，「隅」者，角也。方形自有四隅，至大之方形，卻無隅角。以無隅角遮撥至大之方形，則此大方屬於形而上非大方之大方。

(10)「大器晚成」，至大之器具，卻是晚成。以晚成遮撥及早盡其器用，則此大器屬於

形而上非及早成器之大器。

(11)「大音希聲」，「希」者，本經、第十四章、第一六頁，有曰：「聽之不聞名曰希。」蓋無聲之謂也。至大之聲音，卻反而無聲。以無聲遮撥至大之聲音，則此大音屬於形而上希（無）聲之大音。

(12)「大象無形」，象者自有其形，至大之形象，卻反無形象。以無形象遮撥至大之形象，則此大象屬於形而上無形象之形象。

(13)「道隱無名」，「道」者，形而上之存在。「名」者，概念化以指謂也。概念化以指謂之名，僅及於形而下之事物；形而上之道則非概念化之名所可指謂。相應非概念化所可指謂之名而言，道實隱藏於形而上，且無以名之，故曰「道隱無名」。

「道隱無名」，一方面總結上述分為三組之十二句，不論為踐道所至之無所狀態之狀態，踐道所至之無所成就之成就，道之無所形象之形象，所述之道皆屬退藏於形而上，無可以概念化之名指謂之。另一方面則轉出綜敘其大用之下文。

「夫唯道，善貸且成」——「貸」者，施也。「道」者，自然也；月落日出，秋去春來，陽光遍照，風雨時至，……此自然之途徑，（所謂道）而萬物以生以成。自然之道，對於萬物之生成，實無所施而無不遍施，而萬物得以由之而生成，故曰「善貸且成」。

此章，以遮詮筆法，彰顯形而上存在之「道」，無所價值之價值，無所狀態之狀態，無所成就之成就，無所形象之形象，無所施予之遍施，則萬物由之而生成。

負陰抱陽

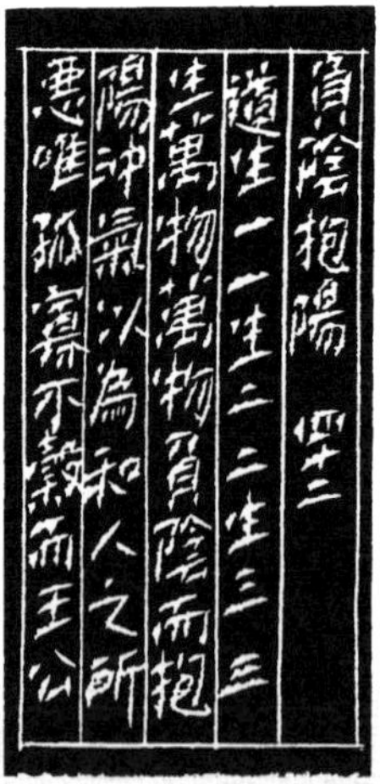
負陰抱陽 四十二
道生一一生二二生三三
生萬物萬物負陰而抱
陽沖氣以為和人之所
惡唯孤寡不穀而王公

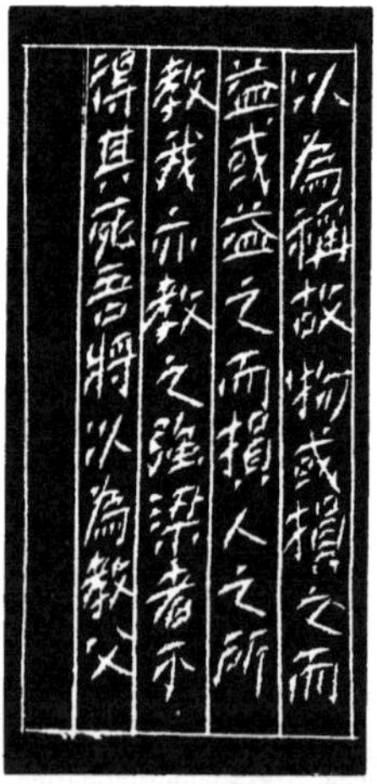
以為稱故物或損之而
益或益之而損人之所
教我亦教之強梁者不
得其死吾將以為教父

第四十二章

道生一，一生二，二生三，三生萬物。萬物負陰而抱陽，沖氣以為和。人之所惡，唯孤寡不穀，而王公以為稱。故物或損之而益，或益之而損。人之所教，我亦教之，強梁者不得其死，我將以為教父。

(一)、吳澄、道德經注、第八二頁、曰：「道自無中生出沖虛之一氣，沖虛一氣生陽生陰分而為二，陰陽二氣合沖虛一氣為三，故曰生三。非二與一之外別有三也。萬物皆以三者而生，故其生也，後負陰前抱陽，而沖氣在中以為和。和謂陰陽適均而不偏勝。……此言用弱之事。梁亦強也，以木絕水，以木負棟皆曰梁，取其力之強也。……強梁勝人之益，而有不得其死之損。所謂益之而損者，此最為教人之第一義，故曰教父。」

(二)、釋憨山、老子道德經解、第一七六頁、曰：「……惟人不善教人，祇知增益知見，使之矯矜恃氣，好為強梁。殊不知強梁者不得其死，我唯教人以日損其欲，謙虛自守，以全沖和之德。是故吾將以為教父。」

(三)、高亨、老子正詁、第九八頁、曰：「（亨按）『強梁者不得其死』句，見說苑、敬慎篇所載金人銘，當是古代遺言。」

(四)、朱謙之、老子校釋、第一七七頁、曰：「謙之案：『教父』即學父，猶今言師傅。」

案：「道生一，一生二，二生三，三生萬物。萬物負陰而抱陽，沖氣以為和」——「道」者，其「體」乃為萬物所由以生成之本源。其「用」則是萬物所遵以生成之途徑。

「道生一」，「生」者，牟宗三先生、心體與性體、第一冊、第二部、第一章、第二節、第三六〇頁，釋周濂溪、太極圖說、「靜而生陰」句之「生」，㊷曰：「生是解說上之引出義，非客觀事實之出生義。」移之於此，亦極精當。「一」者，狀其為形而上之絕對性存在。「道生一」，蓋謂「道」者，誠如本經、第四十一章、第五三頁，所謂「道隱無名」，為相應其起用，乃生（引出、呈現）為形而上絕對性自己。（一）故一即是道，道即是一。此猶為「無，名萬物之始」之階段。

「一生二」，道既生（引出、呈現）一，（形而上之絕對性自己）而一（形而上之絕對性自己）生（引出、轉出）二。「二」者，狀乎相對性之作用，相應下文「萬物負陰而抱陽」言，二，即指陰陽。依陰陽家之說，陰陽者，①、自靜態言之，乃象徵相對性之兩符號。例如，天地、乾坤、男女、……皆可為所象徵之符號。②、自動態言之，陰陽為氣，其相感相應之相對性作用即氣化作用，例如，月落日出，寒往暑來，夫倡婦隨……。氣化作用之結聚，則成萬物。此相對性作用之「二」，則落在形而下之「有，名萬物之母」之階段。

「二生三」，既然「道生一，一生二」，而二生（引出、妙合）三。「三」者，「一」與

㊷ 牟宗三先生、心體與性體，臺北市、正中書局印行，民國五十七年、五月、臺初版。

「二」之玄然妙合。蓋形而上絕對性自己之「一」，既轉出形而下相對性作用之陰陽之「二」，而形而上絕對性自己之「道」，（一）即融入於陰陽（二）之間，而陰陽（二）即為道（一）所涵攝；道（一）與陰陽（二）玄然圓融為一整全。如果再分解言之，則道是道，（一）陰陽是陰陽，（二）共計有「三」焉。故曰「二生三」，即「玄之又玄」之階段。

「三生萬物」，道（一）既與陰陽（二）妙合為三，並圓融為一整全，（玄）是則萬物皆由陰陽之氣化作用（二）所結聚以「成」，而陰陽之氣化作用，（二）既與形而上絕對性自己之道（一）玄然圓融，是故萬物亦為道（一）所「生」。萬物既由陰陽之氣化作用（二）與形而上絕對性自己之道（一）玄然圓融以生，故曰「三生（引出、生成）萬物」。

「萬物負陰而抱陽」，「負」者，亦抱也。負與抱古聲相同，皆屬並母，故其義相通。萬物既為陰陽之氣化作用所結聚，自然稟受陰陽之氣，故曰「萬物負陰而抱陽」。陰陽之氣結聚成萬物，乃相感相應之作用，因此，時或陰長而盛，陽消而衰；時或陰消而衰，陽長而盛。而最佳狀況則在互相調和，以維持平衡，臻於沖和之境界，故曰「沖氣以為和」。

夫「道生一」，是為原始諧和之階段。「一生二」，則為正反對立之階段。「三生萬物，萬物負陰而抱陽，沖氣以為和」，乃為再度諧和之階段。此為老子以順敘之筆法，所建構之辯證宇宙論。

既然，萬物稟受陰陽之氣，以沖和為最高境界。此下則承之而論人生修養，當以適度調和，維持平衡，斯為合乎沖和之道。

「人之所惡，唯孤、寡、不穀，而王公以為稱。故物或損之而益，或益之而損。人之

所教，我亦教之，強梁者不得其死，吾將以為教父」——「孤」者，孤獨之人。「寡」者，寡（少）德之人。「不穀」，「穀」者，祿也；不穀，即無福受祿之人。凡此，皆一般人所厭惡之處境。「而王公以為稱」，王公者，地位至為尊貴，而反以「孤」、「寡」、「不穀」自稱，乃自我謙損以示歸於平易，蓋不自覺體乎宇宙論之沖和境界，以與社會維持平衡關係，庶幾得乎諧和。此由自我謙損而獲自我增益，故曰「物或損之而益」。反之，如果自我矜益，而推遠人間之距離，以致失卻平衡，則成減損，故曰「或益之而損」。

「人之所教」，一般人所教者，乃以追求增益為事，因而往往偏向於剛強，以致失卻人群之平衡。「我亦教之」，即教之以柔弱。夫以柔弱待剛強，則剛強將為柔弱所消融，而再度恢復其平衡，此沖和之道也。例如，「強梁者，不得其死」。「梁」猶強也。強梁者，以剛強為勝，一旦招致反彈，則必挫折摧毀。「吾將以為教父」，「教父」，師傅。我將以為師傅，教人以守柔弱待剛強之「沖和之道」。

此章，先是以順敘筆法，以數字立辯證宇宙論架構，而以沖和為最高境界。轉而告誡人生之修養，亦當於「損」「益」之間，維持其平衡。

至柔至剛 四十三
天下之至柔馳騁天下之
至堅無有入無間吾是以
知無為之有益不言之教
無為之益天下希及之

第四十三章

天下之至柔，馳騁天下之至堅，無有入無間。（出於無有，入於無間）吾是以知無為之有益。不言之教，無為之益，天下希及之。

(一)、高亨、老子正詁、第九八頁、曰：「劉師培曰：『淮南子、原道訓，引作「出於無有，入於無間」，此老子古本也。王本亦有「出於」二字。王弼上文注云：「氣無所不入，水無所不出於經。」注文「無所不出於經」，當作「無所不經」，與上「無所不入」對文。「出於」二字必係「無有」上之正文。蓋王本亦作「出於無有，入於無間」，而「出於」二字誤入注文也。』」

(二)、丁福保、老子道德經箋注、第五九頁、曰：「惟道無形，故曰至柔。惟物有質，故曰至堅。馳騁猶運化役使之意。道能運物，皆以無形而鼓舞有質也。……宋范應元曰，無有者，道之門也。無間者，物之堅實而無間隙者也。凡以物入物，必有間隙，然後可入。惟道則出於無有，洞貫金石，可入於無間隙者矣。」

(三)、成玄英、老子義疏、第二八八頁、曰：「在理既即有即無，在教亦即言即默。即言即默，故名不言之教。即有即無，故言無為之益。益既不益而益，而教豈教而教哉？」

案：「天下之至柔，馳騁天下之至堅，無有入無間。（出於無有，入於無間）吾是以知無為之有益」——「柔」者，原為形容具體物之外在質性，此借以喻乎道之大用，唯隨緣以運而無所著力。「堅」者，則直指具體物之外在質性，而代表物體。「無有」，以無遮有，即遮撥具體存在，以反顯一無所有之形而上境界。「間」者，隙也，見之於具體物結構體。「天下之至柔」，借具體物之「柔」性，以狀道之大用。道之大用至柔，唯秋自去，春自來；月自落，日自出；風自興，雨自至；任其自然而已。「馳騁」，丁福保、老子道德經箋注、第五九頁、作「運化」解，最為傳神。道（自然）自運行，至堅之萬物由之而自化育。「無有入無間」，高亨、老子正詁、第九八頁，引劉師培說，以為當作「出於無有，入於無間」。乃謂「道」出於一無所有之形而上世界。「入」者，彌綸。道彌綸於堅實之萬物而無間隙。兩句蓋謂「道」至柔之大用，出於一無所有之形而上，而運行化育堅實之萬物，並彌綸於其內而無間隙。

道，既出於一無所有，以至柔之大用，任四時運行，陰陽消長，是道之無為也。而至堅之萬物，為道所運化、彌綸而無間隙，得以化化育育。是「無為之有益」也。

「不言之教，無為之益，天下希及之」——上段論「道」之無為，而有益於萬物。繼之，言體道者，當行「不言之教，無為之益」。「不言之教」者，蓋如果以言為教，則言者，觀念化、概念化之表達；聞之者，亦每限於觀念化、概念化之知解，未必及於心靈上之相應。「不言之教」，即其「教」也，超越乎觀念化、概念化之上，而不以「言」。不以言教，即不教之教，乃能使百姓之心靈感通而景仰，玄然而默契。

「無為之益」，緣於如果有為，則執著於主觀之造作，加之於百姓之上，而陷於主、客之對立，以致違反自然。唯無為，歸於絕對性自己，使百姓「日出而作，日人而息」，而各遂其生，各適其性，亦唯無為所以無不為，則一切服從自然，以共臻於化境，是為「益」。

夫「不言之教，無為之益」，亦屬道之「出於無有」，以至柔之大用，「馳騁天下之至堅」，且「入於無間」。「天下希及之」，「希」者，稀也，少也。言天下之人少有能及於此一境界。

此章，申述「道」至柔，而普遍彌綸於萬物而無間。移之世事，唯「不言」是以感通心靈，「無為」足以共臻化境。

不辱不殆

不辱不殆

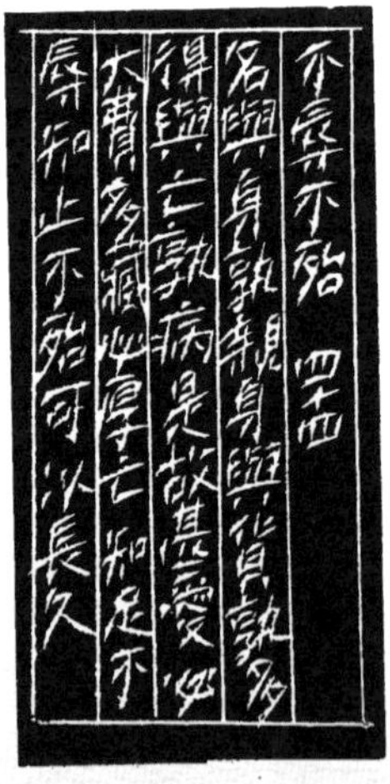
不辱不殆 四十四
名與身孰親身與貨孰多
得與亡孰病是故甚愛必
大費多藏必厚亡知足不
辱知止不殆可以長久

第四十四章

名與身孰親？身與貨孰多？得與亡孰病？是故甚愛必大費，多藏必厚亡。知足不辱，知止不殆，可以長久。

(一)、張洪陽、道德經注解、第三四頁、曰：「與我名者愁我神，不知孰為親也？益我貨者傷我生，不知孰為多也？所得者小而所失者大，不知孰為病也？世人營營逐逐，只是貪多無止足耳。不知愛惜甚者，所費反大。藏蓄多者，所亡反厚。少得便知足，少有便知止，是何殆辱之有，此乃長久之道也。」

(二)、吳澄、道德經注、第八五頁、曰：「名在身字上，貨在身字下者，便文以協韻爾。」

(三)、丁福保、老子道德經箋注、第六一頁、曰：「惟知足知止而不貪名貨者，為無得失之患。故能安於性命之常，亦何殆辱之有？所以可長久也。」

案：「名與身孰親？身與貨孰多？得與亡孰病？是故甚愛必大費，多藏必厚亡」——莊子、駢拇篇、第一四六頁、曰：「小人則以身殉利，士則以身殉名。」「殉」者，為特定物事，而付出心力、勞力，甚至犧牲生命。由於自然生命之心理要求，或博取榮名，一則證明自己之才華，一則顯揚生命之光輝。或營求財貨，一則保障現實生活，一則創造社會事業。其實，如果自人間社會言之，財貨、榮名，皆屬多元價值。殉之，乃追求過程之實然現象。

老子乃基於超越精神以立身處世之立場，而致其質疑，「名與身孰親」？榮名與生命相比較，孰為親貴？「身與貨孰多」？生命與財貨相比較，孰為重要？（吳澄、道德經注、第八五頁，以為此句不依上句句法，而貨在身字下，以便與多字協韻故。見上文引文）言外之意，蓋主當以全真養生為要務，勿為身外之物而追逐。

「得與亡孰病」，「亡」者，古無字，引申作失字解。「病」者，害也。得，指得乎榮名與財貨。亡，指妄費心力、勞力，甚至犧牲生命。兩者相比較，何者為害？言外之意，蓋謂得不償失。

「是故甚愛必大費，多藏必厚亡」，是故，承上而起下。「甚愛」者，相應第一句，指過愛榮名；「大費」，言大量耗損心力勞力。「多藏」者，相應第二句，指盛藏財貨；「厚亡」，言嚴重枉費精力性命：兩者莫不有違全真養生之道。

「知足不辱，知止不殆，可以長久」——「知足」，亦相應第一句，指榮名而言。夫榮名，乃緣於才華之揮灑，或立德，或立功，或立言。如果實至而名歸，則合乎自然之道。如果投機取巧，名不符實，則招致羞辱。知足者，不論名或不名，唯任自然可矣，則「不辱」。「知止」，亦相應第二句，指財貨而言。夫財貨，固為生活之資源，事業之基礎。如勤儉以累積，則合自然之道。如果貪得而無厭，勞神且苦思，落於世俗所言，「人為財亡」，則殆矣。「殆」者，危也。知止者，不論多少財貨，唯聽自然，適可而止，則

「不殆」。「不辱」、「不殆」，可以長久保持其所已擁有者。

此章，評估名、貨之價值，質疑得、失之迷思。勸誡唯「知足」始為長久保持其所已擁有者之道。

大巧若拙

大巧若拙　四五
大成若缺其用不弊大盈
若沖其用不窮大直若屈
大巧若拙大辯若訥躁勝
寒靜勝熱清靜為天下正

第四十五章

大成若缺，其用不弊；大盈若沖，其用不窮。大直若屈，大巧若拙，大辯若訥。躁勝寒，靜勝熱，清靜為天下正。

(一)、焦竑、老子翼、第二九〇頁、曰：「(李)息齋註：成與缺，沖與盈，直與屈，巧與拙，辯與調，皆物之形似者也。惟道無名，以形求之皆不可得。故雖成若缺，雖盈若沖，雖直若屈，雖巧若拙，雖辯若訥，蓋其成不以形，其盈不以器，其直不以壯，其巧不以心，其辯不以口。故世以形似求之，皆不可得也。蓋世之言道術，未有不偏，如躁勝寒而不可以勝熱，靜勝熱而不可以勝寒，要其各有所止也。惟清靜無為，雖不求勝物，而天下之物莫能勝之，故曰清靜為天下正。」

(二)、朱謙之、老子校釋、第一八四頁、曰：「實則躁者燥也，『燥』乃老子書中用楚方言，正指爐火而言。……老子楚人，故曰『躁』字。『躁勝寒』與『靜勝熱』為對文。『靜』與『瀞』字同，楚辭『收潦而水清』，注作『瀞』。說文：『瀞，从水，靜聲。』意謂清水可以勝熱，而爐火可以禦寒也。」

(三)、吳澄、道德經注、第八七頁、曰：「清靜，無為也，心無一塵之滓，寂然不動也。正猶正長之正，猶言為天下君也。」

案：「**大成若缺，其用不弊；大盈若沖，其用不窮。大直若屈，大巧若拙，大辯若訥**」——五「大」句之句中，皆著一「若」字，「若」者，或然性判斷限制詞，以表示或然或不然，則「惟恍惟惚」之「道」，燦然可見矣。

(1)大成若缺，其用不弊」，如果自具體世界觀之，成則不缺、缺則不成，蓋成缺各有成缺相。今曰「大成若缺」，乃謂其「成」，或缺或不缺，以此遮撥具體世界之成缺相，超轉至高一層次之形而上道世界。因此，如果自形而上之道言之，其功在成就萬物，其「成」乃成而不成，不成而成，故無成缺相，斯之謂「玄然」，斯之謂「大成」。至於成缺相則皆為道之玄然大成所諧和。如是，道之成就萬物之大用，無所弊障矣。

(2)「大盈若沖，其用不窮」，「沖」者，虛也。如果自具體世界觀之，盈則不沖，沖則不盈，蓋盈沖各有盈沖相。今曰「大盈若沖」，乃謂其盈，或沖或不沖，以此遮撥具體世界之盈沖相，超轉至高一層次之形而上道世界。因此，如果自形而上之道言之，其德（內容）在盈滿萬物，其「盈」乃盈而不盈，不盈而盈，故無盈沖相，斯之謂「玄然」，斯之謂「大盈」。至於盈沖相則皆為道之玄然大盈所諧和。如是，道之大盈萬物之大用，無所窮虧矣。

以上，自道之玄然大用以見其功其德。以下，則轉而言體道者之玄然大用，以見其直行、巧藝、辯才。

(3)「大直若屈」，「屈」者，曲也。如果自具體世界觀之，直則不屈，屈則不直，蓋直屈各有直屈相。今曰「大直若屈」，乃謂其直，或屈或不屈，以此遮撥具體世界之直屈相，超轉至高一層次之形而上道世界。因此，如果自所體之形而上之道言之，其承體起用之過程，乃直而不直，不直而直，故無直屈相，斯之謂「玄然」，斯之謂「大直」。至於直屈相則皆為道之玄然大直所諧和。

(4)「大巧若拙」，如果自具體世界觀之，巧則不拙，拙則不巧，蓋巧拙各有巧拙相。今曰「大巧若拙」，乃謂其巧，或拙或不拙，以此遮撥具體世界之巧拙相，超轉至高一層次之形而上道世界。因此，如果自所體之形而上之道言之，其撫牧萬物，固各如其類，亦唯任自然而已，乃巧而不巧，不巧而巧，故無巧拙相，斯之謂「玄然」，斯之謂「大巧」。至於巧拙相則為道之玄然大巧所諧和。

(5)「大辯若訥」，「訥」者，言語遲頓。如果自具體世界觀之，辯則不訥，訥則不辯，蓋辯訥各有辯訥相。今曰「大辯若訥」，乃謂其辯，或訥或不訥，以此遮撥具體世界之辯訥相，超轉至高一層次之形而上道世界。因此，如果自所體之形而上之道言之，其展示情意，則坦坦蕩蕩，乃辯而不辯，不辯而辯，故無辯訥相，斯之謂「玄然」，斯之謂「大辯」。至於辯訥相則為道之玄然大辯所諧和。

上述五「大」句，首先是就具體世界之性質，假定「成則不缺」、「盈則不沖」、「直則不屈」、「巧則不拙」、「辯則不訥」為基礎；此「正」也。其次則以「成而若缺」、「盈而若沖」、「直而若屈」、「巧而若拙」、「辯而若訥」之「若」自我否定以遮撥之；此「反」也。終於乃臻於「大成」、「大盈」、「大直」、「大巧」、「大辯」之最高境界大用；此「合」也。是則五「大」句乃為以辯證之詭辭彰顯最高層次之精神境界。「躁勝寒，靜勝熱，清靜為天下正」——朱謙之、老子校釋、第一八四頁，以為躁借以代燥，靜借以代瀞。瀞，水清。兩句乃謂爐火可以禦寒，清水可以勝熱。（見上文引文）此解最為順適。蓋示具體世界之事物，各有其功能，亦各有其限度。唯「清靜為天下正」，「清靜」，自然而無為。「正」者，君長。天下之君長，如果囿於現實社會，則難免陷於相對，滯於執著。故老子主張「清靜」，（自然而無為）始能超越現實社會之局格，臻於形而上之道之境界，而歸於絕對性自己，是為體乎「道」，以見其大成、大盈、大直、大巧、大辯之無限大用。故曰「清靜為天下正」。

此章，描述「道」既呈現其大用所見之相狀，轉而運用恍惚（若）以否定之筆法，使陷於自我矛盾之中，以超拔至絕對性境界中，則其所見之相狀，實無相狀，是為大相大狀；其用亦為無用之大用。體道者，亦當歸於清靜自己以為天下君長。（正）

知足常足

知足常足　四十六
天下有道卻走馬以糞
天下無道戎馬生於郊
罪莫大於可欲禍莫大
於不知足咎莫大於欲

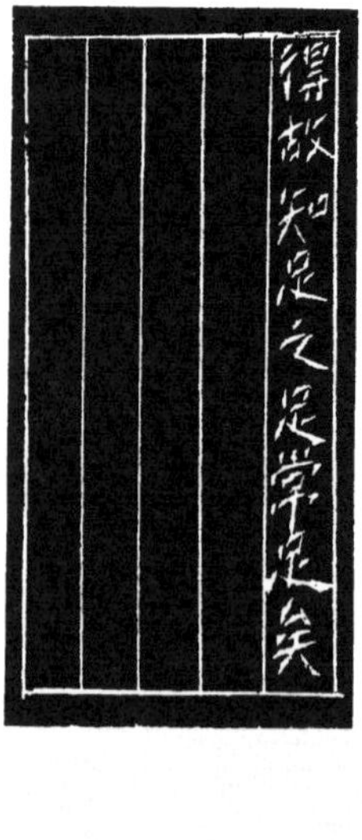
得故知足之足常足矣

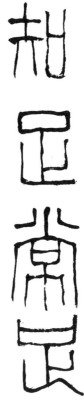

第四十六章

天下有道，卻走馬以糞；天下無道，戎馬吐亡於郊。罪莫大於可欲，禍莫大於不知足，咎莫大於欲得。故知足之足常足矣。

(一)、高亨、老子正詁、第一〇一頁、曰：「卻猶驅也。……孟子、滕文公篇：『凶年糞其田而不足。』趙注：『糞治其田。』……古者戰馬用牡不用牝，天下無道，干戈相尋，牡馬乏絕，牝馬當戎，戰陣在郊，故曰『戎馬生於郊』。……此（罪莫大於可欲）句，王本原無。河上本、傳本皆有。」

(二)、吳澄、道德經注、第八八頁、曰：「兵端之起，其罪由於知土地之為可欲，知其可欲，務求得之，則貪奪矣，此災殃之始也。得之不知厭足，得隴望蜀，則戰爭無已時，此災殃之極也。」

(三)、焦竑、老子翼、第二九三頁、曰：「（陸）希聲註……夫無道之君，毒痛天下，原其所以，其惡有三：心見可欲，非理而求，故罪莫大焉。求而不已，必害於人，故禍莫大焉。欲而必得，其心愈熾，故咎莫重焉。然自非聖人，不能無欲，欲則不能無求，求而不知足，禍之甚者也。」

案：「天下有道，欲走馬以糞；天下無道，戎馬生於郊」——「卻」者、反轉。「糞」者，治田。「戎馬」，戰馬。「天下」，乃指天下之君。「有道」，謂其治國，本乎自然之道，清靜無為。蓋如果天下之君，以清靜無為之道為政，而天下太平，百姓從化，各安其君，各樂其業。則「卻走馬以糞」，即原為征戰之馬匹，反轉而用於治田。反之，如果天下之君無道，貪求擴充版圖，攻城奪地；則「戎馬生於郊」，即牡馬不足，牝馬繼之，以致小馬出生於郊野之戰場。此兩句，以人君之「有道」「無道」為假然推理之前件，而決定其影響所及之政治社會，或治或亂。

「罪莫大於可欲，禍莫大於不知足，咎莫大於欲得，故知足之足常足矣」——「罪莫大於可欲」句，王弼本無之，河上公本則有；有之較宜，茲據補。「咎」者，災殃。人君之「無道」，乃源於其權力意志。如果人君興起其權力意志，以為城池人民可以取得，則貪圖之罪過莫大矣。進之，如果人君之權力意志不知適可而止，反而輕啟爭端，難免傷害無辜，則兵刃之禍患莫大矣。復進之者，如果人君恣縱其權力意志而必欲得之，征戰攻伐，以致塗炭生靈，則摧殘之災殃莫大矣。

夫「權力意志」，乃屬於自然生命之欲望，當其憑藉外在機緣，由「可欲」而「不知足」，而「欲得」，逐步發展至於其極。於道家義之道德判斷下，則成其「罪」，成其「禍」，成其「咎」，愈見其烈。

「知足」，由於自然生命之欲望，念滅念起，永無止境，難有知足之時。如果盼望「知足」，則必有賴於道家義道德意識之自覺。蓋道家義之道德意識，乃體乎自然之道，而成無為之德；以自然無為之道心，消融權力意志。方其肆應國際關係，則念城池人民非所可欲；爭端雖起，則知自我節制；欲其必得，則以不可任意摧殘為戒。夫自覺呈現道德意識，消融權力意志，當下即滿足於其所已擁有者。此非意欲之偶然滿足，乃為化道大行，天清地寧，物我兩忘之精神境界之滿足，故為絕對性之永恆滿足。是以「故知足之足常足矣」者，其「知足」乃由意欲之偶然知足，經由道家義道德意識之自覺，超升至精神境界之知足。「之足」，即指示此一超升所至之精神境界之滿足。「常足矣」，「常」者，絕對性之永恆價值。以「常……矣」對「之足」作一貞定，則歸於化道大行之自然。

此章，指陳逞其權力意志者之罪咎，而勸勉通過道德意識之自覺，以至於無所不足。

不為而成 四七
不出戶知天下不闚牖
見天道其出彌遠其知
彌少是以聖人不行而
知不見而名不為而成

第四十七章

不出戶，知天下；不闚牖，見天道。其出彌遠，其知彌少。是以聖人不行而知，不見而名（明），不為而成。

(一)、鄭環、老子本義、第五一頁、曰：「此言求道者當求取諸身也。人之欲知天下、見天道，將以為之也。乃出彌遠，知彌少，而為之不成。何哉？天地之道，具於吾身，一呼一吸，天地之闔闢也。一喜一怒，天地之形德也。」

(二)、魏源、老子本義、第三八頁、曰：「呂氏惠卿曰：天下之所以為天下，天道之所以為天道者，果何邪？得其所以然者，則不出戶窺牖而知見之矣。」

(三)、王淮先生、老子探義、第一九〇頁、曰：「修道之活動，只是復吾智慧之本明。……苟修道而務於外求，則所得者唯經驗知識，而非智慧之本明矣。」

(四)、朱謙之、老子校釋、第一九一頁、曰：「武內義雄曰：『「名」乃「明」字之假借。』」

(五)、成玄英、老子義疏、第三〇八頁、曰：「不行者，心不緣歷前境，而知者，能體知諸法實相，必竟空寂。……此一句解不出戶知天下。……不見者，了知諸法虛幻，無可見之一物也。……此一句解不窺牖見天道也。」

案：「**不出戶，知天下；不闚牖，見天道。其出彌遠，其知彌少**」——「牖」者，窗也。「彌」者，愈也，更加也。戶、牖為居家內外之通道。戶、牖之外，盡是具體世界。不出戶，不闚牖，則所知所見者，非謂具體世界諸現象一層次，乃指超越具體世界諸現象以上之所以然理由。蓋四時自行，萬物自生，而自自然然之道運焉。「不出戶」所知之「天下」，即此具體世界諸現象之變化規律。「不闚牖」所見之「天道」，即此運行不息之自然之道。以此，則能知者，乃慧悟之知；能見者，乃慧悟之見。如是，當然不必出戶，不必闚牖。

「其出彌遠」，如果相應知性之知而言，則閱歷愈廣，所成就之經驗知識愈豐富，故其「知」愈多。此解自非本句之旨意。今老子則言「其知彌少」，乃自悟性之知而言。夫悟性之知，係「即」具體世界諸現象，以慧悟其超越之所以然之理，所謂「道」是也。相對具體世界諸現象之「知」而言，誠屬「其知彌少」。平情而論，道德智慧之增進，猶須以經驗知識為基礎；亦即於經驗知識之基礎上，提煉道德智慧。

「**是以聖人不行而知，不見而名（明），不為而成**」——聖人者，體乎道而實踐之者也。

(1)「不行而知」，此句乃相應第一句「不出戶，知天下」而言。「不行」，即「不出戶」，不必遍閱具體世界諸現象。「而知」，即以悟性之知，不知之知，超越乎具體世界諸現象，以「知」其所以然規律。

(2)「不見而名（明）」，「見」者，知性之知之「知見」。「名」者，朱謙之、老子校釋、第一九一頁，以為借以代明。（見上文引文）此句乃相應第二句「不闚牖，見天道」

而言。「不見」，即「不闚牖」，不必遍歷具體世界諸現象。「而名（明）」，即以悟性之明，不明之明，超越乎具體世界諸現象，以「明」其所以然之道。

(3)「不為而成」，此句乃總承上兩句而歸納之。「不行而知」者，「不見而名（明）」者，乃超越乎具體世界諸現象之所以然之道，唯見其規律化運行焉，實「不為」也。然而，萬物莫不由之「而成」焉。

此章，藉遮撥以反顯悟道之方向，以及聖人所至之境界。

爲道日損

爲道日損

為道日損 四十八
為學日益為道日損損
之又損以至於無為無
為而無不為取天下常
以無事及其亦事不
足以取天下

第四十八章

為學日益，為道日損；損之又損，以至於無為，無為而無不為。取天下常（當）以無事，及其有事，不足以取天下。

(一) 釋憨山、老子道德經解、第一八七頁、曰：「為學者，增長知見，故日益。為道者，克去情意，隳形泯智，故曰損。初以智去情，可謂損矣；情忘則智亦泯，故又損。如此，則心境兩忘，私慾淨盡，可至於無為。所謂我無為而民自化，民果化，則無不可為之事矣。」

(二) 丁福保、老子道德經箋注、第六五頁、曰：「……以至於無為之境，而後與道體合焉，為道而至無為，則可以物付物，泛應無方，而無不為矣。」

(三) 俞曲園、諸子（老子）平議、第九〇頁、曰：「樾謹按：常乃當字之誤。河上公注曰：『取，治也。治天下常當以無事。』疑河上原注作治天下當以無事。後人因經文譌作常，因於注文增入常字耳。」

(四) 高亨、老子正詁、第一〇三頁、曰：「亨按：及猶若也。」

案：「為學日益，為道日損；損之又損，以至於無為，無為而無不為」——「為學」之「為」，治也，進也。「為道」之「為」，治也，修也。「為學」，主觀上所透顯者為知性之知，客觀上所對者為：一則為生活上之經驗，以累積所提煉之觀念。一則為現象界之現象，以累積所提煉之概念。夫「為學」而累積其觀念。概念，故曰「日益」。

「為道」，主觀上所透顯者為悟性之知，客觀上所對者為：一則為生活上之行為，以領悟其規律。一則為現象界之變化，以領悟其秩序。即此規律、秩序，而肯定一形而上之所以然理由，所謂「道」是也。修道者，即在體此所以然之道，以成其德。夫體道成德，一則精神境界自然日見提升。相應而言，另則自然生命之意念、情欲，亦隨之而日趨滌盪，故曰「日損」。意念、情欲之日損，至於其極，則損之之功夫亦復損之，一俱消融而道化，故曰「損之又損」；「以至於無為」矣。

「無為」，主觀上消融私意、私欲，無作無為。客觀上凡事一任自然，使民自正自化。如是，上下相忘，各樂其業，各享其成。斯乃無為所涵之「無不為」。

「取天下常（當）以無事，及其有事，不足以取天下」——「常」者，俞曲園、諸子（老子）平議、第九〇頁，以為乃「當」之譌。（見上文引文）「及」者，若也。「取天下」，謂取天下而治之。「無事」，即無所作，無所為。蓋體道成德，與民同乘化道之絕對性精神境界，則何「事」之有？反之，設若「有事」，則意有所圖，欲有所求，因而「任智」。（巧智）繼之，鼓盪生命之氣機，以推拓掌控，因而「使氣」。是以所作所為，往往違反自然；或者政令既窮，則濟之以刑罰；甚至於摧殘生靈，鑿傷民氣；則其禍烈矣。故曰「不足以取天下」。

此章，辨別「為學」與「為道」之不同路數、不同內容。唯「為道」者之滌盪生命駁雜內容，可及於「無為而無不為」之境界。斯乃取天下者當有之「無之智慧」。

天下渾心

天下渾心　四九
聖人無常心以百姓心
為心善者吾善之不善
者吾亦善之德善信者
吾信之不信者吾亦信

之德信聖人在天下歙
歙為天下渾其心百姓
皆注其耳目聖人皆孩
之

第四十九章

聖人無常心，以百姓心為心。善者吾善之，不善者吾亦善之，德善。信者吾信之，不信者吾亦信之，德信。聖人在天下，歙歙為天下渾其心。百姓皆注其耳目，聖人皆孩之。

(一)、王淮先生、老子探義、第一九五頁、曰：「道家無為政治之基本精神，亦是一種兼容並蓄之『智慧』與『德性』。……無為而治之聖人，則對於『善』與『不善』，『信』與『不信』者，皆一視同仁。蓋以為天下既無不是之人，亦無不材之人。」

(二)、張洪陽、道德經註解、第三七頁、曰：「忘我故公，忘分別斯德全。是以聖人在世，民有心思，化以返渾沌。民有聰明，化以還赤子。」

(三)、王弼、老子注、第六〇頁、曰：「是以聖人之於天下，歙歙焉，心無所主也。為天下渾心焉，意無所適莫也。」

(四)、吳澄、道德經注、第九二頁、曰：「董思靖曰：渾混同，蓋融化其異，混合其同。皆孩之，謂不生分別。」

案：「聖人無常心，以百姓心為心。善者吾善之，不善者吾亦善之，德善。信者吾信

之，不信者吾亦信之，德信」——「常心」，即莊子、齊物論、第二九頁所言之「成心」，亦即主觀成見之心。主觀成見之心，乃於生活經驗中累積而成，有其習氣與偏見。「聖人無常心」，即示其能不斷之自覺、滌盪而超昇，至於虛靜之絕對性境界，所謂「道心」是也。方其涵蓋天下百姓，則能「和其光，同其塵」，（本經、第四章、第七頁之語）「以百姓心為心」。「百姓心」，老子之學中，乃為本真質樸之心。（案：實為原始諧和之形態）老子以為聖人以虛靜之道心，觀照百姓質樸之心，致其感應、交融，以期超化。百姓質樸之心，其不自覺之實踐，於價值判斷下，或善或不善，或信或不信，則落於相對性世界一層次。老子之學，乃在超相對以臻絕對，故曰，「善者吾善之，不善者吾亦善之」，「信者吾信之，不信者吾亦信之」。是乃以絕對性之道心，渾化其相對性差別，視其或善或不善，或信或不信，莫非出於生命之本真，順其質樸之實然，而皆合於自然之道。老子皆以德善之，以德信之。故曰「德善」、「德信」。

「**聖人在天下，歙歙為天下渾其心。百姓注其耳目，聖人皆孩之**」——「歙歙」，王弼、老子注、第六〇頁、曰：「心無所主也。」「渾其心」，王弼、老子注、第六〇頁、曰：「意無所適莫也。」（見上文引文）聖人在天下，心無所主，即應乎首句之「無常心」，亦即莊子、應帝王、第一三八頁所謂之「用心若鏡」；「用心若鏡」，則物來順應，故無所適，無所莫。此以應乎「德善」、「德信」兩句。蓋「和其光，同其塵」，消融其善不善，信不信之相對性差別，而回歸於絕對性之無待精神境界。此義則泛應「以百姓心為心」。（案：老子以「百姓心」為本真質樸之，故以「渾其心」應之。其實，「百姓心」當屬於原始諧和形態；而「渾其心」則為通過精神發展過程所至之再度諧和最高境界）

「百姓皆注其耳目」，夫百姓每隨其習氣，注其耳目，以聞以見。繼之，則順其偏見，以表現相對性價值判斷之善不善，信不信。「聖人皆孩之」，「孩」者，於老子學，每與「百姓」同為代表質樸本真之性格。（案：實亦同為不自覺之原始諧和形態）聖人視百姓之或善或不善，或信或不信，如同小孩之質樸自然之本真，故曰「皆孩子」。

此章，申述聖人涵容百姓質樸之心以為心，既消融世俗相對性道德觀念，亦渾化百姓之相對性價值判斷，則其絕對性真心見矣。

出生入死

出生入死章

出生入死生之徒十有三
死之徒十有三人之生動
之死地亦十有三夫何故
以其生之厚蓋聞善攝
生者陸行不遇兕虎入軍
不被甲兵兕無所投其角
虎無所措其爪兵無所容
其刃夫何故以其無死地

第五十章

出生入死。生之徒十有三，死之徒十有三，人之生動之死地，亦十有三。夫何故？以其生生之厚。蓋聞善攝生者，陸行不遇兕虎，入軍不被甲兵。兕無所投其角，虎無所措其爪，兵無所容其刃。夫何故？以其無死地。

(一)、釋憨山、道德經解、第一九〇頁、曰：「此言聖人所以超乎生死之外者，以其澹然無慾，忘形之至，善得無生之理也。出生入死者，謂死出於生也。言世人不達生本無生之理，故但養形以貪生，盡為貪生以取死，是所以入於死者，皆出於生也，大約十分而居其九，而不屬於死者，唯有一焉，而人莫之知也。」

(二)、魏源、老子本義、第四一頁、曰：「蓋徒之為言，類也。生之徒，死之徒，猶言取生之道，取死之道。此二者統言天地間人物生死常然之理也。……故下句始言人之生，而上二句不言者，明其泛言物理，而未切人身也。下句不復云動之死地之徒者，明其總承上文，而非並舉三事也。……太上詞不迫切，故留言外之旨，待人自領耳。」

(三)、高亨、老子正詁、一〇七頁、曰：「此（「人之生動之死地」）句，……范應元本作

「人之生生，而動之死地，亦十有三」。」

(四)、王淮先生、老子探義、第二〇〇頁、曰：「此言善養生者，超然於生死利害之途。……善養生者，無心以遊世，故無物累，無人禍。（原註：「兕虎甲兵，無從為害」）……『死地』，謂禍害可畏之事也。」

(五)、俞曲園、諸子（老子）平議、第九〇頁、曰：「樾謹按：釋名、釋姿容曰：『容，用也，合事宜之用也。』兵無所容其刃，其兵無所用其刃。」

案：「**出生入死。生之徒十有三，死之徒十有三，人之生動之死地，十亦有三。夫何故？以其生生之厚**」——「出生入死」，此句，釋憨山、道德經解、第一九〇頁之說，較能提引通章之旨趣，（見上文引文）茲從之。夫相應下文而言，「出生入死」，即出於生，入於死；亦即由生至死之狀況。下文即承此而攏統言其類別。

(1)「生之徒，十有三」，「徒」者，類也。即指善於養生（自然生命）之道者，例如清心寡欲，知足常樂，飲食有節，作息以時，……斯為保健之方也。此類之屬，十中有三焉。

(2)「死之徒，十有三」，即淪於傷身之途者，例如恣情縱欲，貪得無懨，宴飲適度，因循怠惰，……斯為折壽之行也。此類之屬，十中有三焉。

(3)「人之生，動之死地，十亦有三」，此句，據高亨、老子正詁、第一〇七頁，引范應元本，當作「人之生生，而動之死地」。（見上文引文）意謂人之生之又生，即加意以養生，其作其為，反而趨往致死之境地，例如惡勞好逸，無所用心，滋補過度，保護太周，……斯為不幸之殃。似此作為之人，亦十有其三。「夫何故」？設問之語，以啟下句之解答。即謂其加意養生太過豐厚。

以上，各得「十有三」三句，據魏源、老子本義、第四一頁之說，「生之徒」，「死之徒」，係依常理概括所分之正反兩類。「人之生生，而動之死地」，則據經驗落實所見之行為現象，發見其如是「出生入死」之一群，以襯托下句「善攝生者」超然成就之精神價值。

「**蓋聞善攝生者，陸行不遇兕虎，入軍不被甲兵；兕無所投其角，虎無所措其爪，兵無所容其刃。夫何故？以其無死地**」——「攝生」，此指調養其精神生命。「容」者，用也。老子之精神生命，乃以虛靜之道心為體，本此虛靜之道心，即體乎自然而無為，一則超越乎「生之徒」，「死之徒」，「人之生生，而動之死地」，共計十分之九為所謂「出生入死」之生死意念所羈絆。一則灑脫有如兕虎、甲兵之外在侵犯。蓋陸行遇兕虎，兕之投其角，虎之措其爪，乃譬喻意外之禍害。甲兵之容其刃，則譬喻人為之創傷。唯調養精神生命，一任自然而無為，臻於絕對性之精神境界，而與萬物同循化道。「夫何故」？再次設問，然後解之曰，「以其無死地」。「死地」，即指生死意念之羈絆，以及有如兕虎、甲兵之外在侵犯之處境。「無死地」，即超脫乎戕賊精神生命之處境。

此章，在指導善攝生者，內無為生死意念所羈絆，外無為偶然患害所侵犯，則精神生命灑然自在。

尊道貴德

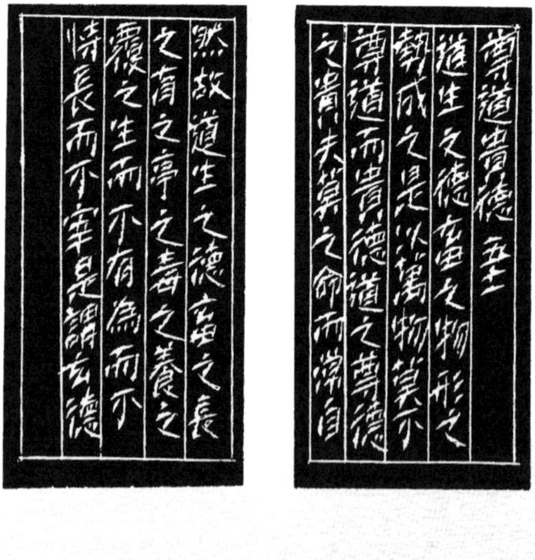

尊道貴德　五十一
道生之德畜之物形之
勢成之是以萬物莫不
尊道而貴德道之尊德
之貴夫莫之命而常自
然故道生之德畜之長
之育之亭之毒之養之
覆之生而不有為而不
恃長而不宰是謂玄德

第五十一章

道生之，德畜之，物形之，勢成之。是以萬物莫不尊道而貴德。道之尊，德之貴，夫莫之命而常自然。故道生之，德畜之，長之，育之，亭之，毒之，養之，覆之。生而不有，為而不恃，長而不宰，是謂玄德。

(一)、鄭環、老子本義、第五四頁、曰：「物不自生，稟道而生。物不自畜，資德而畜。道德不自形，因物之有聲有色而形。物不自成，有形則有勢，因勢之相推相激而成。……。」

(二)、高亨、老子正詁、第一〇八頁、曰：「亨按：常猶固也。……亭之毒之，河上本作成之熟之。古本多與河上同。亨按：亭當讀為成，毒當讀為熟，皆音同通用。『蓋』，王本作『養』，傅本作『蓋』。文選、辨命論、李注引同。今據改。」

(三)、宋常星、道德經講義、第一八七頁、曰；「此八句，是伸明道尊德貴之義。化機滋暢謂之生，陰陽內含謂之蓄，晝夜變化謂之長，五氣潤和謂之育，體性完全謂之成，神全氣足謂之熟，保固性命謂之養，護其所傷謂之覆。」

(四)、吳澄、道德經注、第九六頁、曰：「……長、育，申言物形之也。成、熟，申言勢成之也。養，申言長育。覆，申言成熟；覆，謂反本復命也。生，生之而形之也。為，畜之而成之也。不有，無生之之心。不恃，無為之事。如無思無為之君長，雖長之而非有心有事於宰制也。」

案：「**道生之，德畜之，物形之，勢成之。是以萬物莫不尊道而貴德。道之尊，德之貴，夫莫之命而常自然**」——此章前後兩段，首句皆為「道生之」，即皆以「道」為主詞。其下，則分別統領或四組，或八組：共十二組「詞結」。㊸十二組詞結之末字，皆為「之」字，以代表萬物。

(1)「道生之」，「道」者，萬物所由以生成之本源。所謂「本源」者，非謂道能生萬物，亦非萬物為道所生。而是「道」者，乃為萬物所遵循以生成之途徑。例如四時自然而運行，寒暑自然而消長，新者自然而萌生，舊者自然而代謝，……此自自然然之途徑，即是萬物共由以生成之大「道」。故「道生之」，實不生而生，生而不生。

(2)「德畜之」，「德」者，得也。「畜」者，蘊聚。有得於道為德，故「德」者，自道言，為道所呈現之德；自萬物言，乃得之於道以蘊聚焉而為德，即以為內容。故曰「德畜之」。如果姑且以陰陽家之說代入以解之，則道之德見之於陰陽之作用。萬物所得之德，即稟受此陰陽作用之蘊聚以為內容。故本經、第四十二章曰：「……萬物負陰而抱陽。」

㊸參見許世瑛先生、中國文法講話、第四三頁。

(3)「物形之」，「物」者，材質義。夫道既呈現其德，為萬物所得以蘊聚為德、為內容。此所蘊聚者即是材質，所以使萬物成其形象。故曰「物形之」。如果姑且以陰陽家之說代入以解之，則道之德見之於陰陽作用，所謂「氣」也，蘊聚為木火土金水之五行，所謂「質」也。氣、質結聚為材質，以使萬物成其形象。

(4)「勢成之」，「勢」者，發展而有所趨向之作用。物既形之，方其通過時間過程，則依序發展而趨向於完成。至於四時之運行，雨露之潤澤，……則為其助緣，故曰「勢成之」。如果姑且以陰陽家之說代入以解之，則陰陽之作用，乃相感相應，相消相長，往來不已，變化無端，所謂「氣化作用」也。是為鼓盪發展趨勢之作用。

「是以」，承上而啟下之詞。夫道德之生、畜萬物，居於無與倫比之重要地位，其恩深矣！其功偉矣！是以萬物莫不尊之貴之。繼而復申之，道之所以尊，德之所以貴，理由在於「夫莫之命而常自然」。「莫之命」，由於道、德之生、畜萬物，乃不生而生，生而不生；同理，亦不畜而畜，畜而不畜。萬物亦自自然然由之而生，由之而畜。故實無有使命之者。「常自然」，「常」者，永恆也。既然「莫之命」，則道、德永遠歸於絕對性自己，唯任其自然而已；萬物則永遠由之以自生，由之而自畜，亦循其自然而已。如是，則道、德與萬物莫不相「忘」於自然之化道。

「故道生之，德畜之，長之，育之，亭之，毒之，養之，覆之。生而不有，為而不恃，長而不宰，是謂玄德」——「故」者，綜上之旨，而指陳其涵義。

(1)「道生之」，已闡釋於上文。

(2)「德畜之」，已闡釋於上文。
(3)「長之」，既然，道、德之生、畜萬物，乃蘊聚為材質，以成物象。則萬物於發展過程中，自然日日長成，是道之長成之。
(4)「育之」，萬物之於長成過程中，自然日日作育，是道之作育之。
(5)「亭之」，「亭」者，成也。萬物於長成、作育過程中，自然日日有成就，是道之成就之。
(6)「毒之」，「毒」者，熟也。萬物自然日日有所成就，即日日有所成熟，是道之成熟之。
(7)「養之」，道既生、畜、長、育、亭、毒萬物，則萬物自然煥發光澤，是道之滋養之。
(8)「覆之」，「覆」者，普遍涵蓋。道之於萬物，自生之至於養之，不論是個體之歷程，不論是全體之物象，道皆普遍涵蓋及之。

既已複述前段之義，繼之乃回應「莫之命而自然」之旨，以點出「道、德」之特殊形態。

(1)「生而不有」，道既為萬物所由之以生，然實生而不生，不生而生，故雖「生」之，而不有生之之恩。
(2)「為而不恃」，「恃」者，矜也。道既畜之、長之、育之、亭之、毒之、養之、覆之，似為「為」之，然實為而不為，不為而為，故雖「為」之，而不恃為之之功。
(3)「為而不宰」，道既生、畜萬物，合當為萬物之君長以宰制萬物。然而以不有生之之恩，不恃為之之功，實為宰而不宰，不宰而宰。故雖「長」之，而不宰以制之。

道之生、畜萬物，如果自形而下（有）之立場觀之，似有生之之恩，似有為之之功，似有長之之位。然而，如果自形而上（無）之立場觀之，則不有生之之恩，不恃為之之功，不宰以長之。夫「玄」者，「有」「無」渾然而化也。道之生、畜萬物，即「生而不有」，「為而不恃」，「長而不宰」，渾然而化以任其自自然然，故謂之「玄德」。案此四句已見本經、第十章。

道之生、畜萬物，固然見其「玄德」。其言外之意，亦示體道之君長，於治萬民，自當本此渾然而化之「玄德」，以玄成萬民。

此章，先分解「道」之生物之終始階段性行程，而後綜觀以示其生而不生之玄德。

見明守柔 五十二
天下有始以為天下母
既得其母以知其子既
知其子復守其母沒身
不殆塞其兌閉其門終

身不勤開其兌濟其事
終身不救見小曰明守
柔曰強用其光復歸其
明無遺身殃是謂習常
道

第五十二章

天下有始，以為天下母。既得其母，以知其子；既知其子，復守其母，沒身不殆。塞其兌，閉其門，終身不勤；開其兌，濟其事，終身不救。見小曰明，守柔曰強。用其光，復歸其明，無遺身缺，是為習常。

(一)、王弼、周易注、第六三頁、曰：「母，本也；子，末也。得本以知末，不含本以逐末也。」

(二)、高亨、老子正詁、第一一〇頁、曰：「奚侗曰：『易、說卦：「兌為口。」引申凡有孔竅者，皆可云兌。淮南子、道應訓……高注：『兌，耳目鼻口也。老子曰：『塞其兌』是也。』塞兌，閉門，使民無知無欲，可以不勞而理矣。』……亨按：習讀為襲。小爾雅、廣詁：『襲，因也。』習襲古通用。……襲常，謂因其自然也。」

(三)、魏源、老子本義、第四二頁、曰：「（張氏爾岐曰）知小、守柔，即守母也。小柔即希、夷、微之意，形容道妙之辭。視之而不可見者小也，能見此不可見，是曰明。……」

(四)、王淮先生、老子探義、第二一〇頁、曰：「光，喻智慧之用；明，喻智慧之體。

『用其光，復歸其明』，言人用智光照見一切道理與事物，固是智慧之大用，……故『用其光』，當『復歸其明』，謂攝用歸體，復返於智慧之本明也。」

(五)、丁福保、老子道德經箋注、第七一頁、曰：「案習常之法，為道家最重要之工夫。此法既明，則本經之所謂常道、常德、常名、常無、常有，以及復命曰常，知常曰明，知和曰常，知常曰明等句，皆可字字有著落，明白無餘蘊矣。」

案：「天下有始，以為天下母。既得其母，以知其子；既知其子，復守其母，沒身不殆」——「天下」者，天下之萬物。「始」者，即本經、第一章所謂，「無，名天地之始」之「始」，即「無」也，道也。此「天下有始」句乃在肯定一形而上而為萬物所由以生成之本源。「以為天下母」，「母」者，即本經、第一章所謂，「有，名萬物之母」之「母」，即「有」也。此句則承上句，以謂萬物所由以生成之「始」，（無、道、本源）既已呈現其自己，則生成萬物以為其「母」。

「既得其母」，「得」者，悟而得之。蓋「始」者，為形而上存在，既呈現之為「母」，自其繫屬於「始」而言，仍然為形而上之存在。凡形而上存在者，僅能以悟性之知悟得之。既悟得其「母」，「以知其子」，「以」者，因而。「子」者，萬物。因而悟知其所生成之萬物之情狀。反之，「既知其子」，依理自當亦知其「母」。王弼、周易注、第六三頁，以為母與子，乃本末之關係。母，其本也；子，其末也。（見上文引文）「既知其子，復守其母」，即攝末歸本，所守之「母」（有），既為「始」（無、道）所呈現，「始」以虛靜自然為性格，「守母」亦即抱虛靜自然之「始」，亦即守道，與道互為內在化。夫得母知子，知子守母，則本末之分別，為慧悟所通徹並消融，玄然而為一矣。「沒身不殆」，「沒身」，終其身。「殆」者，危也。蓋謂立身處世，守其虛靜自然，則終其身而不危。

「塞其兌，閉其門，終身不勤；開其兌，濟其事，終身不救」——「勤」者，勞也。「塞其兌」，「閉其門」兩句，乃互文足義。「兌」，據易經、說卦傳、第九章、第五二七頁，乃象徵口。引申之，當包括口、眼、耳、鼻，皆自然生命內外通氣之門戶。閉塞自然生命之口、眼、耳、鼻諸內外通氣之門戶，則對世俗社會，無所恣縱，無所追逐，而內歛精神，抱守虛靜自然之「母」，臨事灑脫豁達而不煩勞。反之，如果「開其兌」，即開啟口、眼、耳、鼻諸門戶，則外誘其欲，內迷其思。「濟其事」，「濟」者，成也。遇事求其成遂，勞神苦思，永無寧日，則終身陷溺而不可救。

「見小曰明，守柔曰強。用其光，復歸其明，無遺身殃，是為習常」——「見」者，悟性之知見。「小」者，乃狀乎易經、繫辭下傳、第五章、第五〇一頁，所謂之「幾」。其言曰，「幾者，動之微」，「知幾其神乎」。「見小」，即悟知、察覺生心動念之發端，當「塞」當「閉」，勿「開」勿「濟」，斯為「智體」之明（「智體」乃牟宗三先生所創之詞）。智體既明，自能「守柔」。「柔」者，弱也。柔弱，即虛靜自然之形容。蓋抱守虛靜自然，以任萬物之自生自正；則其成其功之力道，天下莫強焉。

「用其光」，體道者，本其道德智慧，用其智慧之光輝，在於察覺生心動念之「幾」，（見小）庶幾外無所誘，內無所迷，是為「復歸其明」。即呈現其慧光之本明。夫慧光即明即照，即照即明，體用一如。如是，自爾「無遺身殃」，即不致留下終身之禍患。「是謂習常」，「習」者，高亨、老子正詁，第一一〇頁以為即襲也，因也，（見上文引文）承也。「常」者，永恆之常道。即因承虛靜自然之永恆常道。

此章，乃示修道者，當於慧悟上，知乎道之本（母）末（子）一玄然；實踐上，守乎母，守乎柔；善於體明而用光。

行於大道

行於大道　五十三
使我介然有知行於大
道唯施是畏大道甚夷
而民好徑朝甚除田甚
蕪倉甚虛服文綵帶利

劍厭飲食財貨有餘是
謂盜道夸非道也哉

第五十三章

使我介然有知，行於大道，唯施是畏。大道甚夷，而民好徑。朝甚除，田甚蕪，倉甚虛；服文綵，帶利劍，厭飲食，財貨有餘，是謂道夸。非道也哉！

(一)、釋憨山、老子道德經解、第一九八頁、曰：「介然，猶些小，乃微小之意，蓋謙辭也。老子意謂，使我少有所知識，而欲行此大道於天下，奈何天下人心奸險可畏，而將施之於誰耶？故曰唯施是畏。」

(二)、高亨、老子正詁、第一一三頁、曰：「奚侗曰：『人指人主言，各本皆誤作民，與下文誼不相屬。蓋古籍往往人、民互用，以其誼可兩通，此人字屬君，自不能借民為之。』」

(三)、宋常星、道德經講義、第一九三頁、曰：「除是階除，積土石以為高臺，循階級而下，是以謂之除。太上因見當時朝中之宮殿，層層然高廣，巍巍然峻極，過高太甚，是故以朝甚除言之。……是以謂之盜誇，譬如盜人之物，誇為己有。」

(四)、焦竑、老子翼、第三三三頁、曰：「（陸）希聲註……噫！入其國，其政教可知也。觀朝闕甚修除，牆宇甚雕峻，則知其君好土木之功，多嬉遊之娛矣。觀田野甚荒蕪，則知其君好力役，奪民時矣。觀倉稟甚空虛，則知其君好末作，廢本業矣。觀衣服多文采，則知其君好淫巧，蠹女工矣。觀佩帶皆利劍，則知其君好武勇，生國患矣。觀飲食甚厭飫，則知其君好醉飽，忘民事矣。觀資貨常有餘，則知其君好聚斂，困民財矣。凡此數者，皆為盜用民力，以為夸毗，故謂之盜夸。」

案：「使我介然有知，行於大道，唯施是畏。大道甚夷，而民好徑」——「介然」，些微之意，謙詞也。「使我介然有知」，意謂假如使我略有些微智慧。智慧屬於悟性之知，能通達事理，指導實踐。「行於大道」，釋憨山、老子道德經解、第一九八頁，作「欲行此大道於天下」解，文意較為圓足。老子之大道，即無為而自然。故所推行者，即主觀上無作無為，客觀上凡事順其自然之大道於天下。蓋所以期其各遂其生，各樂其業。「唯施是畏」，「施是畏」，乃「畏施」之倒裝句。丁福保、老子道德經箋注、第七一頁，引王念孫、讀書雜志之說，以為「施」，讀為迆。邪也。即畏懼其人之入於邪道。

「大道甚夷」，「夷」者，平坦。大道既然是無作無為，自自然然，萬物唯由之而已，則自然以生以成；無所曲折，無所阻難，故曰「夷」。「而民好徑」，「民」，高亨、老子正詁、第一一三頁，引奚侗之意，以為當作「人」，指人主言。（見上文引文）蓋謂大道既然平坦，而民（人主）偏偏捨之不由，而好便捷小路。

「朝甚除；田甚蕪，倉甚虛；服文綵，帶利劍，厭飲食，財貨有餘，是謂道夸。非道也哉」——此段，承上「而民好徑」句，以列舉其流弊。

(1)、「朝甚除」，「除」者，宋常星、道德經講義、第一九三頁，以為應作階除解。

甚除，即階除甚高，宮殿巍峨；間接暗喻人主生活之豪華。（見上文引文）最為傳神。

(2)「田甚蕪」，此表示百姓生業之荒廢。

(3)「倉甚虛」，此表示百姓糧食之缺乏。

(4)「服文綵」，此表示人主服飾之華麗。

(5)「帶利劍」，此表示人主遊樂之氣派。

(6)「厭飲食」，此表示人主宴飲之飽足。

(7)「財貨有餘」，此表示人主聚斂之適度。

「是謂盜夸」，「夸」者，奢侈。此句總結上文之旨，鑑於人主不由無為自然之大道，而好行捷徑，以圖謀富貴享樂。相對而言，則百姓流離困窮。是為人主盜取資源以奢侈生活。「非道也哉」，即不合無為自然之道。

此章，提示智者，當知踐履大道，而畏惕邪行。並惜乎人主偏好生活華靡，以致悖離大道。

見觀天下

見觀天下

見觀天下
善建者不拔善抱者不
脫子孫以祭祀不輟修
之於身其德乃真修之
於家其德乃餘修之於

鄉其德乃長修之於邦
其德乃豐修之於天下
其德乃普故以身觀身
以家觀家以鄉觀鄉以
邦觀邦以天下觀天下

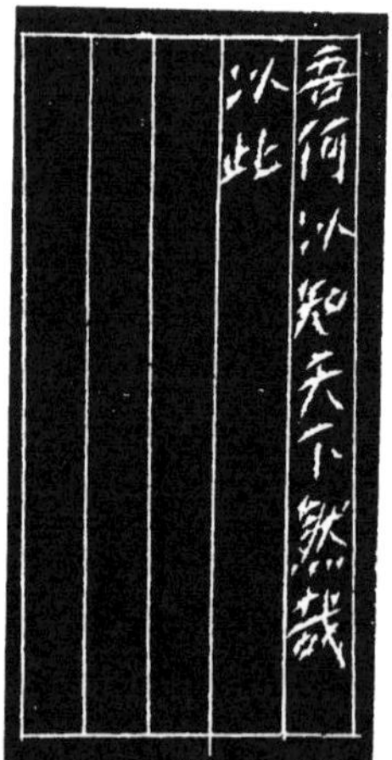
吾何以知天下然哉
以此

第五十四章

善建者不拔，善抱者不脫，子孫以祭祀不輟。修之於身，其德乃真；修之於家，其德乃餘；修之於鄉，其德乃長；修之於邦，其德乃豐；修之於天下，其德乃普。故以身觀身，以家觀家，以鄉觀鄉，以邦觀邦，以天下觀天下。吾何以知天下然哉？以此。

(一)、呂嵒、道德經解、第五〇頁、曰：「建德，則有不拔之基；抱一，則無離道之時。是以長子孫而保世。……觀，示法也。德備於身，隨在皆可以為人觀法，此謂大道。」

(二)、吳澄、道德經注、第一〇〇頁、曰：「善建者，以不建為建，則永不拔。善抱者，以不抱為抱。則永不脫。善於保國延祚者亦然，無心於留天命而天命自留，故子孫世世祭祀不輟，有如善建善抱者也。……修之於家、於鄉、於邦、於天下者，自近及遠，人人各修其德也。然豈人人而教之?我無為而民自化，無欲而民自樸爾。」

案：「善建者不拔，善抱者不脫，子孫以祭祀不輟」——「建」者，建德。「德」者，得也，有得於道以為德。「建德」，即於生命中建立德性，亦即生命之德化。「善建」，吳澄、道德經注、第一〇〇頁，所注者最得其玄旨，（見上文引文）蓋謂不建而建，建矣；建而不建，故不拔。「抱」者，抱道，即生命之體道，亦即生命之道化。「善抱」，即不抱而抱，抱矣。抱而不抱，故不脫。夫生命之建德抱道，則虛靜無為。不論庶士至於公卿，本虛靜無為之道德，傳之子孫，主觀上永享福祿，客觀上百姓安樂，故祭祀不輟。

「**修之於身，其德乃真；修之於家，其德乃餘；修之於鄉，其德乃長；修之於邦，其德乃豐；修之於天下，其德乃普**」——建德抱道，上段既言福蔭子孫，本段乃謂德化天下。

(1)「修之於身，其德乃真」，己身能修善建善抱之德，則生命與道互為內在，斯為本真之精神境界。

(2)「修之於家，其德乃餘」，一家之長，於一家之內，修其善建善抱之德，而化及其家，是其德之有餘裕。

(3)「修之於鄉，其德乃長」，一鄉之正，於一鄉之內，修其善建善抱之德，而化及其鄉，是其德之申長。

(4)「修之於邦，其德乃豐」，「邦」者，國也。一國之君，於其國之內，修其善建善抱之德，而化及其國，是其德之豐厚。

(5)「修之於天下，其德乃普」，天下之主，於天下之內，修其善建善抱之德，化及天下，是其德之普遍。

「**故以身觀身，以家觀家，以鄉觀鄉，以邦觀邦，以天下觀天下。吾何以知天下然哉？以此**」——「觀」者，呂嵒、道德經解、第五〇頁，作「示法」解，（見上文引文）最得其妙。如易之觀卦，「觀」，涵有仰觀、示觀兩義，此用示觀義。

(1)「以身觀身」，己身既修善建善抱之德，可以示法於別人，亦修善建善抱之德。

(2)「以家觀家」，一家之長，既修善建善抱之德，則可以示法於別家，亦修善建善抱之德。

(3)「以鄉觀鄉」，一鄉之正，既修善建善抱之德，則可以示法於別鄉，亦修善建善抱之德。

(4)「以邦觀邦」，一國之君，既修善建善抱之德，則可以示法於別國，亦修善建善抱之德。

(5)「以天下觀天下」，天下之主，既修善建善抱之德，則可以示法於未來之天下，亦修善建善抱之德。

「吾何以知天下然哉」？「然」者，如此。吾何以知之之「天下」，實包括身、家、鄉、邦而言。「何以」所「知」者，則當包括：

(1)政治社會之領袖，不論其層級之或為己身、家長、鄉正、國君、天下主，皆能化及其所涵蓋之人民。「以此」，即以「善建、善抱」之故。

(2)政治社會之領袖，不論其層級之或為己身、家長、鄉正、國君、天下主，既已化及其所涵蓋之人民，並能示法於其他同等層級之人民。「以此」，即以「善建、善抱」之故。

此章，勸勉建德、抱道，可以福蔭子孫、社會，可以示觀天下、百姓。

知常曰明

和常曰明　五十五
含德之厚比於赤子毒
蟲不螫猛獸不據攫鳥
不搏骨弱筋柔而握固
未知牝牡之合而朘作

精之至也終日號而不
嗄和之至也知和曰常
知常曰明益生曰祥心
使氣曰強物壯則老謂
之不道不道早已

第五十五章

含德之厚，比於赤子。毒蟲不螫，猛獸不據，攫鳥不搏。骨弱筋柔而握固，未知牝牡之合而峻作，精之至也。終日號而不嗄，和之至也。知和曰常，知常曰明。益生曰祥，心使氣曰強。物壯則老，謂之不道，不道早已。

(一)、俞曲園、諸子（老子）平議、第九〇頁、曰：「樾謹按：河上公本作『毒蟲不螫』。注云：『蜂蠆蛇虺不螫』，是此六字乃河上公注也。王弼本亦當作『毒蟲不螫』。後人誤以河上注羼入之。……河上公本『全』作『峻』，而其注曰：「亦（赤）子未知男女之合會，而陰作怒者，由精氣多之所致也。』是以陰字釋峻字。玉篇、肉部，『朘，赤子陰也』。峻即朘也。……淮南子、道應篇，引老子曰：「知和曰常，知常曰明，益生曰祥，心使氣曰強，是故用其光，復歸其明也。』是古本有此兩句之明證。」

(二)、吳澄、道德經注、第一〇三頁、曰：「毒蟲，蜂蠆之屬，以尾端肆毒曰螫。猛獸，虎豹之屬，以爪足拏按曰據。攫鳥，鷹隼之屬，以翼距擊奪曰搏。」

(三)、高亨、老子正詁、第一一六頁、曰：「又按：毒蟲、猛獸、攫鳥，皆以喻強暴、殘毒之人也。此三句言雖強暴、殘毒之人，對赤子亦不加害耳。……益生者，以五色養目，以五音養耳，以五味養口，適以致病也。」

(四)、焦竑、老子翼、第三四四頁、曰：「(呂吉甫註)今夫赤子，不知所取而握固，不知所與而峻作，則精也。……無所憂慍，故雖終日號而意嗌不嗄，則和也。」

(五)、成玄英、老子義疏、第三五八頁、曰：「言赤子終日啼號，而聲不嘶嗄者，為無心作聲，和氣不散也。」

(六)、朱謙之、老子校釋、第二二四頁、曰：「謙之案……蓋祥有妖祥之義。李奇曰：『內妖曰眚，外妖曰祥。』玉篇：『祥，妖怪也。』是祥即不祥。」

案：「**含德之厚，比於赤子。毒蟲不螫，猛獸不據，攫鳥不搏**」——釋憨山、道德經解、第二〇二頁、曰：「此承上言，聖人善建善抱，而不為外人所搖奪者，以其所養之厚也。然人之所以有生者，賴其袖與精、氣耳。」釋憨山並以為老子此章所示者，在於神全、精純、氣和。案老子一書所言之修養，確實盡在此三大綱領以為旨歸。

「含德之厚」，即建德抱道，精神生命之體道蓄德至為厚實飽滿。「比於赤子」，老子每以赤子或嬰兒比喻生命稟賦道德之渾然整全，(案：赤子或嬰兒，僅屬生命精神發展之原始諧和階段)至「真」者也。夫老子義至真而渾全之道德生命，無所欲求，無所對待，為一絕對性之精神境界。

「毒蟲不螫，猛獸不據，攫鳥不搏」，吳澄、道德經注，第一〇三頁，注之曰：「螫」，蜂蠆以尾端肆毒。「據」，虎豹以爪足拏按。「搏」，鷹隼以翼距擊奪。(見前文引文)高亨、老子正詁、第一一六頁，以為三者乃比喻「強暴、殘毒之人，對赤子亦不加害」。（見前文引文）案其實當為如赤子所比喻之至真而渾全之道德生命，以其已臻於絕對性精神境界，唯逍遙自在，圓滿具足；而如毒蟲、猛獸、攫鳥之強暴、殘毒之人，亦無能傷害及之。此示其神之全也。

「骨弱筋柔而握固，未知牝牡之合而朘作，精之至也」——「骨弱筋柔」，示體性之柔弱。「未知牝牡之合」，牝牡，雌雄兩性也。合，歡好。此句意謂心智猶不識不知。夫體性柔弱，是無所用力。不識不知，則無所著意。「握固」，手之握緊也。「朘作」者，陰之勃起也。兩者皆出於自然，皆示其自然生命精力之旺盛。此示其精之純也。

「終日號而不嗄，和之至也」——「號」者，啼號。「嗄」者，聲音嘶嗄。啼號，乃出於氣機之鼓盪。赤子之生命，「終日號」，即鼓盪其氣機而啼號，乃發於自然之生命活動，而無所喜怒雜乎其間，故「不嗄」，不嘶嗄也，於焉可見氣機之沖和，故曰「和之至」。此示其氣之和也。

夫老子之言修養，所修養者，①、神之全，此道德精神之飽滿。②、精之純，此生命精力之旺盛。③、氣之和，此氣機鼓盪之自然。由於神之全，用為精之純，見諸氣之和，則所修養者備矣，斯為老子義之道德化生命。

「知和曰常，知常曰明。益生曰祥，心使氣曰強。物壯則老，謂之不道，不道早已」——以上，既言修養之旨歸；以下，則言落在具體生活上之實際修養功夫。

「知和曰常」，夫氣機之鼓盪，繫於生命之精力；生命之精力，源於道德之精神。是故具體生活之實際修養功夫，乃以鼓盪氣機之沖和為入路。「知」者，自覺也。即意謂自覺方其鼓盪氣機，貴在順其自然，以至於沖和，斯為永恆不變之常道，故曰「知和曰常」。自覺順應自然以鼓盪氣機，至於沖和之永恆常道，是為道心之智明，故曰「知常曰明」。

反之，如果追求「益生」，如高亨、老子正詁、第一一六頁所言，「以五色養目，以五音養耳，以五味養口」，（見上文引文）則氣既耗，精亦損，而神已虧。對生命而言，乃「曰祥」。朱謙之、老子校釋、第二二四頁，解曰，祥即不祥。（見上文引文）尤有甚者，如果追求「益生」之不足，繼而動其心以使其氣，則為血氣之逞其剛強。故曰「心使氣曰強」。

「物壯則老，謂之不道，不道早已」，此三句已見本經、第三十章。第三十章用此三句，乃在警告用兵既勝而復取強，則士氣耗損轉為衰竭。此章用此三句，則在承上句，言如果為求「益生」，至動其心，而使其氣，以逞其強，則自然生命（物）之發展，猶拋物線之過程，因逞強而過盛。「物壯則老」，即過盛（壯）轉為衰老。「謂之不道」，是為不合自然之道；「不道早已」，即不合自然之道，則將及早消失。

此章，展示道化生命之綱領，在於神之全、精之純、氣之和。

和光同塵

和光同塵　五十六
知者不言言者不知塞
其兌閉其門挫其銳解
其紛和其光同其塵是
謂玄同故不可得而親

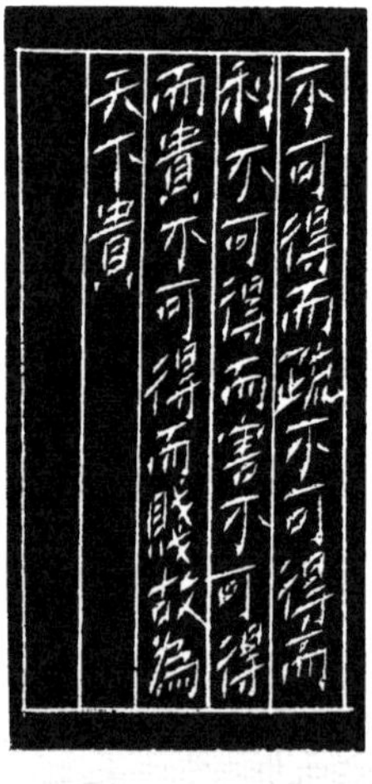

不可得而疏不可得而
利不可得而害不可得
而貴不可得而賤故為
天下貴

第五十六章

知者不言，言者不知。塞其兑，閉其門，挫其銳，解其紛，和其光，同其塵，是謂玄同。故不可得而親，不可得而疏，不可得而利，不可得而害，不可得而貴，不可得而賤，故為天下貴。

(一)、王淮先生、老子探義、第二二五頁、曰：「『塞其兑，閉其門』，已見五十二章，謂閉智塞聰，守靜歸寂，此為修道建體之工夫。『挫其銳，解其紛』，謂主觀上喪我去己，客觀上截斷眾流，此為立身行世之方便。『和其光，同其塵』，謂被褐懷玉，與物宛轉，此大成人格之境界也。」

(二)、釋憨山、道德經解、第二〇八頁、曰：「聖人造道之妙，大而化之至於此，其心超然塵表，故不可得而親。精誠動物，使人見而不能捨，故不可得而疏。淡然無欲，故不可得而利。妙出死生，故不可得而害。視王侯之位如隙塵，故不得而貴。披褐懷玉，故不可得而賤。以其聖人跡寄寰中，心超物表，不在親疏、利害、貴賤之間，此其所以為天下貴也。」

案：「知者不言，言者不知」——兩「知」字如作智字解，則於義較長。「知（智）者」，乃指修成老子義之道德智慧者。「言」者，言語，所以表達道德智慧之慧悟。慧悟者，既經言語表達，則轉為觀念化、概念化。觀念化、概念化唯對應形而下世界之諸事物，而各有其涵義，此其限度。而道德智慧則以「無知而無不知」之方式玄悟事物，以「無為而無不為」之方式玄成事物。並且通徹於形而上、形而下兩層次。是以「知（智）者」之慧悟，非言語所可表達，故曰「知（智）者不言」。反之，言語亦不能窮盡道德智慧之內容。故曰「言者不知（智）」

「**塞其兌，閉其門，挫其銳，解其紛，和其光，同其塵。是謂玄同。**」——此章之「塞其兌，閉其門」兩句，已見本經、第五十二章，於彼之旨在於申述內斂精神，抱守虛靜之「母」。而「挫其銳，解其紛，和其光，同其塵」四句，亦見本經、第四章，於彼為衍文。

既然，「知（智）者不言，言者不知（智）」，然則究竟應當如何回歸自己，以透顯其道德智慧？

(1)「塞其兌，閉其門」，「兌」者，易經、說卦傳、第九章、第五二七頁，以為象徵「口」。引申之，則包括口、眼、鼻，皆為自然生命內外通氣之門戶。「閉其門」則與「塞其兌」為互文足義。兩句皆為塞閉自然生命內外通氣之門戶，以期免於如莊子、應帝王篇、第一三九頁所曰，七竅鑿而渾沌死；而內斂精神，回歸道德智慧之絕對性圓通自己。則其知乃知而不知。

(2)「挫其銳，解其紛」，「銳」者，銳氣。「紛」者，紛擾。自然生命每稟有天賦之才華，或表現為才氣，或表現為才智，或表現為才情。方其揮灑為超凡之創造作用，則見其具有銳不可當之氣概。此銳不可當之氣概，相對無為自然之社會，每每導致紛擾。「挫其銳，解其紛」，即斂藏其銳氣，消解其紛擾。因此，則其才乃才而不才。

(3)「和其光，同其塵」，不論道德智慧、生命才華，皆表現生命之光輝、獨特之事跡。夫既經塞兌、閉門、挫銳、解紛，則生命之光輝融入人群，同其光譜。獨特之事跡，化歸社會，同其凡俗。則其生命所煥發者，乃光而不耀。

案佛教之雲門宗，其教法有所謂「三句訣」。姑準是，則「塞其兌，閉其門」，即為「涵蓋乾坤」之功夫；「挫其銳，解其紛」，乃為「截斷眾流」之功夫；「和其光，同其塵」，則為「隨波逐浪」之功夫矣。經此辯證之精神發展，則所透顯之道德智慧，(無)涵蓋及於人間社會；(有)人間社會，(有)彌綸於道德智慧。若斯，是「知(智)者」之「有」、「無」渾化，玄然而同於道，故曰「玄同」。

「故不可得而親，不可得而疏，不可得而利，不可得而害，不可得而貴，不可得而賤；故為天下貴」──既然精神發展臻於「玄同」之境界，則對於人間社會之價值亦自爾玄然而化。

(1)「不可得而親，不可得而疏」，自倫常關係言之，有親有疏，既玄同於道，則超越乎親疏之上，親而不親，疏而不疏。

(2)「不可得而利，不可得而害」，自心理感應言之，有利有害，既玄同於道，則超越乎利害之上，利而不利，害而不害。

(3)「不可得而貴，不可得而賤」，自社會價值言之，有貴有賤，既玄同於道，則超越乎貴賤之上，貴而不貴，賤而不賤。

倫常關係之親疏，心理感應之利害，杜會價值之貴賤，皆為人間社會之相對性分別。玄同於道之知（智）者，既然超昇至絕對性境界，則人間社會之相對性分別，皆為所玄化，以各如其所如；而無所「對待」，無所「物累」，故「為天下貴」。

此章，指點智者之修道，當遵循閉、塞、挫、解、和、同之辯證精神發展過程，以臻於玄同之精神境界。當下對杜會之相對性價值，皆為所渾化而超越。

無欲自樸

無欲自樸　五十七
以正治國以奇用兵以無
事取天下吾何以知其然
哉以此天下多忌諱而民
彌貧民多利器國家滋昏

人多伎巧奇物滋起法令
滋彰盜賊多有故聖人云
我無為而民自化我好
靜而民自正我無事而民
自富我無欲而民自樸

第五十七章

以正治國，以奇用兵，以無事取天下。吾何以知其然哉？以此：天下多忌諱，而民彌貧；民多利器，國家滋昏；人多伎巧，奇物滋起；法令滋彰，盜賊多有。故聖人云：我無為而民自化，我好靜而民自正，我無事而民自富，我無欲而民自樸。

(一)、陸西星、老子玄覽、第一〇四頁、曰：「以正治國者，尚賢貴能，信賞必罰，正道也。以奇用兵者，雄守雌伏，陽予陰奪，奇道也。然皆有為之法，非聖人所貴。故惟取天下者，常以無事，則無為之道也。然則國與天下，有二道乎？曰：有為之法，臣道也。無為之道，君道也。君臣道合，則上下交而成泰矣。」

(二)、河上公、老子章句、第五五頁、曰：「天下，謂人主也。忌諱者，防禁也。令煩則姦生，禁多則下詐，相殆故貧。……聖人言我修道承天，無所改作，而民自化成也。聖人言我好靜不言不語，民皆自忠正也。我無徭役徵召之事，民安其業，故皆自富。我常無欲，去華文徵服飾，民則隨我為多質朴也。」

(三)、宋常星、道德經講義、第二〇九頁、曰：「利器者，權柄也。人之有權，如有利器在手一般。」

(四)、王淮先生、老子探義、第二三〇頁、曰：「『伎巧』，猶技巧，謂才藝也。……言人民多才藝，則各種奇巧、奢淫之物品、器具紛紛製作，實足以刺激人心之欲望，搖蕩人性之水平。」

案：「以正治國，以奇用兵，以無事取天下。吾何以知其然哉？以此」——陸西星、老子玄覽、第一〇四頁，以為「以正治國」、「以奇用兵」，皆屬臣道，臣道屬有為法。「以無事取天下」，則屬君道，君道屬無為法。（見上文引文）莊子、天道篇、第二〇八頁，有曰：「上必无為，而用天下；下必有為，為天下用。此不易之道也。」可見此三句，當為老子考察、反省歷史之政治道術所得者。①、「以正治國」、「以奇用兵」，乃老子所見當時屬於第二義之現實主義精袖之治術。②、「以無事取天下」，則為老子揭示屬於第一義之理想主義精神之政道。

(1)「以正治國」，「正」者，正道。此指當時為解決國家杜會問題所探取之適切治術，為有為法。其舉措在於為政牧民，使百姓安居樂業，遷善化惡。此類治術，於老子學、理想主義衡定下，當屬第二義現實主義精神之治術。於老子書中，不見其貶，亦不見其褒，故僅為事實之敘述。

(2)「以奇用兵」，「奇」者，奇道。此指一旦邦國遭遇非常情況，為安反側，不得已而用兵，亦為有為法。其舉措在出其不意，以克敵致勝，庶幾得以穩定局勢。此類治術，於老子學、理想主義衡定下，亦屬第二義現實主義精神之治術。但於老子書中，基本態度是反對戰爭，反對用兵。是以此章亦僅為事實之敘述。

(3)「以無事取天下」，「無事」，乃相應「取天下」而言。老子所主張之「取天下」道術，乃「不取而取」。「不取」，乃是①、精神上，體乎道，蓄乎德，如天道之盛德圓滿而無所企圖。②、現實上，無所作，無所為，如雨露之自爾均霑，而無所著意，無所偏施。「取」，百姓隨順自然，如萬物之遵循而相忘。夫不取而取，則何「事」之有？斯為老子第一義之理想主義精神之道術，老子最為致力提倡者。「吾何以知其然哉？以此」，此句乃老子敘述所知之「其然」者，即「以正治國」、「以奇用兵」之現實主義精神治術，僅為隨順事勢方便而已。唯有「以無事取天下」，始為合乎天運自然之道術。「以此」者，意指根據下文所述由於觀察所得之現象。

「天下多忌諱，而民彌貧；民多利器，國家滋昏；人多伎巧，奇物滋起；法令滋彰，盜賊多有」——此八句四組，乃承上文而診察國家社會所以紛亂之四大流弊。

(1)「天下多忌諱，而民彌貧」，「忌諱」，以禁制使之畏懼而避免。治國者，為解決國家社會問題，不知化民成俗，使民共由；徒用令禁刑制之苛政，使百姓畏懼而避免；而致廢農事，荒生業，則「民彌貧」矣。

(2)「民多利器，國家滋昏」，「利器」，形容權力。百姓一旦擁有權力，往往干犯綱紀，橫行無度，以致國政紛亂。

(3)「人多伎巧，奇物滋起」，「伎巧」，猶技巧，即才藝。百姓獨運匠心，表現才藝，以創作特殊景物，精緻珍玩，以滿足感官享受，則欲望相應而興焉。故老子歎乎「奇物滋起」。

(4)「法令滋彰，盜賊多有」，法度律令，所以規範行為；依老子之精神，當以清簡為準，則百姓從之也易；且其間留與百姓廣闊之活動空間。反之，如果法令煩苛，則百姓將不知如何措其手足。無奈，其流為盜賊乎！

以上所舉之流弊，可見出於國政紛亂，民情不安之故。依老子之主張，濟之之道，唯在「無事」。

「故聖人云：我無為而民自化，我好靜而民自正，我無事而民自富，我無欲而民自樸」——上文言「以無事取天下」，為取政權之詭譎道術。此段四句則承之而假「聖人云」所提出之四目，為治天下之詭譎道術。

(1)「我無為而民自化」，「無為」，聖人唯順應自然，而無所作，無所為，則百姓各樂其生業，各長其子孫，而各致於化成。

(2)「我好靜而民自正」，「靜」者，即易經、繫辭上傳、第十章、第四七八頁所言「寂然不動，感而遂通天下之故」之「寂然」。「好靜」，聖人唯歸於絕對性自己，無所動，無所教，則百姓各守其本分，各勉其行為，而各行於正道。

(3)「我無事而民自富」，「無事」，河上公、老子章句、第五五頁，作「無徭役，徵召之事」解。（見上文引文。又案：上文所言，「以無事取天下」之「無事」，乃老子用以綜敘詭譎之政治道術，而此段之無為、好靜、無事、無欲，則當為其內容所包涵），則百姓各務其操作，各勤其耕稼，而各享其富裕。

(4)「我無欲而民自樸」，「無欲」，聖人無所貪，無所求，則百姓各重其質實，各知其滿足，而各歸於素樸。

此章，解說「以無事取天下」之故，乃緣於政多禁制，民多智巧，以致混亂。唯聖人之保持其超越之心境，則百姓自然從化。

禍福相倚

禍福相倚

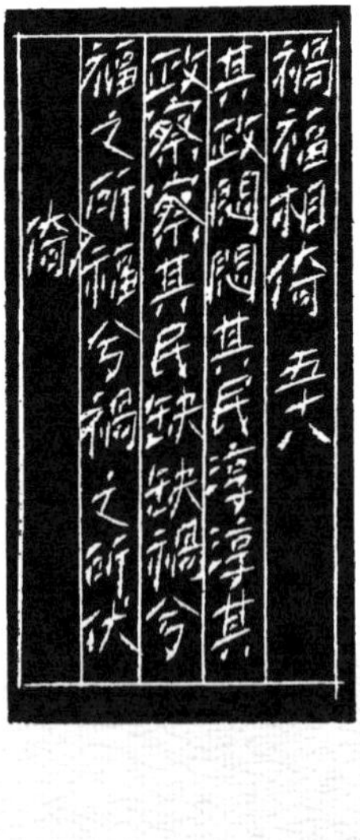
禍福相倚　五十八
其政悶悶其民淳淳其
政察察其民缺缺禍兮
福之所倚福兮禍之所伏
倚

孰知其極其無正正復
為善復為妖人之迷其
日固久是以聖人方而
不割廉而不劌直而不
肆光而不燿

第五十八章

其政悶悶，其民淳淳；其政察察，其民缺缺。禍兮福之所倚，福兮禍之所伏。孰知其極？其無正？正復為奇，善復為妖。人之迷，其日固久。是以聖人方而不割，廉而不劌，直而不肆，光而不燿。

(一)、高亨、老子正詁、第一二一頁、曰：「此言其政濁者，其民厚也。……此言其政清者，其民詐也。缺、獪古通用。」

(二)、丁幅保、老子道德經箋注、第七八頁、曰：「經謂其政閔閔（悶悶）者，人以為無所發揚，日就貧弱，禍且至矣；而不知正福之所倚也。其政察察者，人以為無所不明，將日趨於富強，是福也；而不知正禍之所伏也。此中消失，惟聖人所獨見，眾人孰能知其所至者哉？若然，則果無正定之理耶？言倚伏無窮，不可得而定也。天下之事，奇或為正，正或為奇。善或為妖，妖或為善。是非利害，莫不皆然。此亦禍幅倚伏之意，世人迷而不知，徒分奇正，徒分妖善，其迷蓋非一日矣。」

(三)、成玄英、老子義疏、第三七九頁、曰：「聖人體道方正，軌則蒼生，隨機引誘，因循任物，終不宰割使從己也。……秒體物境，，空幻無可貪取，非關卓爾清廉避世之穢言也。斯則淨穢雙遣，貪廉兩忘，不廉而廉，穢而不穢。……肆，申也。賜質雅正，體無邪諂，而曲從於物，不申己直。……智慧光明，無幽不照，而韜光晦迹，不炫於物，忘其照也。」

案：「**其政悶悶，其民淳淳；其政察察，其民缺缺**」——「悶」者，从心，本指心緒之沉鬱。「其政悶悶」，乃狀乎在上位者，清靜無為，於是政治社會似若因循，無所興替，故其氣氛但見沈鬱、混濁。「其民淳淳」，「淳淳」，敦厚貌。百姓由於享有廣闊而自由之生活空間，無求無爭，故保持其敦厚之性格。

「其政察察」，「察察」，察之又察。「其政察察」，則狀乎在上位者，精明有為，於是政治社會檢討得失，大事變革，故其風尚群起爭競、計較。「其民缺缺」，「缺缺」，高亨、老子正詁、第一二一頁，作狡詐解，（見上文引文）以與淳淳相對，於義最長。百姓由於重視利益或損失之偶然機緣，或趨或避，故萌生狡詐之性格。

「**禍兮福之所倚，福兮禍之所伏。孰知其極？其無正？正復為奇，善復為妖，人之迷，其日固久**」——上段言「其政悶悶」，論者或以為政治社會之氣氛沈鬱、混濁，國家將日趨委靡，是百姓之禍也。殊不知百姓享有廣闊而自由之生活空間，而福實倚乎其中，故曰，「禍兮福之所倚」。反之，「其政察察」，論者或以為政治社會之風尚競爭、計較，國家將日漸發展，是百姓之福也。殊不知百姓重視利益或損失之偶然機緣，而禍實伏乎其中。故曰，「福兮禍之所倚」。

「孰知其極」？「極」者，指禍福相倚相伏而實圓通之深度理由，孰能知之？「其無正」？「其」者，豈也。「正」者，正道。豈無超化乎禍福相倚相伏兩邊之絕對性正道？（依老子學，清靜無為，始為絕對性正道）至於現實上之「以正治國」者，其意在使百姓得福，而百姓亦似若得福，故以為是正道，是善事。其實，禍福轉化之「機」已倚伏其中。既然如此，乃曰「正復為奇」、「善復為妖」「奇」者，不正。「妖」者，不祥。夫現實上所謂正道，則轉化為不正；所謂善事，亦轉化為不祥。「人之迷，其日固久，乃謂世人由於迷惑於正、奇，善、妖之相對性分別固然已久。蓋不知及時自倚伏轉化之機超越之，以臻於絕對。

「是以聖人方而不割，廉而不劌，直而不肆，光而不燿」——上文既論禍福相為倚伏，正、奇，善、妖互為轉化，而其「機」即在其政之悶悶或察察，是以聖人之處世，乃超越其偏執而見其玄德。

(1)「方而不割」，「方」者，方正。方正則見隅角，隅角則可能刺割，而陷主客於於相對性立場。「不割」，則無所刺割。「方而不割」，則其方乃方而不方且無所刺割；方而不方，且無所刺割，是超越相對性立場而臻於絕對性境界之玄德。

(2)「廉而不劌」，「廉」者，稜也。「劌」者，傷害。廉稜則見銳邊，銳邊則可能劌傷，而陷主客於相對性立場。「不劌」，則無所劌傷。「廉而不劌」，則其廉乃廉而不廉且無所劌傷；廉而不廉，且無所劌傷，是超越相對性立場而臻於絕對性境界之玄德。

(3)「直而不肆」，「肆」者，縱肆。正直則見剛強，剛強則可能縱肆，而陷主客於相對性立場。「不肆」，則無所縱肆。「直而不肆」，則其直乃直而不直且無所縱肆；直而不直且無所縱肆，是超越相對性立場而臻於絕對性境界之玄德。

(4)「光而不燿」，「燿」者，炫耀。光輝則見光芒，光芒則可能炫耀，而陷主客於相對性立場。「不燿」，則無所炫耀。「光而不燿」，則其光乃光而不光且無所炫耀；光而不光且無所炫耀，是超越相對性立場而臻於絕對性境界之玄德。

此章，申述政治風氣決定百姓之對應性格。其間，禍、福，正、奇，善、妖，實互為倚伏、轉變。唯聖人圓通其生命之玄德，足以渾化而圓融之。

深根固柢

深根固柢

深根固柢　五十九
治人事天莫若嗇夫唯
嗇是謂早服早服謂之
重積德重積德則無不克
無不克則莫知其極莫

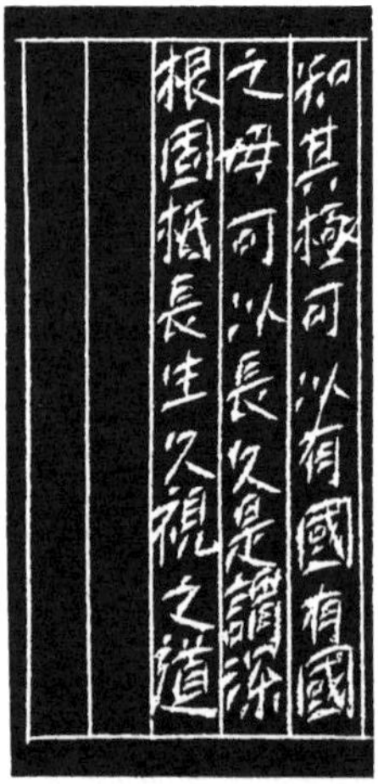
知其極可以有國有國
之母可以長久是謂深
根固柢長生久視之道

第五十九章

治人事天莫若嗇，夫唯嗇，是謂早服；（道）早服（道）謂之重積德。重積德則無不克，無不克莫知其極，莫知其極，可以有國。有國之母，可以長久，是謂深根固柢，長生久視之道。

(一)、王弼、周易注、第七一頁、曰：「莫若，猶莫過也。……上承天命，下綏百姓，莫過於此。」

(二)、高亨、老子正詁、第一二三頁、曰：「（亨按）嗇，从來从㐭。來，麥也。即收麥而藏於㐭中之象也。是嗇本收藏之義，衍為愛而不用之義。此嗇字謂收藏其神形而不用，以歸於無為也。……說文：『柢，根也。』蓋根柢二字對言則別，混言則通也。視讀為寘，寘，置也，立也。」

(三)、朱謙之、老子校釋、第二四一頁、曰：「高亨曰：『竊疑『服』下當有『道』字，『早服道』與『重積德』句法相同，辭意相因，『服道』即二十三章所云『從事於道』之意也。』……謙之案：高說是也。河上公注『早服』句：「早，先也；服，得也。夫獨愛民財，愛精氣，則能先得天道也。』又注『重積德』句云：『先得天道，是謂重積德於己也。』知河上公二句皆有『道』字，今脫。」

案：「**治人事天莫若嗇，夫唯嗇，是謂早服；**（道）**早服**（道）**謂之重積德**」——「治人」，指撫安百姓，百姓之原始情性，樸質良善，治之者，任之而已。「事天」，謂事奉天時，天時之運行有序，周流遍澤，事之者，遵之而已。「莫若嗇」，「莫若」，莫過也。「嗇」者，凝斂精神而不妄施，此為自覺進境之功夫。夫凝斂精神乃能體天道之周流，不妄施則為任百姓之樸質。故曰「莫若」。

「夫唯嗇，是謂早服（道）」據朱謙之老子校釋、第二四一頁，引高亨、老子正詁、及河上公、老子章句，以為兩早服皆脫「道」字：「早服道」即先得天道。（見上文引文）亦即先得運行周流之天道，成全原始質樸之百姓。「重積德」，蓋聖人之所以為聖人，本已體道蓄德，方其治人事天，既經一番「嗇」之功夫，示其通過一番精神自覺之進境，則其所蓄之德愈為增積。故曰「重積德」。

「**重積德則無不克，無不克則莫知其極，莫知其極，可以有國**」——「克」者，勝也。夫通過一番精神自覺進境之「嗇道」，則不論治人，不論事天，皆無不從容而有餘裕。（克）「莫知其極」，「極」者，終也，限度也。即無有限度。「可以有國」，即秉此嗇道以重積德，而治人事天，則有無限之餘裕，故可以順民應天而保有邦國。

「**有國之母，可以長久，是謂深根固柢，長生久視之道**」——「有國之母」，「母」，準依本經、第一章，「有，名萬物之母」之義，乃謂由形而上為萬物生而不生之「無」，轉出形而下，為萬物成而不成之「有」；移之於此句，則為嗇而不嗇之嗇道，為保有邦國之作用，（有也，母也）可以長久存在。

「是謂深根固柢」，「柢」，亦根也。此以樹木為喻，意謂治人事天以嗇道，猶如樹木之深植堅固其根柢。「長生久視之道」，「視」者，高亨、老子正詁、第一二三頁，以為通作「寘」，寘今作置，立也。（見上文引文）此訓至當。此言有國者能本嗇道，則如樹木之長久生存、挺立之大道。

此章，申論凝斂精神，以體天道之周流，任百姓之樸質，可以長久保有邦國。

若亨小鮮

若亨小鮮 六十
治大國若亨小鮮
以道莅天下其鬼
不神非其鬼不神
其神不傷人非其

神不傷人聖人亦
不傷人夫兩不相
傷故交歸焉
德

第六十章

治大國若烹小鮮。以道莅天下，其鬼不神；非其鬼不神，其神不傷人；非其神不傷人，聖人亦不傷人。夫兩不相傷，故德交歸焉。

(一)、河上公、老子章句、第五九頁、曰：「鮮，魚。烹小魚不去腸，不去鱗，不敢撓，恐其靡也。治國煩則下亂，治身煩則精散。」

(二)、韓非子、解老篇、第一〇四頁、[44]曰：「治大國而數變法，則民苦之。是以有道之君，貴虛靜而重變法。故曰，『治大國者若烹小鮮。』」

(三)、高亨、老子正詁、第一二六頁、曰：「亨按：此神字借為魖。說文：『魖，神也，从鬼，申聲。』蓋鬼靈曰魖，故字从鬼，與神義別。其鬼不魖，猶言其鬼不靈耳。『其神不傷人』之神，宜讀為神祇之神。『非』者蓋『不』『唯』兩字之合音。……今繹此文曰：「以道莅天下，其鬼不魖；不唯其鬼不魖，其神不傷人；不唯其神不傷人，聖人亦不傷人。』始

[44] 見王先謙、韓非子集解，臺北市、世界書局印行，民國四十四年、十一月、臺一版。

怡然理順矣。……鬼神不祟人，人不驅鬼神；聖人不病民，民不害聖人，是為兩不相傷。」

（四）、王弼、老子注、第七三頁、曰：「道治，則神不傷人，神不傷人則不知神之為神。道治，則聖人亦不傷人，聖人不傷人，則不知聖人之為聖也。……使不知神聖之為神聖，道之極也。」

案：「**治大國若烹小鮮**」——此句以「若烹小鮮」為喻，而揭示治大國之道術。「小鮮」，小魚。皮薄，肉嫩，骨細。烹之，態度上必須氣定神閒，技巧上必須火候文弱，庶幾不爛不靡。治大國亦然，態度上必須虛靜無為，技巧上必須柔順婉轉，庶幾不擾不傷。如是，則其成也天。

「**以道莅天下，其鬼不神；非其鬼不神，其神不傷人；非其神不傷人，聖人亦不傷人。夫兩不相傷，故德交歸焉**」——此「道」乃指「若烹小鮮」之虛靜無為之道術。「莅天下」，「莅」，今作蒞，即臨治天下百姓。

(1)「其鬼不神」，「神」者，此神字，高亨、老子正詁、第一二六頁，以為借以代䰠，䰠為鬼靈。（見上文引文）此句意謂其鬼不為妖孽。

(2)「非其鬼不神，其神不傷人」，「非」者，高亨、老子正詁、第一二六頁，以為乃「不」「唯」之合音，當作不唯解。（見上文引文）「其神」之「神」，高亨、老子正詁、第一二六頁，以為宜讀為神祇之神。（見上文引文）「非」字，（不唯）乃承上起下，並預留轉折空間之詞。其承上，即複述上句「其鬼不神」；其轉折，則繼敘「其神不傷人」。而構成一「遞進關係」之複句。㊺所轉出者，乃意謂其神祇不為災患。

(3)「非其神不傷人，聖人亦不傷人」，此兩句復用上兩句之遞進關係句法，以「非」（不唯）承上句複述「（不唯）其神（神祇）不傷人」，然後轉出「聖人亦不傷人」。意謂聖人亦不傷害百姓。

夫運用兩次複述、轉出之遞進關係句法，使上下文緊湊銜接，成排山倒海之氣勢。

既然，以「若烹小鮮」之道術臨治天下，不擾不傷，而天下安安。則鬼自為鬼而不為妖，是鬼之不德之德；神自為神而不為災，是神之不德之德；聖人自為聖人而不為傷，是聖人之不德之德。反之，百姓生活於自由自在之天地，對於鬼、神、聖人，亦無所怨尤；對其「不德之德」，亦不德其德。如斯，則鬼、神、聖人之與百姓，無不「相忘乎道術」，（莊子、大宗師篇、第一二三頁之語）故曰鬼、神、聖人之與百姓「兩不相傷」。凡此無德可稱之至德，莫不匯歸於百姓，故曰「德交歸焉」。姑且斷章取義借用荀子、勸學篇、第二頁之語曰：「神莫大於化道，福莫長於無禍。」則百姓之德福無邊矣。

此章，揭示治大國之道術，在於氣定神閒，柔順婉轉。庶幾鬼、神、聖人之與百姓，既不相傷，亦不相德，則百姓德福無邊矣。

㊺參見許世瑛先生、中國文法講話、第十章、第二節、第一九六頁。

牝靜勝牡

牝靜勝牡 六十一
大國者下流天下之交
天下之牝牝常以靜勝
牡以靜為下故大國以
下小國則取小國小國

以下大國則取大國故
或下以取或下而取大
國不過欲兼畜人小國
不過欲入事人夫兩者
各得所欲大者宜為下

第六十一章

大國者下流，天下之交。天下之牝，牝常以靜勝牡，以靜為下。故大國以下小國，則取小國；小國以下大國，則取大國。故或下以取，或下而取。大國不過欲兼畜人，小國不過欲入事人。夫兩者各得其所欲，大者宜為下。

(一)、王弼、周易注、第七三頁、曰：「江海居大而處下，則百川流之。大國居大而處下，則天下流之，故曰大國下流也。天下所歸會也。……大國以下，猶云以大國下小國，小國則附之。大國納之也。」

(二)、高亨、老子正詁、第一二七頁、曰：「……可證『居下流』為古代習用語。居下流者，不敢自滿自傲，故老子取焉。」

(三)、朱謙之、老子校釋、第二五〇頁、曰：「謙之案：『取』字即聚義，上一『取』借為『聚』。……知『取』『聚』字通，不必改字。下二『取』為『聚於』義，即趣義。」

(四)、釋憨山、老子道德經解、第一二〇頁、曰：「且大國之欲，不過兼畜人，非容無以成其大。小國之欲，不過入事人，非忍無以濟其事。兩者既各得其所欲，而大者更宜下。」

(五)、王淮先生、老子探義、第二四三頁、曰：「案：大國以『下』兼畜人，此兼容並畜，德之用也；小國以『下』入事人，此趨利避害，智之用也。避害之事易知，兼容之道難行，故『大者宜為下』也。」

案：「**大國者下流，天下之交。天下之牝，牝常以靜勝牡，以靜為下**」——國際社會之邦國，或大或小，有強有弱，如何相處？依老子之教，大國宜居小國之下流。所謂「居下流」，依高亨、老子正詁、第一二七頁之說，乃古代之習用語，而老子取焉。（見上文引文）蓋謂謙讓為懷，甘苦與共。「天下之交」，即天下交相歸附。猶如本經、第六十六章、曰：「江海所以能為百谷王者，以其善下之，故能為百谷王。」

「天下之牝」，「牝」者，雌類。「牡」者，雄屬。依常態，相對而言，牡動而強，牝靜而弱。然而，牝常以靜得牡之傾服而勝之。「以靜為下」，即牝乃是以靜示其居下流之態度。

大國居下而得小國，牝類守靜以勝牡屬，此服從天運反復之道也。蓋天運者，消息盈虧，反復往來。老子可謂知機而明勢矣。

「**故大國以下小國，則取小國；小國以下大國，則取大國。故或下以取，或下而取。大國不過欲兼畜人，小國不過欲入事人。兩者各得其所欲，大者宜為下**」——上段既示居下而得，守靜致勝之關鍵，此段則承之，

(1)第一組偶句，前句之上句，「大國以下小國」，其原句型當為「以大國為小國下」，則成致使句。其下句，「取小國」，如果改為「為小國取」，則成被動語態。如是，比

較切合老子學之性格。因此，此一組偶句之前句，實在遵循一假然推理之理路，即：（如果）以大國而居小國之下流，（則）為小國所歸附。（取，聚也，歸附也。參見上文朱謙之、老子校釋、第二五〇頁之說引文）同理，後句之上句，「小國以下大國」，其原句型亦當為「以小國為大國下」，亦成致使句。其下句，「取大國」，如果亦改為「為大國取」，亦成被動語態。如是，亦比較切合老子學之性格。因此，此一組偶句之後句，實在亦遵循一假然推理之理路，即：（如果）以小國而居大國之下流，（則）為大國所容納。（取，聚也。容納也。參見上文朱謙之、老子校釋、第二五〇頁之說引文）

(2)第二組偶句，「故或下以取，或下而取」，乃以或然性句法，簡略複述第一組偶句，以窮盡「以大國而居小國之下流，為小國所歸附」；與乎「以小國而居大國之下流，為大國所容納」，而強調兩者各皆有其效應。

(3)第三組偶句，「大國不過欲兼畜人，小國不過欲入事人」，闡釋大國居小國之下流，其意欲在於兼畜人「以成其大」；小國居大國之下流，其意欲在於入事人「以濟其事」。（「以成其大」，「以濟其事」，兩句為釋憨山、老子道德經解、第二二〇頁之語，見上文引文）「夫兩者各得其所欲」，即，大國而居小國之下流，所以兼畜人「以成其大」；與乎小國而居大國之下流，所以入事人「以濟其事」。夫國際社會，大小、強弱，固實然之差異；而權益之爭奪，意氣之對抗，亦無可避免。老子「居下流」之教誡，乃所以超越差異，消弭抗爭；以各安其分際，而共致其祥和。「大者宜為下」，著一「宜」字，意在期望天下交相歸附，則小者自為所涵蓋。

此章，勸勉國際社會之邦國，勿論大小，皆宜以謙讓居下流，「以成其大」，「以濟其事」，而致祥和。

道與萬物

道與萬物 六十二
道者萬物之奧善人之
寶不善人之所保美言
可以市尊行可以加人
人之不善何棄之有故

立天子置三公雖有拱
璧以先駟馬不如坐進
此道古之所以貴此道
者何不曰以求得有罪
以免邪故為天下貴

第六十二章

道者，萬物之奧。善人之寶，不善人之所保。美言可以市尊，（美）行可以加人。人之不善，何棄之有？故立天子，置三公；雖有拱璧以先駟馬，不如坐進此道。古之所以貴此道者何？不曰以求得，有罪以免邪？故為天下貴。

(一)、河上公、老子章句、第六二頁、曰：「奧，藏也。道為萬物之藏，無所不容也。……人雖不善，當以道化之，蓋三皇之前，無有棄民，德化淳也。」

(二)、王弼、老子注、第七五頁、曰：「寶以為用也，保以全也。……言故立天子，置三公，尊其位，重其人，所以為道也。物無有貴於此者，故雖有拱抱寶璧以先駟馬而進之，不如坐而進此道也。」

(三)、俞曲園、諸子（老子）平議、第九二頁、曰：「樾謹案：淮南子、道應篇、人間篇，引此文，並作美言可以市尊，美行可以加人。是今本脫下『美』字。……唐、景龍碑及傳奕本，並作『求以得』，正與『有罪以免』相對成文，當從之。『古之所以貴此道者何』？九字為句，乃設為問辭以曉人也；『不曰求以得，有罪以免邪』？言人能修道，則所求者可以得，有罪者可以免也。『不曰』字、『邪』字相應，猶言豈不以此邪？謙不敢質言也。下云，『故為天下貴』，則自問還自答也。」

案：「道者，萬物之奧。善人之寶，不善人之所保。美言可以市尊，（美）**行可以加人。人之不善，何棄之有」**——「奧」者，藏也。自宇宙立場觀之，道者，自然也。萬物莫不始於自然，（道）莫不終於自然，（道）即終始歷程莫不為道（自然）所涵蓋。是以道（自然）者，萬物之無盡藏焉，（道家義之道德價值亦賅焉）故曰，「道者，萬物之奧」。

「善人之寶，不善人之所保」，自實踐之立場觀之，善人之所以為善人，莫不遵道以實踐，故寶之。不善之人，實亦道所生成，然而，或出於主觀之迷戀，或由於客觀之誘惑，以致有所偏失；唯「道」之遵從，乃所以保而全之，故曰「所保」。是故，循乎道，如果具體化為「美言」，則「可以市尊」，「市」者，交易。「市尊」，即獲得尊崇。故曰「美言可以市尊」。如果具體化為「（美）行」，（「美」字今本脫，據俞曲園、諸子（老子）平議、第九二頁所考，當補。）則「可以加人」，「加」者，居乎其上。「加人」，即德望榮乎常人。故曰（美）行可以加人。此兩句，乃與上句「善人之寶」相迴應。「人之不善」，非本質理由之差異，乃外緣理由所導致。既然，「道」為「不善人之所保」，因此，一旦自覺以遵循，保以全之，則亦善人無殊，故曰「何棄之有」？誠不可棄也。此句，乃與上句「不善人之所保」相迴應。夫「善人」、「不善人」，乃人間之相對性道德價值判斷。而道化所及，善人寶以用之，不善人保以全之，則莫不盡藏（奧）於道，為所渾化、淨化，自爾各如其所如而無不善。

「故立天子，置三公；雖有拱璧以先駟馬，不如坐進此道」——既為萬物之奧，（藏）

其大用即在使萬物所共由。為使萬物所共由，則必須轉出客觀之政治架構，故「立天子，置三公」，「三公」，即周制之太師、太傅、太保。蓋以老子義之道德人格，居政治社會之高位，以「與民為善」，此所以貴乎道。至於「雖有拱璧以先駟馬」，高亨、老子正詁、第一三〇頁，曰：「猶云雖有拱璧駟馬以聘矣。」，蓋以表示尊榮之禮敬，但總屬世俗之價值而已。「不如坐進此道」，「坐」者，吳澄、道德經注、第一一九頁作跪解，最得古人之習慣。蓋古人席地而坐，乃屈膝作跪狀；及其進獻，則挺直其身以示恭敬，故曰「坐進」。「坐進此道」，即恭敬進獻此「道」，以期寶善人且保不善，而共由藏(奧)萬物之化道。

「古之所以貴此道者何？不曰『以求得，有罪以免』邪？故為天下貴。」——「古之所以貴此道者」，此設問之句法，著一「古」字，為道作歷史定位。著一「貴」字，為道作價值定性。「何不曰……邪？」「何」字屬上句。「不曰……邪」，則以反問句法，窮盡語意，承上句表示肯定答案。(參見上文引文，俞曲園、諸子(老子)平議、第九二頁之說)「以求得」，俞曲園、諸子(老子)平議、第九二頁，以為當作「求以得」，以與「有罪以免」相對成文，(見上文引文)甚是。「求以得」，「以」者，因而。即求道，因而得之，蓋「道不遠人」也。「有罪以免」，「以」者，亦因而之意。即有罪之人，求得此道，亦因而自我超化，而免於罪。此句又與上句「不善人之所保」相迴應。夫道，不僅為「善人之寶」，並為「不善人之所保」故「為天下貴」。

此章，申明「道」者，涵蓋及於萬物，不論善、不善，皆為所渾化，故為絕對貴。

報怨以德

報怨以德　六十三
為無為事無事味無味
大小多少報怨以德圖
難於其易為大於其細
天下難事必作於易天
下大事必作於細是以
聖人終不為大故能成其
大夫輕諾必寡信多易
必多難是以聖人猶難
之故終無難矣

第六十三章

為無為，事無重，味無味。大小多少，報怨以德。圖難於其易，為大於其細；天下難事，必作於易；天下大事，必作於細。是以聖人終不為大，故能成其大。夫輕諾必寡信，多易必多難。是以聖人猶難之，故終無難矣。

(一)、焦竑、老子翼、第三八六頁、曰：「蘇（子由）註：聖人為無為，故無所不為。事無事，故無所不事。味無味，故無所不味。其於大小多少，一以道遇之而已。蓋人情之所不忘者，怨也；然及其愛惡之情忘，則雖報怨猶報德也。」

(二)、吳澄、道德經注、第一二一頁、曰：「作，起也。所以得遂其無為者，能圖其難於易之時，為其大於細之時也。天下之事，始易而終難，始細而終大。終之難起於始之易，終之大起於始之細。故圖之、為之於其易、細之始，則其終可不至於難，可馴至於大，而不勞心勞力，所以能無為。……上言事之難易，此言心之難易。始焉，輕易諾人者，其終難於踐言，則寡信矣。始之多易者，終必多難。故不待至終難之時，而心以為難。雖始易之時，而心猶難之，始終皆不敢易，所以終無難。」

案：「為無為，事無事，味無味」——體道之聖人，其治國臨民，凡事循乎自然，是

故，

(1)「為無為」，即以「無為」為「為」；反之，雖「為」而實「無為」；以其循乎自然，故雖「無為」，而無不為。蓋示所體之道，自然以運行。

(2)「事無事」，即以「無事」為「事」；反之，雖「事」而實「無事」；以其循乎自然，故雖「無事」，而無不事。蓋示所體之道，自然以成功。

(3)「味無味」，即以「無味」為「味」；反之，雖「味」而實「無味」；以其循乎自然，故雖「無味」，而無不味。蓋示所體之道，自然以恬淡。

以上三句，以致使句之句法，表達隨立隨掃之技巧，展示自我超升至絕對性之玄然境界。

「**大小多少，報怨以德**」——「大小多少」，屬現象界之相對性分別；如果體道（絕對性立場）以觀之，其差別相渾然泯滅，則各如其所如，無所分別矣。「報怨以德」，有怨有德，乃心理上之實然感應，體乎道，則渾然超化，雖過而不留。尤其「報怨以德」，則怨而無怨，德亦無德；怨德渾然超化，而各如其所如。泯滅大小多少，超化怨德，則道之玄然大用見矣。

「**圖難於其易，為大於其細；天下難事，必作於易；天下大事，必作於細。是以聖人終不為大，故能成其大**」——「作」者，起也。天下事，自心理感受言之，有難有易，有大有小，此現實社會之相對性分別。其「事」之之步驟，自當「圖難於其易」之時，「為大於其細」之時。夫天下難事，既作於易，易之既作，則馴至無難。天下大事，既作於細，細之既作，則積漸為大。如果綜觀道之生成萬物，一生一切生，何有難易之分？一成一切成，何有大細之別？至於聖人乃自道之玄然大用立場，以「事無事」而已。以其「無事」，則難易大小之相對性分別，其心不生，其辨不起，故曰，「終不為大」；因其以「無事」為「事」，則無不成，故曰，「能成其大」。

「夫輕諾必寡信，多易必多難。是以聖人猶難之，故終無難矣」——「諾」者，以言語應許人。「輕諾」，即輕率以言語應許人。以其輕於諾，於以後履約之時，可能遭遇意想不及之阻難，而致失信，故曰「輕諾必寡信」。「多易」，即屢存輕率之態度；「多難」，即屢遭意外之阻難。故曰「多易必多難」。「是以聖人猶難之」，蓋聖人上體天道，下達人情，方其面對看似平易之事，深知易中有難，難在易中，故曰「猶難之」。然而聖人「為無為」，「事無事」，則「難」「易」一機而化，故曰「終無難矣」。

此章，闡述「道」之特性，在自然而運，淡然自樸。而實踐之者，則當自易者、細者始；於是難者、大者莫不當機而化。唯聖人為能通達其中要妙。

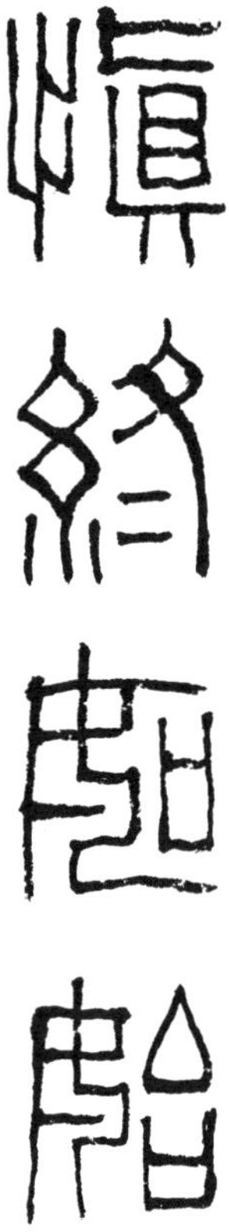
慎終如始

慎終如始

慎終如始 六十四
其安易持其兆易謀其
未
脆易泮其微易散為之
於未有治之於未亂合

抱之木生於毫末九層
之臺起於累土千里之
行始於足下民之從事
常於幾成而敗之慎終
如始則無敗事是以聖

人欲不欲不貴難得之
貨學不學復眾人之所
過以輔萬物之自然而
不敢為

第六十四章

其安易持，其未兆易謀，其脆易泮，其微易散。為之於未有，治之於未亂。合抱之木，生於毫末；九層之臺，起於累土；千里之行，始於足下。（為者敗之，執者失之。是以聖人無為故無敗，無執故無失）民之從事，常於幾成而敗之。慎終如始，則無敗事。是以聖人欲不欲，不貴難得之貨；學不學，復眾人之所過。以輔萬物之自然而不敢為。

(一)、呂喦、道德經解、第六十頁、曰：「此示人以審幾之學，而下文復推廣言之。欲人以自然者、恆其德也。脆，柔薄。微，細弱。未兆易謀，故為之於未有。其安易持，故治之於未亂。」

(二)、高亨、老子正詁、第一三三頁、曰：「亨按：累當讀為蔂，土籠也。起於累土，猶言起於蔂土也。

(三)、朱謙之、老子校釋、第二六一頁、曰：「奚侗曰：（『為者……』）四句與上下文誼不相屬，此二十九章中文，彼章挩下二句，誤羼於此。」

(四)、釋憨山、老子道德經解、第二三二頁、曰：「若夫眾人之所欲者，功名利祿，玉帛珍奇；所學者，權謀智巧，火馳於此，往而不返，皆其過也。至於道德無為，皆以為賤而所不欲，以為無用而不學。」

(五)、河上公、老子章句、第六三頁、曰：「眾人學問，反過本為末，過實為華。復之者，使反本也。」

案：「**其安易持，其未兆易謀，其脆易泮，其微易散。為之於未有，治之於未亂**」——此段，呂嵒、道德經解、第六〇頁，以為乃「示人以審幾之學」，（見上文引文）誠然。所謂「幾」者，易、繫辭下傳、第五章、第五〇一頁、曰：「幾者，動之微，吉之先見者也。」蓋謂事勢之發端也。「審幾」，即審察事勢之發端，並判斷其可能之趣向。夫事勢之發展，每為依因待緣。因者，主要理由；緣者，輔助條件。大概審察事勢發展，其未發生將發生之端倪，則可運用外在條件，導引其自然趣向正確之方向。此即「無為而無不為」之道。

(1)「其安易持」，當其安定之時，則容易持守；並知居安思危，以免危殆之來束手無策。

(2)「其未兆易謀」，「兆」者，事勢發展即將發生之徵象。「未兆」，即事勢發展其徵象尚未出現。「易謀」，即容易及時導正，以免局面形成而錯失良機。

(3)「其脆易泮」，「泮」者，通作判，分解也。當其情勢脆弱之時，則容易趁早支解，以免其發展轉為堅固而無可奈何。

(4)「其微易散」，「微」者，微細。當其力量微細之時，則容易促使離散，以免壯大而難於治理。

以上，乃所舉之四端，藉以指點事勢之發展，於過程中一直變化不已，實為自然之趨向。聖人則當善於「審幾」，於其安、其未兆、其脆、其微，而尚未顯露敗象之際，所謂「未有」也。「為之」者，即持之、謀之、泮之、散之。「治之於未亂」，老子所謂「治之」，非主觀作為之介入，乃於未亂之時，善於因勢利導，使之遵循自然之道以轉化而致治。

「合抱之木，生於毫末；九層之臺，起於累土；千里之行，始於足下。（為者敗之，執者失之。是以聖人無為故無敗，無執故無失）**民之從事，常於幾成而敗之。慎終如始，則無敗事」**──

「累」者，高亨、老子正詁、第一三三頁，以為當讀為蔂，土籠也。（見上文引文）俗謂之籮筐。「合抱之木，生於毫末」，意謂二人合抱粗壯之樹木，乃由於自毫末之細芽生長而成。「九層之臺，起於累土」，意謂九層之高臺，乃由每一籮筐之土堆積而起。「千里之行，始於足下」，意謂千里之行程，乃由每一步伐開始而至。以上三句，乃舉經驗生活中之生者、之成者、之致者，皆有所始，以依序累積，而至於成，斯乃自然之道。

（「為者敗之，執者失之。是以聖人無為故無敗，無執故無失」），四句，朱謙之、老子校釋、第二六一頁，引奚侗之語，以為屬錯簡。（見上文引文）誠為有理，應該刪棄。蓋上文先言審幾之要，次言始終之道；下文繼之叮囑慎終如始之務，刪此四句乃見意脈上下一貫。

「民之從事，常於幾成而敗之」，「幾」者，近也。近於成而敗之，其故何哉？蓋事勢之發展過程，每有外在因素之介入，以致橫生枝節；而個人之心智，又不足以窮盡其曲折，故「敗之」。「慎終如始」，著一「慎」字，則「無為而無不為」之玄德見矣。庶幾終始「無敗事」。

「是以聖人欲不欲，不貴難得之貨；學不學，復眾人之所過。以輔萬物之自然而不敢為」——「欲不欲」，即以「不欲」為欲。反之，雖欲而實不欲。俗世所欲者，功名富貴，珍寶玉帛，……而聖人之欲，唯順應自然而已；不欲，故無所執著。是以其舉例曰，「不貴難得之貨」。

「學不學」，即以「不學」為學。反之，雖學，而實不學。俗世所學者，權謀智巧，經驗知識，……即本經、第四十八章所謂「為學日益」。而聖人之學，唯契悟天道而已；不學，故無所投注。即本經、第四十八章所謂「為道日損」。是以其期望在於「復眾人之所過」。「復」者，反也。「過」者，偏失。即，使眾人之偏失反復於道。

「以輔萬物之自然而不敢為」，「輔」，助也。「萬物」，萬事。萬事之發展，有其主因，有其助緣，並且往往服從拋物線之過程，以成其始終。此自然之趣向。輔之者，蓋老子之學，固然是凡事順應自然；但亦不可過於放任自然，以免流於雜亂無章。是以輔之之道，依此章上文之義，自當①、審其幾而明其勢。②、恆其志以導其正；則萬事莫不遵循健行之自然；輔而不輔是也。此外，聖人自爾本此輔而不輔之玄德而「不敢為」。

此章，論治國，當審察事勢發展之趨向，以導正之。並慎其始且成其終，庶幾無敗事。是以聖人潔淨心智，而輔導眾人遵循自然之道。

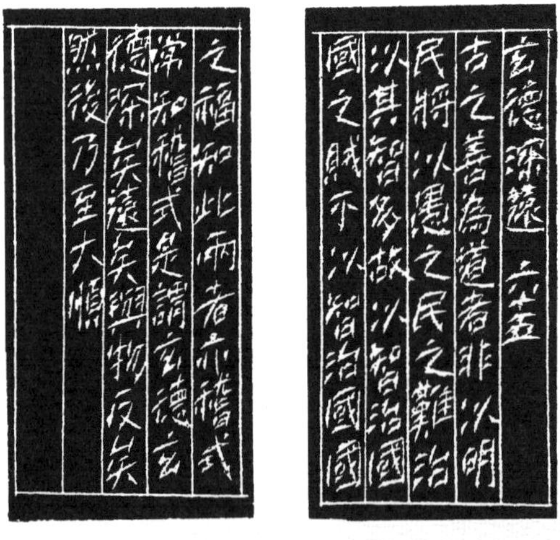

玄德深遠　六十五
古之善為道者非以明
民將以愚之民之難治
以其智多故以智治國
國之賊不以智治國國
之福知此兩者亦稽式
常知稽式是謂玄德玄
德深矣遠矣與物反矣
然後乃至大順

第六十五章

古之善為道者，非以明民，將以愚之。民之難治，以其智多。故以智治國，國之賊；不以智治國，國之福。知此兩者亦稽式。常知稽式，是謂玄德。玄德深矣遠矣！與物反矣，然後乃至大順。

(一)、朱謙之、老子校釋、第二六四頁、曰：「蓋老子所謂古之善為道者，乃率民相安於悶悶、淳淳之天，先自全其愚人之心，乃推以自全者全人耳。」

(二)、王弼、老子注、第七八頁、曰：「明，謂多見巧詐蔽其樸也。愚，謂無知守真順自然也。……（『與物反矣』）反其真也。」

(三)、高亨、老子正詁、第一三四頁、曰：「亨按：王本『知』字涉下文而衍。稽讀為楷。廣雅、釋詁：『楷，法也。』說文：『式，法也。』稽、楷古通用。……此兩者亦稽式，言『以智治國，國之賊；不以智治國，國之福』二者，乃治國之法則也。衍一『知』字則不可通。」

案：「古之善為道者，非以明民，將以愚之」——此章一起筆，先著一「古」字，頗有寄託其理想性之意味。「為道」，踐行斯道也。「明民」、「愚之」（民），兩者皆為致使句，即使民明、使之（民）愚。使民明，即啟發百姓之俗智，使之精明。使之（民）愚，即保全百姓之質性，使之渾厚。如果以精神發展之進境衡之，①、最初階段為原始諧和。案老子之理想性格，在於返璞歸真，其所主張之「愚之」，（民）即屬於此一層次，故曰「將以愚之（民）」。②、承繼前一階段，則為自我破裂。案此為曲折之發展，老子所謂之「明民」，則屬此一階段，實有其過程之意義，而老子「非」之，故曰「非以明民」。③、然後，臻於最高境界，則為再度諧和。精神進境至於此，始為充實圓滿之璞真。惜乎老子未能至焉。

「民之難治，以其智多。故以智治國，國之賊；不以智治國，國之福。知此兩者亦稽式」——所謂「智」者，乃指俗智言。於民言之，即上句「非以明民」之精明義。蓋精明之俗智，每出於私心，用為巧偽。由於俗智太多，是人間所以爭，社會所以亂，故曰「民之難治，以其智多」。相應而觀，於君言之，如果國君亦以俗智對治，則出於機心，用為權術。則上下勾心鬥角，無有寧日矣。此即本經、第五十八章所謂之「其政察察，其民缺缺」。故曰「以智治國，國之賊」。「賊」者，害也。反而言之，「不以智治國」，即精明內斂，垂拱無為，使民各安其業，各守其樸。則天清地寧。此即本經、第五十八章所謂之「其政悶悶，其民淳淳」。故曰「國之福」。案此治國之「不以（俗）智」，而以道智也。夫以「不」字遮撥治國所用之俗智，暗示其所透顯者為道智。以道智治國，乃治而不治，「非以明民，將以愚之」。

「知此兩者亦稽式」，「稽」者，依高亨、老子正詁、第一三七頁之說，（見上文引文）

同音相假借以通楷。「稽式」，法則。「此兩者」，乃指「以（俗）智治國」，與「不以（俗）智（以道智）治國」之兩種治道形態。其實，「以（俗）智治國」乃指負面之鑑戒。「不以（俗）智（以道智）治國」，始為正面之價值。至於稱之為「兩者亦稽式」，則是以是非雙照之筆法，兼舉之以為負面鑑戒與正面價值之法則。

「**常知稽式，是謂玄德。玄德深矣遠矣！與物反矣，然後乃至大順**」——「知」者，悟而知之。常以悟知負面鑑戒之「以（俗）智治國」，與乎正面價值之「不以（俗）智（以道智）治國」兩種法則，並知捨俗智、取道智；既取道智以治國，則其道智實用而不用，不用而大用。其治國則治而不治，不治而大治矣，誠為「國之福」，故曰「是謂玄德」。

玄德之「深矣」，美其深度之不可測；「遠矣」，讚其廣度之不可量。蓋其通徹及於形而下、形而上兩層次。以其通徹及於形而下，故大用無窮；以其通徹及於形而上，則一無所用故也。「與物反矣」，「與」者，孟子、公孫丑篇上、第四九頁、「與人為善」句，朱子集註、曰：「與，猶許也，助也。」「物」者，人也。「反」者，復也；王弼、周易注、第七八頁、曰：「反其真也。」（見上文引文）「與物反矣」，即助許百姓返璞歸真。「然後乃至大順」，「乃」者，才也，能也。「順」者，遵循乎道。「大順」，自自然然遵循乎自然之道。蓋謂玄德深矣遠矣，助許百姓返璞歸真，然後始能至於共同自自然然遵循乎自然之道。

此章，論民之意識形態，君之治國道術，以共歸於璞真、自然之意識形態為高格。

江海善下

江海善下 六十六
江海所以能為百谷王
者以其善下之故能為
百谷王是以欲上民必
以言下之欲先民必以

身後之是以聖人處上
而民不重處前而不害
是以天下樂推而民
不厭以其不爭故天下
莫能與之爭

第六十六章

江海所以能為百谷王者，以其善下之，故能為百谷王。是以欲上民，必以言下之；欲先民，必以身後之。是以聖人處上而民不重，處前而民不害，是以天下樂推而不厭。以其不爭，故天下莫能與之爭。

(一)、朱謙之、老子校釋、第二六七頁、曰：「丁仲祜曰：『水注谿曰谷。』……謙之案：『王』，往也。『百谷王』，謂百川之所歸往，故能為百谷長也。」

(二)、焦竑、老子翼、第四〇九頁、曰：「呂（惠卿）註……聖人之有天下也，以言其位，則固欲上人也。然以孤寡不穀為稱，而受國之垢與不祥，則以其主言下之也。以言其序，則固欲先人也。然迫而後動，感而後應，不得已而後起，則以其身後之也。夫惟以其言下之，則處上而人不重，不重則以戴之為輕矣。以其身後之，則處前而人不害，不害則以從之為利矣。」

(三)、高亨、老子正詁、第一三五頁、曰：「民戴其君，若有重負以為大累，即此文所謂重，故重猶累也。而民不重，言民不以為累也。」

(四)、王淮先生、老子探義、第三五七頁、曰：「此章首言『善下』，末言『不爭』。

善下，喻君『德』之感受；不爭，喻君『道』之柔弱。又上言『天下樂推而不厭』，喻『盛德』之效；此言『天下莫能與之爭』，喻『柔道』之用。德愈盛而道愈柔，此其所以『體』深極而『用』廣大也。」

案：「江海所以能為百谷王者，以其善下之，故能為百谷王」——朱謙之、老子校釋、第二六七頁，解之曰，「百谷」，百川。「王」，天下所歸往者。（俱見上文引文）百谷之水，順下而流，歸往江海。江海所以為百谷所歸往者，以其居下而涵容，故為「百谷王」。老子善於觀察自然現象，體悟天道運行，於焉，而培養其謙退涵容之德量。

「是以欲上民，必以言下之；欲先民，必以身後之。是以聖人處上而民不重，處前而民不害，是以天下樂推而不厭」——上段，「百谷王」之喻，旨在教人君當善於涵容其民，即：①、「欲上民」，意謂地位欲居民之上，為使民誠心悅服，必須「以言下之」。「下之」，即為之下。即言辭顏色必須委婉而懇切，以示德量之涵容，氣度之親和。②、「欲先民」，意謂權勢欲居民之前，為使民興發景從，必須「以身後之」。「後之」，即為之後。即態度行事必須謙退以隨緣，以示虛靜而柔弱，無為而自成。

「是以聖人處上而民不重」，「聖人處上」，即其地位居民之上，民以聖人之言辭顏色委婉懇切，而保有廣闊之活動空間，故「不重」。「不重」，即精神上厭力不大。「聖人處前」，即其權勢在民之前，民以聖人之態度行事謙退隨緣，而享有充分之自由步調，故「不害」。「不害」，即進退間無所妨礙。「是以天下樂推而不厭」，「樂推」，樂於擁戴。「不厭」，不生厭惡。

「以其不爭，故天下莫能與之爭」——夫「爭」，即落入對立格局，一則勝負殊難預料，再則傷害不可避免。老子善於觀水，夫「水」，居下而涵容，故無不歸；體柔而用強，故無不勝。是以「天下莫能與之爭」。其實，老子所言之「以其不爭，故天下莫能與之爭」，乃爭而不爭。「不爭」，乃超越對立之格局；「爭」，乃臻於絕對性立場，掌握天運反復之「機」，以待天下之歸往。

此章，以江海善下百谷為喻，勸勉人君亦當培養謙退、涵容之德量，以為天下所歸往。

慈儉忌先
慈儉
忌先
慈儉忌先 六七
天下皆謂我道大似不
肖夫唯大故不肖若肖
似
久矣其細也夫我有三
寶持而保之一曰慈二
曰儉三曰不敢為天下
先慈故能勇儉故能廣
不敢為天下先故能成
器長今舍慈且勇舍儉
且廣舍後且先死矣夫
慈以戰則勝以守則固
天將救之以慈衛之

第六十七章

天下皆謂我道大，似不肖。夫唯大，故似不肖。若肖，久矣其細也夫。我有三寶，持而保之。一曰慈，二曰儉三曰不敢為天下先。慈故能勇，儉故能廣，不敢為天下先，故能（為）成器長。今舍慈且勇，舍儉且廣，舍後且先，死矣。夫慈以戰則勝，以守則固。天將救之，以慈衛之。

（一）、陸西星、老子玄覽、第一二三頁、曰：「……蓋道渾兮其無名相，泛兮其可左右，無可見明，無可稱述，所以似不肖者，大故也。若肖，則滯於名言，屬於指擬，亦物而已。」

（二）、王弼、老子注、第八〇頁、曰：「久矣其細，猶曰其細久矣。……且猶取也。」

（三）、俞曲園、諸子（老子）平議、第九三頁、曰：「……至『故能』下有『為』字，則當從之。……然則成器者，大器也。二十九章，天下神器，不可為也。爾雅、釋詁，神，重也。神器為重器，成器為大器。二者並以天下言。質言之，則止是不敢為天下先，故能為天下長耳。乃上言天下而下變文言成器，古人自有此例。」

案：「天下皆謂我道大，似不肖。夫唯大，故似不肖。若肖，久矣其細也夫」──老子

自我辯白，「天下皆謂我道大」，「大」者，乃相狀、體積之形容，屬於形而下相對性概念。天下人即以此形而下相對性概念「大」形容「道」，然而又以為「似不肖」，「肖」者，像也。即感覺似乎無所肖像。

老子應之曰，「夫唯大，故似不肖，……」此所謂「大」，乃隨順「天下皆謂我……」者，姑且假借形而下相對性概念以為形容，然實不相應，蓋另有妙義在。夫「道」者，屬於形而上絕對性存在，非形而下相對性概念所可形容。故本經、第二十五章，有曰：「有物混成，……字之曰道，強為之名曰大，大曰逝……」即姑狀之曰「大」，復掃之曰「逝」。唯期緣此思路，以有所心領神會，並且不致流於執著。其實，「我道」自是高遠之精神境界，如果姑且狀之曰「大」，則為絕對性之「大」，「故似不肖」，即於形而下具體世界似乎無所肖像。

反而言之，「若肖」，如果於形而下具體世界有所肖像，則「久矣其細也夫」。此句，王弼、老子注、第八〇頁，以為乃「其細也夫久矣」之倒裝句。（見上文引文）意謂其為具體世界之具體事物已久矣。

「**我有三寶，持而保之。一曰慈，二曰儉，三曰不敢為天下先。慈故能勇，儉故能廣，不敢為天下先，故能（為）成器長**」——此所謂「三寶」，乃老子默契大「道」，所呈現之三大德用，故執持而保存之。

(1)、「慈」，乃體乎道所呈現之德用情懷，表現為坤道之愛，如慈母之情被子女，即以柔順之形態，委盡曲折。其功則在無成無不成。此中之推盪作用，即是所謂

「勇」也，故曰「慈故能勇」。

(2)、「儉」，自我約制。生命於任運而化過程中，能自我約制，則欲望不萌生，意念不紛歧，而精神內斂，上契天道，無被而無不被，故曰「儉故能廣」。

(3)、「不敢為天下先」，此謙退之精神，如天道之自運，無所作，無所為，並不生萬物而萬物由之以自生自成。移之政治社會，「故能成器長」，此句，據俞曲園、諸子（老子）平議、第九三頁之考證：①、「故能」下當有「為」字。②、「成器」，即大器，象徵天下。（見上文引文）意謂，「不敢為天下先」之謙退精神，始能為天下之君長，是不先而先也，故曰「故能成器長」。

老子所倡之「慈」，既為體乎道所呈現之德用情懷，則約己以儉，任事謙退，皆為所涵焉。

「**今舍慈且勇，舍儉且廣，舍後且先，死矣。夫慈以戰則勝，以守則固。天將救之，以慈衛之**」——「今」者，裴學海、右書虛字集釋、第三四七頁、曰：「今猶若也。」「且」者，王弼、老子注、第八〇頁，作取解。（見上文引文）「今舍慈且勇，舍儉且廣，舍後且先」，意謂，如果（今）舍慈、舍儉、舍後，而取（且）勇、取廣、取先，則所取（且）者，乃唯勇、唯廣、唯先而已。則為舍本逐末，以各恃其智，各逞其能。「死矣」，即相應「慈故能勇」，「儉故能廣」，「不敢為天下先，故能成器長」之玄德大用言，已走上無所迴旋之絕路。

「夫慈以戰則勝，以守則固」，「以」者，用（於）也。由於心存坤道之慈愛，於無成無不成之推盪作用，一旦「以戰」，則以玄成而「勝」。一旦「以守」，則亦以玄成而

「固」。「天將救之，以慈衛之」，即天將拯救斯民於困厄，得道者，則以慈捍衛之。

此章，老子辯白，「我道」為絕對性之大。其德用之具體化則為「三寶」；施於保國衛民，則無不玄然而大成。

不爭之德

不爭之德

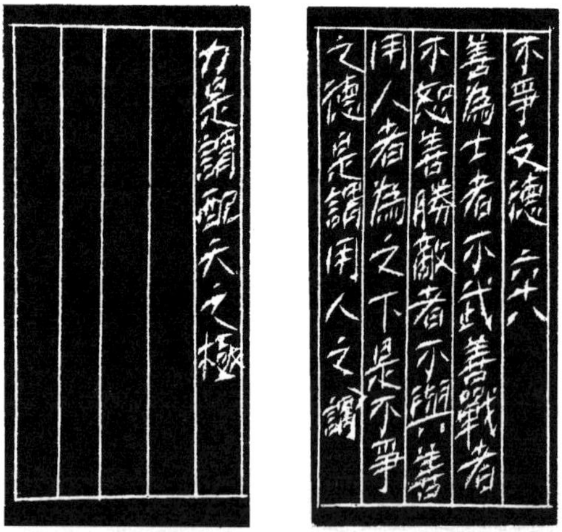
不爭之德 六十八
善為士者不武善戰者
不怒善勝敵者不與善
用人者為之下是不爭
之德是謂用人之
力是謂配天之極

第六十八章

善為士者不武，善戰者不怒，善勝敵者不與，善用人者為之下。是謂不爭之德，是謂用人之力，是謂配天(古)之極。

(一)、王弼、周易注、第八一頁、曰：「士，卒之帥也。」

(二)、釋憨山、老子道德經解、第二四二頁、曰：「士者，介胄之士。武者，武勇。然士以武為主，戰以怒為主，勝敵以爭為主。三者又以氣為主。……此章主意全在不用氣上做工夫，即前云專氣致柔，能如嬰兒。」

(三)、朱謙之、老子校釋、第二七五頁、曰：「陶鴻慶曰……『與』即『爭』也。……王氏引之、經義述聞，謂『古者相當、相敵，皆謂之與』。」

(四)、王淮先生、老子探義、第二六二頁、曰：「夫對鬥而後勝敵，非善也。善勝敵者，軍旅不興，兵刃不接，而敵降服。」

(五)、俞曲園、諸子(老子)平義、第九三頁、曰：「……疑古字衍文也。是謂配天之極六字為句。與上文是謂不爭之德，是謂用人之力，文法一律。其衍古字者，古即天也。」

案：「善為士者不武，善戰者不怒，善勝敵者不與，善用人者為之下」——「士」，於西周原為卿大夫之子弟，有文士與武士之分。時至春秋，乃逐漸自覺以承當時代使命。故論語、泰伯篇、第五一頁、曰：「士不可以不弘毅，任重而道遠。」

此章所言之「士」，當指歷練有成之武士，故王弼、周易注、第八一頁、曰：「士，卒之帥也。」「善為士」，則言具有老學素養而善於為將帥者。「不武」，「武」者，勇也。武之勇，乃屬血氣之勇。不武，即不恃其血氣之勇。不恃其血氣之勇，斯為大勇。故「不武」實為大勇而不武。

「善戰者不怒」，「戰」者，鬥也，角其勝負也。「怒」者，憤也，氣機之鼓盪也。「不怒」，即不鼓盪其氣機。戰而不怒以稱善戰，是其威之大。故「不怒」實為大威而不怒。

「善勝敵者不與」，「與」者，爭也。爭則意氣落於對抗之格局。「不爭」，則不落於意氣對抗之格局；「善勝敵」，則誠如王淮先生、老子探義、第二六二頁所言，「軍旅不興，兵刃不接，而敵降服」。故「不與」實為大爭而不與。

「善用人者為之下」，「用人」，乃居其上而使令之。使令人而用之，為求統一使令，每揮灑一股凌人之氣概。於是，用人之人與被用之人，乃處於對立之格局，被用之人僅為有限之數量存在。「善用人者」果能「為之下」，則能「以德服人」，使乎智者盡其智，能者盡其能，力者盡其力，皆為所用；然後用之者，綜其所盡之智、所盡之能、所盡之力，以成其功；斯為大用。故「為天下」實為大用而為之下。

此段四句，乃老子論統兵作戰之道，夫世俗之統兵作戰，所重者在作其氣，其具體形態則為儀態之武勇，臨陣之怒憤，對抗之與爭，用人之凌駕。老子不取也，蓋有違天道自然也。故以詭譎之思路，遮撥「氣」一層次之執著，以反顯天道之無所作、無所為而無不成。如是，則大勇而不武，大威而不怒，大爭而不與，大用而為之下。體此者，天之道。

「是謂不爭之德，是謂用人之力，是謂配天（古）之極」——此章既為老子論統兵作戰之道，統兵作戰即「爭」之事。今曰「不爭之德」，乃應乎上段前三句之旨，蓋以「不武」、「不怒」、「不與」故。然而，「不武」，實為大勇而不武；「不怒」，實為大威而不怒；「不與」，實為大爭而不與。故其「不爭」，如天道然，何「武」之有？而「勇」莫大焉！何「怒」之有？而「威」莫大焉！何「與」之有？而「爭」莫大焉！故綜稱之為「不爭」，而實為大爭而不爭，是體天道而有得之「不爭之德」。

「是謂用人之力」，此句與上段第四句相應。上段第四句既言「為之下」，為使智者盡其智，能者盡其能，力者盡其力，皆為所綜合而用之，故曰「是謂用人之力」。

「是謂配天（古）之極」，「古」字，俞曲園、諸子（老子）平議、第九三頁，以為是衍文，（見前文引文）甚有理。「天之極」，「天」者，天道；天以自然為道。「極」者，極則，最高之準則。天道以自然為最高之準則。夫大勇而不武，大威而不怒，大爭而不與；所謂大爭而不爭之德者。以及為之下以用人之力者。是為合乎天道自然之最高準則。

此章，論善於統兵作戰者，不鼓盪其氣機，不落入對抗之格局；而能率領天下豪傑以大用之，所以合乎天道自然之極則。

不敢為主

不敢為主 六十九
用兵有言吾不敢為主
而為客不敢進寸而退
尺是謂行無攘無臂
行

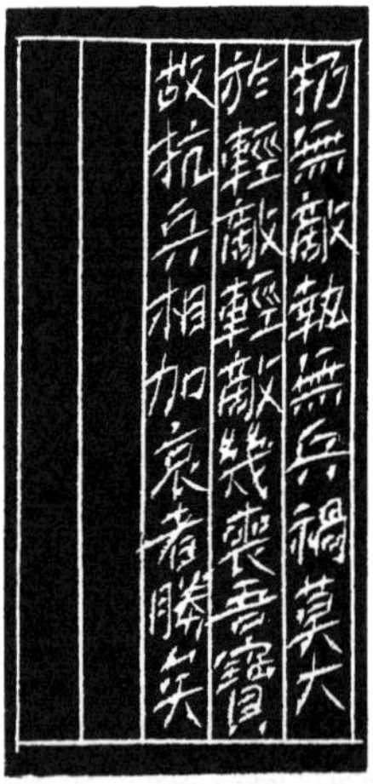

扔無敵執無兵禍莫大
於輕敵輕敵幾喪吾寶
故抗兵相加哀者勝矣

第六十九章

用兵有言，吾不敢為主而為客，不敢進寸而退尺。是謂行無行，攘無臂，扔無敵，執無兵。禍莫大於輕敵，輕敵幾喪吾寶。故抗兵相加，哀者勝矣。

(一)、高亨、老子正詁、第一三八頁、曰：「此句當作『古之用兵者有言』。『古』字竄入上章，又捝『之』字耳。『古之善用兵者』，與十五章、六十五章：『古之善為道者』辭例相同。此采馬其昶、馬敘倫、奚侗各家說。」

(二)、宋常星、道德經講義、第二五二頁、曰：「兵之先舉者為主，兵之後應者為客。智勇當先者謂之進，謙遜自處者謂之退。」

(三)、馬敘倫、老子校詁、第一八二頁、曰：「陶紹學曰：執無兵句應在扔無敵句上。弼注曰：猶行無行，攘無臂，執無兵，扔無敵也。是王同此。」

(四)、王淮先生、老子探義、第二六五頁、曰：「『行』，謂行軍。下『行』字，指行軍之目標。行無行，猶言雖欲行軍，若無目標可行。『攘』，奮也，舉也。攘無臂，猶言雖欲奮臂，若無臂可奮。『兵』，謂兵器，干戈之屬。執無兵，猶言雖欲執持兵器，若無兵器可執。『扔』，引也，牽引、擒拿也。扔無敵，猶言雖欲擒拿敵人，若無敵人可供擒拿也。四句一貫，皆所以喻用兵之必以無心為本，以不爭為貴也。」

(五)、王弼、老子注、第八二頁、曰：「寶，三寶也。……抗，舉也。加，當也。」

(六)、朱謙之、老子校釋、第二七九頁、曰：「蔣錫昌曰：『說文：「哀，閔也。」閔者，即六十七章所謂「慈」也。此言兩方舉兵相當，其結果必慈者勝。』」

案：「用兵有言，『吾不敢為主而為客，不敢進寸而退尺。』是謂行無行，攘無臂，扔無敵，執無兵」——首句，高亨、老子正詁、第一三八頁，以為當作「古之用兵者有言」，（見上文引文）句意較為完足。

「不敢為主而為客」，「主」者，主動之地位。「而」者，轉折之助詞，祇是也。「客」者，被動之地位。意謂不敢主動挑起爭端，祇是被動採取應戰。「不敢進寸而退尺」，不敢恃智任勇以求躁於進，祇是謙遜退讓以免攖其鋒。此天行之道也。蓋天之行也，不見其主動之措舉，但見其應時而順成。不見其躁切之急進，但見其謙虛而和緩。用兵之道猶如是。故老子或為引之，或為託之，以申論用兵之道。至於其戰術，

(1)「行無行」，兩「行」字皆作行陣解。意謂用兵陳列行陣，而無所陳列。

(2)「攘無臂」，「攘」者，奮舉。意謂用兵奮舉膀臂，而無所奮舉。

(3)「執無兵」，馬敘倫、老子校詁、第一八二頁，引陶紹學，以為「執無兵」句，當在「扔無敵」句之前。（見上文引文）茲從之。「兵」者，武器。意謂用兵執持武器，而無所執持。

(4)「扔無敵」，「扔」者，王淮先生、老子探義、第二六五頁，作擒拿解，（見上文引文）其義甚當。意謂用兵擒拿敵人，而無所擒拿。

以上四句，乃以即立即掃之句法，謂於具體之戰術上，固然有所陳列行陣、奮舉膀臂、執持武器、擒拿敵人。然而於超越之道術上，則行陣無所陳列，膀臂無所奮舉，武器無所執持，敵人無所擒拿。即雖「有」而無所「有」，體「無」故也。用兵而體「無」，乃老子義最高境界之用兵之道。

「禍莫大於輕敵，輕敵幾喪吾寶。故抗兵相加，哀者勝矣」——「輕敵」，乃呼應前文「為主」、「進寸」之態度。夫「為主」、「進寸」，於得失心理影響下，則轉出驕狂、好殺，所謂「輕敵」也；而「幾喪吾寶」。「幾」者，則也。「寶」，據王弼、老子注、第八二頁，乃指本經、第六十七章所言之三寶言。（見上文引文）故曰「禍莫大」焉。

「抗兵相加」，王弼、老子注、第八二頁，解曰，「抗」者，舉也。「加」者，當也。（見上文引文）舉兵以相爭戰。「哀者勝矣」，「哀」者，朱謙之、老子校釋、第二七九頁，引蔣錫昌，作慈閔解，（見上文引文）得矣。「慈閔」，「閔」者，憂傷，猶慈也。本經、第六十七章、第八一頁，有曰，「慈故能勇。……夫慈以戰則勝，以守則固。天將救之，以慈衛之」。是以「哀」者，乃體道之慈閔情懷，於無成無不成之推盪作用中，自有「勇」焉，故「勝矣」。

此章，論用兵之道，當以被動之態度應戰，以無所威武之方術接戰：蓋心存哀閔，所以致勝。

被褐懷玉

被褐懷玉 七十
吾言甚易知甚易行天
下莫能知莫能行言有
宗事有君夫唯無知是
以不我知知我者希則

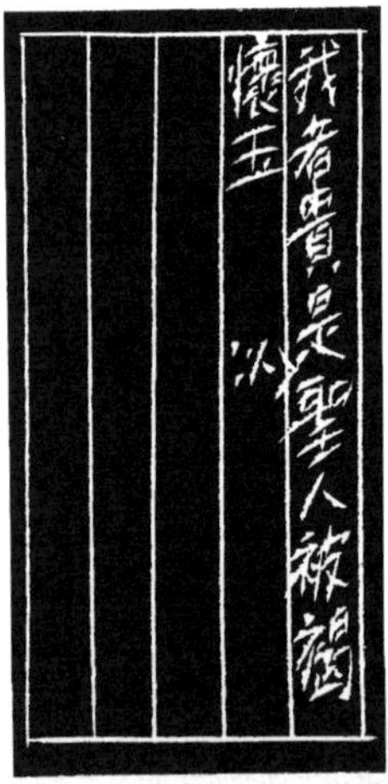

我者貴是以聖人被褐
懷玉

第七十章

吾言甚易知，甚易行。天下莫能知，莫能行。言有宗，事有君。夫唯無知，是以不我知。知我者希，則我者貴。是以聖人被褐懷玉。

(一)、陸西星、老子道德經玄覽、第一三五頁、曰：「老聖著書至此，始明立言宗旨。言吾著書八十一章，推原道之意，亦甚易知易行，而天下卒莫能知，莫能行。何哉？蓋以天下之人，徒得其言，而不得其所以言，是以舉而行之，卒多滅裂。」

(二)、韓非子、主道篇、第一七頁、曰：「道者，萬物之始，是非之紀。是以明君守始以知萬物之源，治紀以知善敗之端。」

(三)、丁福保、老子道德經箋注、第九一頁、曰：「宗，主也。眾言之中有至言，故曰言有宗。君，亦主也。舉世之事，道為之主。故曰事有君。……聖人知道之不易告人，故容貌若愚。被褐則外襲其明，懷玉則內韞其真，何嘗求知於人哉！」

案：「吾言甚易知，甚易行。天下莫能知，莫能行」——「吾言」，乃老子自稱其著此道德經之教言。「甚易知」，「甚易行」，則謂其教言之指趣。蓋老子著此道德經，其教言之恉趣，乃剋就人間社會，或直截批判以鍼砭，或遮撥反顯以啟迪，皆無不呼應其道德智慧。是以「知」者，心領神會即「知」之，故曰「易」。「行」者，體道用德即「行」之，故曰「易」。然而，天下人，其心智，每拘於概念知解，滯於具體生活，對老子直截批判以鍼砭者，無所契悟，故「莫能知」。其實踐，每耽於名利誘惑，縱於情欲追求，對老子遮撥反顯以啟迪者，無所應會，故「莫能行」。

「**言有宗，事有君。夫唯無知，是以不我知**」——「宗」者，祖也，本源也。「言有宗」，乃謂老子自稱其道德經之教言皆有本源，「道」是也。「道」者乃觀念所自抒發之本源，屬於形而上者，非概念知解所可拘囿，故以直截批判之方式鍼砭之。「事有君」，乃謂老子自稱其道德經之敘事皆有主宰，「道」是也。道者乃萬事所自發展之主宰，屬於形而上者，非名利誘惑所可耽戀，故以遮撥反顯之方式啟迪之。

「夫唯無知」，乃上應前文「天下莫能知」句，謂世人之心智每拘囿於概念知解，滯於具體生活，故「無知」，「是以不我知」。「不我知」即「不知我」之倒裝句。不知我，即不知我「甚易知」、「甚易行」之「言」。

「**知我者希，則我者貴。是以聖人被褐懷玉**」——「希」者，少也。世人之心智，每每拘囿於概念知解，耽戀於名利追求，少有契悟我所謂「言有宗」之「宗」，所謂「道」也；少有應會我所謂「事有君」之「君」，所謂「道」也。故曰「知我者希」。「則」者，效法。如果世人能自覺其智慧，以領會於我所言之「言有宗」之「宗」。能體道而用德，以契悟於我所言之「事有君」之「君」，則為有道之士，於道德價值上為「貴」者，故曰「則我者貴」。

「是以聖人被褐懷玉」，「褐」者，粗布衣，庶民之服。老子所述之言，由於「言有宗」、「事有君」，頗有高致之妙。其大用則無不切合於人間社會，以見平易之趣。可惜「天下莫能知，莫能行」。聖人體道用德，無奈，則唯外而「被褐」，（穿粗布衣）以示消融自己，而與世俗同其平凡；內而「懷玉」，（存其本真——此取丁福保、老子道德經箋注、第九一頁之義。見上文引文）以歸於自己，而保持其超越境界之真精神。亦有所待乎！

此章，闡述道德經之教言，雖屬高致，亦實平易。而世人囿於知解之意識形態，耽於實然之情欲心理，以致兩不相應。故聖人唯內存其真，外順其俗。

聖人不病

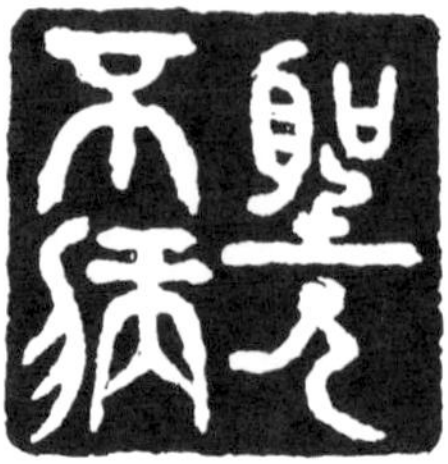
聖人不病

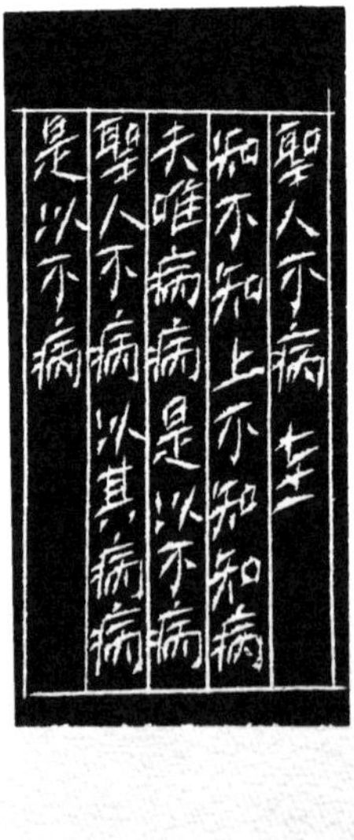
聖人不病 七十一
知不知上不知知病
夫唯病病是以不病
聖人不病以其病病
是以不病

第七十一章

知，不知，上；不知，知，病。夫唯病病，是以不病。聖人不病，以其病病，是以不病。

㈠、河上公、老子章句、第六九頁、曰：「知道，言不知，是乃德之上。不知道，言知，是乃德之病。夫唯能病苦眾人有強知之病，是以不病也。」

㈡、俞曲園、諸子（老子）平議、第九四頁、曰：「樾謹按：上文已言夫唯病病，是以不病。此又言以其病病，是以不病。則文複矣。韓非子、喻老篇，作聖人之不病也，以其不病，是以無病。當從之。蓋上言病病，故不病。此言不病，故無病。兩意皆承。不病者，不以為病也。」

㈢、釋憨山、老子道德經解、第二五一頁、曰：「……然世人之知，乃敵物分別之知，有所知也。聖人之知，乃離物絕待，照體獨立之知，無所知也。」

案：「**知，不知，上；不知，知，病。夫唯病病，是以不病**」——首句，「知，不知，上」之第一「知」字，乃悟性作用之悟知，即以道家義之道德心靈，契悟屬於形而上之萬物本源，所謂「道」者。第二「不知」之「知」字，乃知性作用之解知，即以知性心靈，運用概念架構以解知形而下之實然現象。因此，「知，不知，上」者，意謂以道家義之道德心靈，直覺悟知形而上之道之全體大用；而不滯於知性心靈運用概念架構以解知而已，斯為上等之道德智慧。

次句，「不知，知，病」，第一「不知」之「知」字，亦作悟性作用之悟知解。「不知」，乃謂未能運用道德心靈，以契悟為萬物本源之形而上、所謂「道」者之全體大用。第二「知」字，則指僅以知性心靈，運用概念架構，以解知此形而上所謂「道」者；實際上根本不相應，卻自以為「知」。斯為「病」矣。「病」者，錯誤。

「夫唯病病」，「病病」，如果化為意謂句，則成「以病（指下病字）為病（指上病字）」。如果套入所承之上句，則為「以『不知，知，病』之『病』（錯誤）為『病』（錯誤）」。今倒裝為「病病」，即「『病』其『不知，知，病』之『病』」。上「病」字，以能「病（其）病」，故作為覺悟解。如果再套入所承之上句，則為「自覺醒悟（上『病』字之義）『不知，知，病』之『病』（錯誤——下『病』之義）」。若然，故下句曰「是以不病」，即「所以不再有錯誤（病）」。

「**聖人不病，以其病病，是以不病**」——「聖人不病」，此先稱許聖人已超越「不知，知，病」之執著，而達到「知，不知，上」之境界。「以其病病」，此指點「聖人不病」之所以然理由。「病病」，與上段「夫唯病病」之「病病」同解。「是以不病」，「不病」，與「聖人不病」之「不病」同解。「是以不病」乃迴應「聖人不病」，並為其作歸結。

此段，俞曲園、諸子（老子）平議、第九四頁，以為與上段之文有所重複，故引韓非子、喻老篇之引文，另作校正。（見上文引文）其實，此段與上段，看似有所重複，然而，如果比較其立論之觀點，誠有不同，即，前段，首先並舉「知」有「上」與「病」兩種形態。其次，指點其功夫所在。然後，期勉其所至之境界。而後段，則首先稱許聖人所至之境界。其次，解析其所以如斯之功夫進境。然後，歸結以迴應聖人之所以能有如此之成就。

此章，判定「知」（知道）有悟知與解知兩層次，世人可漸修而至，聖人則頓悟而成，其所及之境界則一。

知不自見

知不自見 七十二
民不畏威則大威至無
狎其所居無厭其所生
夫唯不厭是以不厭是
以聖人自知不自見自
愛不自貴故去彼取此

第七十二章

民不畏威，則大威至。無狎其所居，無厭其所生。夫唯不厭，是以不厭。是以聖人自知不自見，自愛不自貴。故去彼取此。

(一)、王淮先生、老子探義、第二七一頁、曰：「威，謂深可畏而大有害之事。上威字，喻在上為君者之『苛政』與『暴政』；下威字，喻暴政下之人民，忍無可忍所可能暴發之『革命』與『造反』。」

(二)、朱謙之、老子校釋、第二八五頁、曰：「(狎)……疑王本亦作『狹』。……奚侗曰：『「狹」即說文「陜」字，隘也。隘有迫誼。「厭」，說文：「笮也。」此言治天下者，無狹迫人民之居處，使不得安舒；無厭(壓)笮人民之生活，使不能順適。』」.

(三)、高亨、老子正詁、第一四二頁、曰：「亨按：上厭字即上文『無厭其所生』之厭。(壓)下厭字，乃六十六章『天下樂推而不厭』之厭。言夫唯君不厭(壓)迫其民，是以民不厭惡其君也。」

(四)、丁福保、老子道德經箋注、第九三頁、曰：「是以聖人自知而已，不自見以誇人；自愛而已，不自貴以上人。」

案：「民不畏威，則大威至。無狎其所居，無厭其所生。夫唯不厭，是以不厭」——上「威」字，指國君逼迫百姓之權威。下「威」字，則指百姓反抗國君之怒威。夫眾怒難犯，故曰「大威」。老子對為政之道之主張，乃體虛靜而用無為。當時國君處於大爭之世，每以權威逼迫百姓。老子乃以假然推理之方式，指陳此一官逼民反之危機。即，（如果）百姓忍受國君權威，超過某一限度，（則）激起其羣起反抗之怒威。

「無狎其所居，無厭其所生」，「無」者，不可有之也。「狎」者，通作狹，同音相假借，迫也。「居」者，指百姓之生存空間。「厭」者，通作壓，聲母假借以代聲子，即壓迫。「生」者，指百姓之生活條件。是兩句乃暗寓指陳國君權威所加於百姓之兩大苛政。「無狎其所居」，「無厭其所生」，意謂不可緊縮百姓之生存空間，不可壓迫百姓之生活條件。正面主張，即勉勵國君於現實上讓開一步，使百姓擁有廣闊之生存空間，與滿足之生活條件。老子所以提示如此之勸勉，其最高境界在於庶幾國君與百姓能相安、相忘於其化道。

「夫唯不厭，是以不厭」，上「厭」字，與前文「無厭其所生」之「厭」同義，作壓迫解。下「厭」字、高亨、老子正詁、第一四二頁，作厭惡解，（見前文引文）甚是。此兩句亦以假然推理之句法，迴應前文，即，（如果）國君不緊縮百姓之生存空間，不壓迫百姓之生活條件；（則）百姓亦不厭惡其國君，蓋化戾氣所以致祥和。

「是以聖人自知不自見，自愛不自責。故去彼取此」——上段，揭示**「如果官逼則民反之危機」**，以及相應以避免之存心，此段，則啟示聖人消弭官逼民反之危機之道術。

(1)、「自知不自見」，「知」者，悟知。「自知」，即自覺其體道成德之全幅歷程。

「見」者，表現。「不自見」，即不表現其才智、才能；亦即無作無為。

(2)、「自愛不自貴」，「愛」者，精神之投注。「自愛」，即凝斂精神，歸於自己。「貴」者，矜持。「不自貴」，即不矜持其君臨天下之社會價值地位。

「去彼取此」，即捨棄「自見」、「自貴」之世俗情懷。選取「自知」、「自愛」之絕對性卓然心境，使百姓各有廣闊之生存空間，各有滿足之生活條件。斯為「道化之治道」。

（「道化之治道」一詞，借用牟宗三先生之語。見牟宗三先生、政道與治道、第二章、第三節、第三二頁）

此章，告誡眾怒難犯，必須尊重百姓擁有廣闊之生存空間、與滿足之生活條件，則上下相安、相忘於化道。故聖人善自凝斂以卓立其絕對性心境。

天網恢恢

天網恢恢　七十三
勇於敢則殺勇於不敢
則活此兩者或利或害天
之所惡孰知其故是以

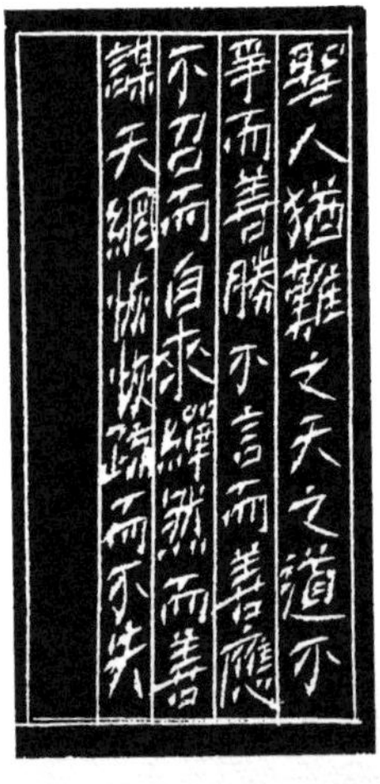

聖人猶難之天之道不
爭而善勝不言而善應
不召而自來繟然而善
謀天網恢恢疏而不失

第七十三章

勇於敢則殺，勇於不敢則活。此兩者。或利或害。天之所惡，孰知其故？是以聖人猶難之。天之道，不爭而善勝，不言而善應，不召而自來，繟然而善謀。天網恢恢，疏而不失。

(一)、成玄英、老子義疏、第四五六頁、曰：「勇，猛進也。敢，果決也。」

(二)、魏源、老子本義、第六一頁、曰：「源案：此老子憫時救世之心，見當世勇於用刑，故戒之曰：人之用勇，不可不慎也。有勇於敢者，則常主於必殺。有勇於不敢者，則常主於活人。此兩者其用勇則同，而一利一害分焉。不可不審也。何則？人之勇於敢殺者，豈不自以為順天之所惡，故毅然行之而無難。然天意深遠矣，孰知其果為天所惡之人乎？是以奉天討之聖人，而於刑誅之際，猶兢兢然不敢輕易之。」

(三)、河上公、老子章句、第七一頁、曰：「繟，寬也。天道雖寬博，善謀慮人事，修善行惡，各蒙其報也。天所網羅，恢恢甚大，雖疏遠，司察人善惡，無有所失。」

案：「**勇於敢則殺，勇於不敢則活。此兩者，或利或害。天之所惡，孰知其故？是以聖人猶難之**」——首兩句所謂「勇」者，所指何人？頗有異說。獨魏源、老子本義、第六一頁，（見前文引文）其見最為適切，茲據之。

「勇於敢則殺」，「勇」者，猛進。「敢」者，果決。「則」者，輒也，往往也。夫為人君者，凡遇物之不應者，則視如寇讎，鼓盪其血氣之勇，輒猛進果決以殺之。「勇於不敢則活」，為人君者，凡遇誤蹈法網者，則視如赤子，自覺其義理之勇，輒猛進果決而憐憫寬恕以活之。

「此兩者，或利或害」，「兩者」，指前文「勇於敢」之「血氣之勇」，與「勇於不敢」之「義理之勇」，固同為「勇」焉。然而，義理之勇「勇於不敢則活」，誠為「利」也。血氣之勇「勇於敢則殺」，則為「害」矣。血氣之勇所以「勇於敢則殺」，乃判定物之不應者，為「天之所惡」，故「則殺」之。其實，天之旨意深遠難測，「孰知其故」？非道德精熟者莫能契；豈可僅憑一己私意之揣測，即妄下斷語？此所以「聖人猶難之」。蓋猶難於判斷，故不敢妄加附會以「則殺」。

「天之道，不爭而善勝，不言而善應，不召而自來，繟然而善謀。天網恢恢，疏而不失」——前文指陳國君之「勇於敢則殺」，每扭曲天意以為藉口；此段則詮釋天道之玄然大用。

(1)「不爭而善勝」，現實社會，「爭」乃有致勝之可能。天之道，虛沖謙退，無所爭，而覆幬所及，萬物無不聽命，是「不爭而善勝」。

(2)「不言而善應」，相對世界，以「言」呼之，乃有所應。天之道，默然不言，而萬物應之春以生，夏以長，……是「不言而善應」。

(3)「不召而自來」，人間社會，以令召之，乃有來者。天之道，寂靜不令，而萬物無不仰趨，是「不召而自來」。

(4)「繟然而善謀」，「繟」，寬舒貌。具體世界，須縝密謀慮，始成功業。天之道，寬舒無為，生成萬物，而萬物自爾各成品類，是「繟然而善謀」。

以下四端，「不爭」、「不言」、「不召」、「繟然」，皆以遮撥之筆法，反顯天道之無作無為自己。而「善勝」、「善應」、「自來」、「善謀」，則彰著其玄然大用。然則，夫復何所用「勇於敢則殺」為？

「天網恢恢，疏而不失」，「恢恢」，寬廣。天道如網羅，寬廣無邊，莫不盡為所涵蓋；雖似疏闊，而對萬物之價值判斷，實無所漏失。

此章，告誡不可勇於妄殺。蓋天意難知；但見其無所事事，而效應信然；涵蓋所及，自有價值判斷於其間。

民不畏死

民不畏死

民不畏死 七十四
民不畏死奈何以死懼
之若使民常畏死而為
奇者吾得執而殺之孰
敢常有司殺者殺夫代
司殺者殺是謂代大匠
斲夫代大匠斲者希有
不傷其手矣

第七十四章

民不畏死，奈何以死懼之？若使民常畏死，而為奇者，吾得執而殺之，孰敢？常有司殺者殺。夫代司殺者殺，是謂代大匠斲。夫代大匠斲者，希有不傷其手矣。

(一)、王弼、老子注、第八六頁、曰：「詭異亂羣謂之奇也。」

(二)、河上公、老子章句、第七二頁、曰：「以道教化而民不從，反為奇巧，乃應王法執而殺之，誰敢有犯者。……司殺者天，居高臨下，司察人過。……天道至明，司殺者常，猶春生、夏長、秋收、冬藏、斗杓運移，以節度行之。」

(三)、俞曲園、諸子（老子）平議、第九四頁、曰：「樾謹按：常當作尚。……尚者，上也。上有司殺者，謂天也。」

案：「民不畏死，奈何以死懼之？若使民常畏死，而為奇者，吾得執而殺之，孰敢」——「奈何」，猶如何。「民不畏死」，畏死，乃人之常情。今曰「不畏死」，則有違常情。「奈何以死懼之」？其意在點醒國君，當深切反省，民所以不畏死，其緣由，①、是否國君違悖天意，逞其權威，以致官逼民反？②、是否年景歉收，以致百姓饑寒交迫，鋌而走險？

「若使民常畏死」，必須使民具備珍惜生命之條件，本經、第十章、第一二頁、曰：「愛民治國，能無知（智）乎！」又、第三十七章、第四三頁、曰：「道常無為而無不為。」夫「無為」，則百姓擁有自由自在之生活空間。「無不為」，則百姓得以有所安，得以有所養。斯之謂「道」。蓋謂上、下各循其自然，各盡其當然而已。若然，猶有「而為奇者」，「奇」者，王弼、老子注、第八六頁，作詭異亂羣解。（見前文引文）「吾得執而殺之」，即自以為替天行道，去蕪存菁，可收「孰敢」之效；其實不然。

「常有司殺者殺。夫代司殺者殺，是謂代大匠斲。夫代大匠斲者，希有不傷其手矣」——「常」者，俞曲園、諸子（老子）平議、第九四頁，以為「常」當作尚，上也，指天道言。（見前文引言）此解於文義較順。「司殺」，職掌誅殺者。「常有司殺者殺」，意謂凡遇「而為奇者」，超越根據言之，在上有天道職掌誅殺而執行誅殺。「夫代司殺者殺」，乃謂如果刻意自認代替天道執行誅殺，而實出於一己之好惡，不符天道自然之運；「是謂代大匠斲」，即自以為代大匠運斤以斲。「夫代大匠斲者」，蓋大匠之斲，乃無所使氣，無所著力，亦即斲而不斲；而自以為代之者，「希有不傷其手矣」。「希」者，少也。「傷其手」，示其不合自然之道，而難免染污其潔淨之手。

此章：提醒為政者，當使民珍惜生命。或有詭異亂羣（奇）者，自有天命懲處，非人所可得而代。

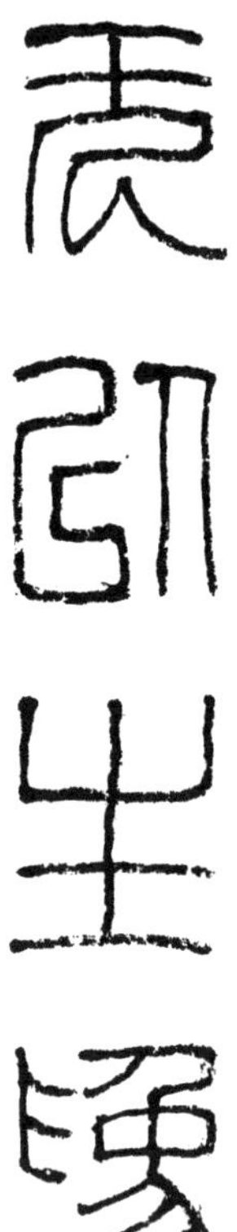

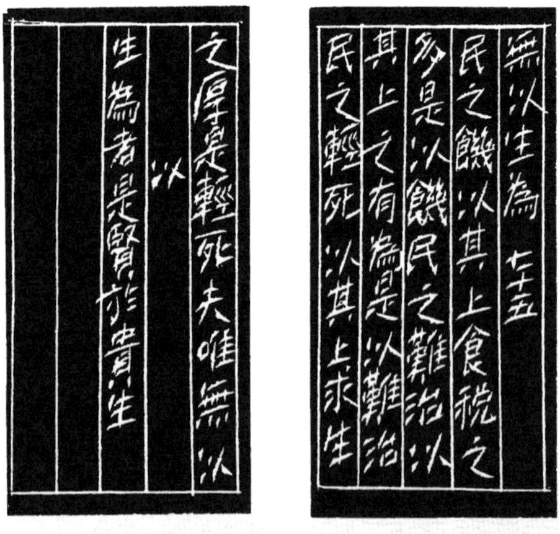

無以生為　七十五
民之饑以其上食稅之
多是以饑民之難治以
其上之有為是以難治
民之輕死以其上求生
之厚是輕死夫唯無以
以
生為者是賢於貴生

第七十五章

民之饑，以其上食稅之多，是以饑。民之難治，以其上之有為，是以難治。民之輕死，以其上求生之厚，是以輕死。夫唯無以生為者，是賢於貴生。

(一)、吳澄、道德經注、第一四〇頁、曰：「上有為，以智術御其下；下亦以姦詐欺其上，故難治也。……賢，猶勝也。」

(二)、王淮先生、老子探義、第二八二頁、曰：「『無以生為』，言不刻意有為以厚養其生也。世俗之人誤以刻意有為以厚養其生為貴生之道，殊不知適足以害之，何則？從客觀方面講：在上者任性縱欲以厚養其生，則民必饑貧無以為生，而輕死犯上矣。從主觀方面講：在上者縱情享樂，以厚養其生，則足以盲、爽、發狂，而自戕其生，以速其死。」

案：「民之饑，以其上食稅之多，是以饑。民之難治，以其上之有為，是以難治。民之輕死，以其上求生之厚，是以輕死」——「食」者，受納。「民之饑」，「上食稅之多」，是其原因之一。周之稅制，行徹法，什取其一。時入春秋，諸侯爭強，乃聚斂以自厚，則民給不足而饑矣。

「民之難治，以其上之有為」，「有為」，出於主觀權力意志，即，縱其情意以操控，逞其智術以御下，張其法網以繩民，而遂其目的。則民亦以機心、詐偽相對應，是以「難治」。

「民之輕死，以其上求生之厚」，追求生活享受之富厚，即食美味，衣華服，居宮室，擁仕女，玩犬馬，遊庭苑，樂馳騁。如是，靡費不貲；非多食稅、厚聚斂，不足以支應，而民窮財盡矣。復繼之以苛法令，嚴刑罰，而民不聊生矣。於是民為求生活，為求生存，不得已鋌而走險，故「輕死」。

「**夫唯無以生為者，是賢於貴生**」——「為」者，為事，經營。「無以生為」，乃對應上句「其上求生之厚」，告誡居上位者，勿以經營生活享受為事。其意乃指上文「食稅之多」與「有為」，以致病民之非而發。「是賢於貴生」，「賢」者，勝也。「貴生」特別重視生命之豐厚保養。蓋謂居上位者，萬勿經營生活享受，而導致挾其威權，對百姓生計、社會安寧、生命價值，造成深刻之戕害；且陷自己於物質生活狂瀾之中。如是，斯為勝過特別重視生命之豐厚保養。

此章，告誡為政者，切勿剝奪百姓足其食、安其分、重其死之權利。相應而言，切物特別重視經營自我生活之富厚享受。

柔弱處上

柔弱處上　七十六

人之生也柔弱其死也堅強草木之生也柔脆其死也枯槁故堅強者死之徒柔弱者生之徒是以兵強則不勝木強則兵強大處下柔弱處上

第七十六章

人之生也柔弱，其死也堅強。（萬物）草木之生也柔脆，其死也枯槁。故堅強者死之徒，柔弱者生之徒。是以兵強則不勝，木強則兵。強大處下，柔弱處上。

(一)、高亨、老子正詁、第一四五頁、曰：「『萬物』二字，傅本無。『柔脆』，蘇轍本、葉夢得本並作柔弱。……馬敘倫曰：『徒，讀為道途之途。』兵強八字，王本原作『兵強則不勝，木強則兵』。列子、黃帝篇，文子、道原篇，淮南子、原道篇，並引作『兵強則滅，木強則折』。今據改。」

(二)、成玄英、老子義疏、第四六八頁、曰：「……所以生而柔軟者，和氣存也。死而堅強者，和氣離也。舉此有識無識為喻者，意在勗勵學人，令去剛用柔也。」

(三)、焦竑、老子翼、第四五九頁、曰：「（李）息齋註：此章汎言柔弱之必生，剛強之必死。柔弱雖非所以為道，而近於無為。剛強雖未離於道，而涉於有為。無為則去道不遠，有為吉凶悔吝，隨之益遠於道矣。」

(四)、吳澄、道德經注、第一四一頁、曰：「……推此物理，則知人之德行，凡堅強者不得其死，是死之徒也。柔弱者善保其生，是生之徒也。……推此物理，則知人之德行，凡堅強者矜已陵人必壓，其貴高而反處人下矣。柔弱者眾所尊戴，而得處人上矣。」

案：「**人之生也柔弱，其死也堅強。（萬物）草木之生也柔脆，其死也枯槁。故堅強者死之徒，柔弱者生之徒**」——「萬物」兩字，高亨、老子正詁、第一四五頁，考證為衍文。（見上文引文）甚確。此章首段說明人與草木，生與死之不同現象。

(1)如果自生理現象觀之：人之生，血氣流暢，故柔弱；及其死也，則血氣凝固，故堅強。草木之生，生氣條達，故柔脆；及其死也，則生氣窒塞，故枯槁。

(2)如果自天道運行觀之；人之生，乃天道之呈現自己以伸展，故見其柔弱；及其死也，則為天道之歸於自己以收斂，故見其堅強。草木之生，亦為天道呈現自己以伸展，故見其柔脆；及其死也，亦為天道之歸於自己以收斂，故見其枯槁。（此段，參用焦竑、老子翼、第四五九頁、引李息齋之說。見上文引文）

(3)如果自德行性質觀之：人之善保其生者，為眾人所尊戴，是德行之柔弱，故為「生之徒」。「徒」者，類也。人之不得其死者，矜已陵人，是德行之剛愎，故為死之徒。（此段，參用吳澄、道德經注、第一四一頁之說。見上文引文）

以上，以人與草木為喻，指出其生其死之不同現象。進而悟知其所根據之形而上理由。然後歸結啟示德性之修養，唯柔弱始為天道大用之盛德。

「是以兵強則不勝，木強則兵。強大處下，柔弱處上」——前兩句，據高亨、老子正詁、第一四五頁所考，依列子、黃帝篇引文，當作「兵強則滅，木強則折」。（見上文引文）

夫依據上文之論證，可知「兵強則滅」，即兵勢強盛，則氣躁志驕，一旦輕舉妄動，終必敗亡。「木強則折」，樹木之堅強者，（枯槁）生機既盡，韌性已失，一遇外力所加，則必折斷。此段乃迴應前段，反申堅強者，實氣盡用窮。

「強大處下，柔弱處上」，強大者如樹木之樹幹，居樹木之下位。柔弱者，如樹木之樹枝，居樹木之上位。蓋謂唯柔弱者足以上人。

此章，比論柔弱始為生存致勝之道，堅強反而易招挫折敗亡。

不欲見賢

不欲見賢七十七
天之道其猶張弓與高
者抑之下者舉之有餘
者損之不足補之天之
道損有餘 者

而補不足人之道則不然
損不足而奉有餘孰能有
餘以奉天下唯有道者
是以聖人為而不恃功
成而不處其不欲見賢

第七十七章

天之道，其猶張弓與！高者抑之，下者舉之；有餘者損之，不足者補之。天之道，損有餘而補不足；人之道，則不然，損不足以奉有餘。孰能有餘以奉天下？唯有道者。是以聖人為而不恃，功成而不處，其不欲見賢。

(一)、高亨、老子正詁、第一四五頁、曰：「亨按：說文：『張，施弓弦也。』蓋施弦於弓時，弦之位高，則抑之；弦之位下，則舉之；弦之長有餘，則損之；弦之長不足，則補之。天道正如是耳。」

(二)、朱謙之、老子校釋、第二九八頁、曰：「(謙之案)據此，知(高者……)四句皆以張弓明消息盈虛自然之理。」

(三)、吳澄、道德經注、第一四三頁、曰：「有道之君，貴為天子，富有四海，而不自有其貴富。菲飲食，惡衣服，卑宮室，為天下惜財而不苟費。制田里，教樹藝，薄稅斂，使民家給人足。是以己之有餘而奉天下也。」

案：「天之道，其猶張弓與！高者抑之，下者舉之；有餘者損之，不足者補之」——

「天之道」之「道」，作規律義解。天之道其運行之規律，如果以陰陽之學解釋之，則其感其應，其盛其衰，其往其復，……終必維持其平衡。即本經、第四十二章、第五三頁、曰：「沖氣以為和。」此段以「張弓」為喻，故曰「猶」。「張弓」者，高亨、老子正詁、第一四五頁、曰：「施弦於弓時，弦之位高，則抑之；弦之位下，則舉之；弦之長有餘，則損之；弦之長不足，則補之。」（見上文引文）蓋謂施弦於弓，弦位之高低，弦線之長短，必須機宜調整，以求其適中，而期箭道飛馳之平衡而中的。

「天之道，損有餘而補不足；人之道，則不然，損不足以奉有餘。孰能有餘以奉天下？唯有道者」——天之道，其運也，既然，或盛或衰，或往或復，……終於維持其平衡。是以有餘者，必損之；不足者，必補之。此天道運行自然之規律。「人之道，則不然」，人之行為，每以自我為中心，而出於私心，服從趨利避害原則。例如，對於窮困而借貸者，輒收取其利息。對富貴而有求者，則酬贈其禮品。故社會每每多所不平。

「孰能有餘以奉天下？唯有道者」，「有餘以奉天下」者，吳澄、道德經注、第一四三頁，舉例曰，有道之君，貴為天子，富有四海，而菲飲食，惡衣服，卑宮室，是為天下惜財；制田里，教樹藝，薄稅斂，使民家給人足，是以己之有餘，而奉天下。（見上文引文）夫有道之君，上體天道之運，故能以有餘奉天下。則天下雖然不能避免不平，而終能返其平衡。

「是以聖人為而不恃，功成而不處，其不欲見賢」——有道之聖人，既體天道之運，「能有餘以奉天下」，以維持天下之平衡。則其為政之胸懷，坦坦蕩蕩矣。

(1)「為而不恃」，「為」者，作為。「恃」者，矜也。有所作為而不自矜其作為，即為而不為。則其「為」唯歸乎自然。

(2)「功成而不處」，此句承上句，上句意謂循乎自然以「為」。此句承之言成「功」。「功成而不處」，即功而不功。則其「功」亦歸於自然。

(3)「其不欲見賢」，「其」者，屬句首助詞，作「那是」解，指上述兩項聖人之態度。「見」者，現也。聖人之「為」、「功成」，是其賢德，價值上之有餘。而「不恃」、「不處」，即示不願表現其賢德；則「為」、「功成」，僅為「以奉天下」而已。

夫人，或擁有資源，或得天獨厚，以累積價值上之有餘。今「不欲見賢」，是自我減損，融入社會，以成就其平衡。

此章，以張弓喻天道之運行，終則反復歸於平衡。人之道則每服從趨利避害原則，以致多所不平。故有道之聖人唯盡其在己而已，亦所以奉天下也。

正言若反

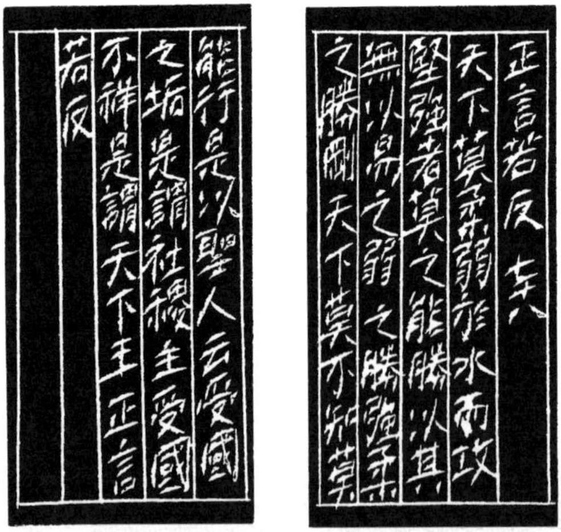

正言若反　七十八

天下莫柔弱於水而攻
堅強者莫之能勝以其
無以易之弱之勝強柔
之勝剛天下莫不知莫
能行是以聖人云受國
之垢是謂社稷主受國
不祥是謂天下王正言
若反

第七十八章

天下莫柔弱於水，而攻堅強者莫之能勝，以其無以易之。弱之勝強，柔之勝剛，天下莫不知，莫能行。是以聖人云：「受國之垢，是謂社稷主；受國不祥，是謂天下王。」正言若反。

㈠、河上公、老子章句、第七五頁、曰：「圓中則圓，方中則方，擁之即止，決之則行。水能懷山襄陵，磨鐵消銅，莫能勝水而成功也。」

㈡、朱謙之、老子校釋、第三〇三頁、曰：「謙之案：『垢』，有垢污之義。……蓋退身處後，推物在先，處眾人之所惡，故幾於道，此『垢』之本義。又『王』字，說文：『天下所歸往也。』……訓『王』為『往』，人所歸落，此『王』之本義。」

㈢、成玄英、老子義疏、第四七七頁、曰：「不祥，猶不善也。言聖人靈鑒虛通，達於善惡，若有不詳之事，輒自責躬，引過歸己，此可為天下君王也。」

㈣、焦竑、老子翼、第四六五頁、曰：「蘇（子由）註：正言合道而反俗，俗以受垢為辱，受不祥為殃故也。」

案：「天下莫柔弱於水，而攻堅強者莫之能勝，以其無以易之。弱之勝強，柔之勝剛，天下莫不知，莫能行」——「水」者，所以喻道。「柔」、「堅」，形容性質之硬度。「弱」、「強」，形容力道之強度。水，靜態觀之，其性質、相狀，隨境遇之方圓曲折而方圓曲折，以洋溢於其間，故曰「柔」。其力道內斂，似無所作為，故曰「弱」。是以曰，「天下莫柔弱於水」。動態觀之，方其一旦所遭遇者，如山如岳，如石如鐵，雖性質至堅，阻力至強；而水之流注所至，則無堅不摧，無強不克。故曰「而攻堅強者莫之能勝」，「勝」者，超過。「以其無以易之」，意謂：因為攻克堅強之事，無有比水更容易。

所喻之「道」亦然。自「體」觀之，其性質隨萬物之相狀而彌綸，故「柔」。其力道唯歸於自己，故「弱」。自「用」觀之，其所彌綸者，如山河、草木、禽獸……，雖至堅，而「道」之力用所至，雖阻力之強，亦無不隨力用之運化而化生枯榮。故亦無堅不摧，無強不克。

「弱之勝強，柔之勝剛」，此兩句乃綜結前文之旨，即以現象界「水」之詭譎能力，比喻形而上「道」之詭譎大用，所運用於政治社會之詭譎道術。「天下莫不知」，天下人莫不依其經驗，以解知之方式，知此可能。然而，每每惑於直覺感應之企圖心，以求急功近利，而致莫能實踐此詭譎之道術。故「莫能行」。

「是以聖人云：『受國之垢，是謂社稷主；受國不祥，是為天下王。』正言若反」——「垢」者，污也。「受國之垢」，依朱謙之、老子校釋、第三〇三頁之說，（見前文引文）而引申之，即指為國人所鄙視。蓋老子主張人君之道，在於虛靜而守後、處惡，故為俗情所「垢」。

實則，以其虛靜而守後、處惡，正是所謂「柔」者也，故可以為「杜稷主」。夫「社」者，土神。「稷」者，穀神。古之有國者，必立杜稷，故杜稷象徵國家，所以為邦國之主。「受國不祥」，「祥」者，善也。「不祥」即不善。「國之不祥」，指國中發生天災、人禍、蟲害、……人君引以為己過。以其謙沖而自省自責，正是所謂「弱」者也。故「是為天下王」。「王」者，往也。可為天下所歸往。

「正言若反」，此章以「弱之勝強，柔之勝剛」為主眼，「正言」，乃謂此詭譎之道術，為合於正道之言。「若反」，有如與世俗之見相違反。

此章，以水之柔弱勝堅強為喻，而述介聖人主張委屈自己以主杜稷、王天下，正是道術之詭譎為用。

有德司契

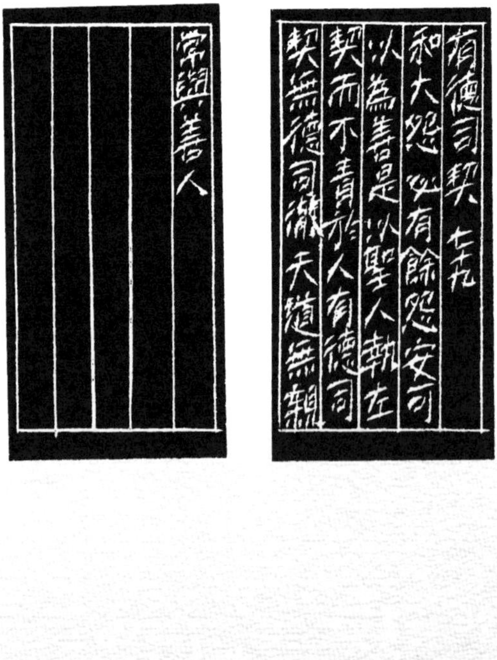

有德司契 七十九
和大怨必有餘怨安可
以為善是以聖人執左
契而不責於人有德司
契無德司徹天道無親
常與善人

第七十九章

和大怨，必有餘怨，安可以為善？是以聖人執左契，而不責於人。有德司契，無德司撤。天道無親，常與善人。

(一)、高亨、老子正詁、第一四九頁、曰：「說文：『責，求也。』凡貸人者執左契，貸於人者執右契。貸人者，可執左契以責貸於人者，令其償還。聖人執左契而不賣於人，即施而不求報也。」

(二)、朱謙之、老子校釋、第三〇六頁、曰：「『徹』當訓為剝。……大田晴軒曰：「……有德但以合人心為主，故不取於民；無德不以民情之向背為意，故唯浚而剝之為務。』……（『天道無親，常與善人』）謙之案：此二句為古語。」

案：「**和大怨，必有餘怨，安可以為善**」——「和」者，調解。「怨」者，恚恨之情緒蘊積於胸中。「大怨」，恚恨之深者。夫主觀要求之有所不遂，客觀境遇之有所不滿，則「怨」生焉。「怨」屬於情緒，為非理性者，其起伏、深淺，常常不定。調解深積之大怨，或可減輕其程度，或可撫平於一時；其「餘怨」恐將難於避免，故曰「必有餘怨」。「安可以為善」。「善」者，美滿。蓋「大怨」既生而後「和」之，且必有「餘怨」，則其「和」之，僅為一時權宜治標之策；未及「化」之之為治本之方，故曰，豈可算是美滿之方式？

「是以聖人執左契，而不責於人。有德司契，無德司徹。天道無親，常與善人」——「執左契」，高亨、老子正詁、第一四九頁，解之，大意為：「契」者，合約，分為左右兩半，借貸雙方，債權人執左半，曰「執左契」，債務人執右半，曰「執右契」。如果是聖人執左契為債權人，「而不責於人」，「責」者，求也，即不向債務人求償還。（見上文引文）如是，則手中有左契，心中無債權，蓋怨不生，已化於未然故也。

「有德司契」，「司」者，主掌。謂體道有德之人，但主執左契而已，並不求償。夫有德者，有得於天道。天道之於萬物，施與之恩深矣，但循自然之運而已，故雖施與而無所施與，雖恩深而無所恩深；即雖「有」而「無」，雖「無」而「有」；「有」「無」玄然而化。體此，則有德者，雖左契在手，而債權則忘。「無德司徹」，「徹」者，朱謙之、老子校釋、第三〇六頁、引大田晴軒之說，作剝解，（見上文引文）甚為順當。無德之人，如執左契，唯期待本息之償還，是機心之計議。

「天道無親，常與善人」，此兩句，朱謙之、老子校釋、第三〇六頁，以為是古語，而老子引之。（見上文引文）「親」者，愛也，私也。「與」，朱子、孟子、公孫丑篇下、集註、第四九頁、曰：「與，許也，助也。」老子引此古語，用於此章。「善人」，廣義言之，恰可與上文「安可以為善」句之「善」相應。即，天道之運化，無所偏私。故曰「天道無親」。

永遠稱許、幫助能消融怨情於未然之善人，故曰「常與善人」。夫「怨」者，人情之所不能免，如能消融於未生之前，斯「可以為善」。

此章，勉乎恩怨皆化，始可以為善，乃為天道之所「與」

安居樂俗

安居樂俗 八十
小國寡民使有什伯之
器而不用使民重死而
不遠徙雖有舟輿無所
乘之雖有甲兵無所陳

之使民復結繩而用之
甘其食美其服安其居
樂其俗鄰國相望雞犬
之聲相聞民至老死不
相往來

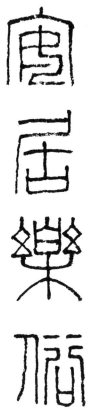

第八十章

小國寡民，使(民)有什伯之器而不用，使民重死而不遠徙。雖有舟輿，無所乘之；雖有甲兵，無所陳之。使民復結繩而用之。甘其食，美其服，安其居，樂其俗。鄰國相望，雞犬之聲相聞，民至老死不相往來。

(一)、高亨、老子正詁、第一五一頁、曰：亨按：『使』下當有『民』字，下文再言『使民』，是其證。」

(二)、俞曲園、諸子(老子)平議、第九四頁、曰：「樾謹按：什伯之器，乃兵器也。後漢書、宣乘傳、注、曰：『軍法，五人為伍，二五為什，則共其器物。故通稱生生之具為什物。』然則什伯之器，猶言什物矣。其兼言伯者，右軍法以百人為伯。周書、武順篇：「五五二十五為元卒，四卒成衛曰伯。』是其證也。什伯，皆士卒部曲之名。……徐鍇、說文繫傳，於人部下，引老子曰：「有什伯之器，每什伯共用器，謂兵革之屬。』得其解矣。……(下文)『舟輿』句，蒙『重死不遠徙』而言。『甲兵』句，蒙『什伯之器不用』而言。文義甚明。」

(三)、釋憨山、老子道德經解、第二七二頁、曰：「……若國多事，煩擾於民，或窮兵致亂，重賦致饑，民不安其居，則輕死而去之。今一切無之。……不用智，故可使結繩而用之如太古矣。」

案：「小國寡民，使（民）有什伯之器而不用，使民重死而不遠徙。雖有舟輿，無所乘之；雖有甲兵。無所陳之。使民復結繩而用之」——「寡」者，少也。「小國寡民」，此老子理想中之邦國形態。夫老子生當春秋末期，斯時，復古之風甚盛。老子所嚮往之聖君即黃帝，黃帝之時代，尚為部落杜會，老子則理想化之為小國寡民。老子對理想中小國寡民之內容，此章有下列數端之描述：

(1)「使（民）有什伯之器而不用」，高亨、老子正詁、第一五一頁，以為使字下當有「民」字，（見上文引文）甚是。「什伯之器」，伯與佰通。俞曲園、諸子（老子）平議、第九四頁，作兵器解，（見上文引文）甚當。蓋時至春秋，諸侯爭霸，兵禍連連，老子之道，反對戰爭，故主張「使（民）有什伯之器而不用」，則國際間無所爭戰。於章法上，正與下文「雖有甲兵，無所陳之」相呼應。

(2)「使民重死而不遠徙」，「重死」，以死亡為重大之不幸。「不遠徙」，不輕易遷徙遠方。此原為我華族農業社會之習性。而民之所以輕死而遠徙者，由於政令煩苛，生計困苦之故。為「使民重死而不遠徙」，唯政清令簡，始可安之；家給戶足，始可養之。

(3)「雖有舟輿，無所乘之」，「輿」者，車也。此示「民重死而不遠徙」，故「雖有舟輿，無所乘之」。

(4)「雖有甲兵，無所陳之」，「陳」者，列也。此示「(民)有什伯之器而不用」，故「雖有甲兵無所陳之」。「陳」者，陳列。

(5)「使民復結繩而用之」，上古杜會，文明未興，乃結繩以記事。其後，民智暫啟，創造文字，促進文明，而巧慧詐偽亦隨之而生，此老子所以深憂。「使民復結繩而用之」，庶幾民風復其「不識不知」之渾樸形態。

「**甘其食，美其服，安其居，樂其俗。鄰國相望，雞犬之聲相聞，民至老死不相往來**」——食、服、居，乃生活之必需；而甘之、美之、安之，則為心理之感受。就其所已擁有者，而滿足於是，則為人生之幸福！至於「樂其俗」，「俗」者，羣居生活相襲以成之風尚。既是「小國寡民」，生於是，死於是，滿足於是；融入相襲以成之風尚，則其樂無窮！是最為老子理想中、逍遙自在之生活。

「鄰國相望，雞犬之聲相聞，民至老死不相往來」，此以素樸之筆調，勾勒而成一溫馨之國度，各歸於其自己之人民，是最為老子理想中、天清地寧之社會。

又案：我華族於歷史行程之精神發展，最古老者固為原始諧和之質樸。其後，民智日啟，則自覺反省，而創造文化，開發文明。當然，其人性之醜陋，杜會之罪業，亦相應而孳生。於是，乃有價值標準之建立，庶幾指導實踐、以邁向再度諧和之最高精神境界。然而，自此章所描述者，以及所映照之本經精神旨趣，可知老子所嚮往之社會，僅為以「小國寡民」為規定之原始諧和形態而已。此不得不辨。

此章，老子勾勒其理想中、天清地寧之國家、社會形態。

爲而不爭

爲而不爭八十一
信言不美美言不信善
者不辯辯者不善知者
不博博者不知聖人不
積既以爲人己愈有既
以與人己愈多天之道
利而不害聖人之道
爲而不爭

第八十一章

信言（者）不美，美言（者）不信。善者不辯，辯者不善。知者不博，博者不知。聖人不積，既以為人己愈有，既以與人己愈多。天之道，利而不害；聖人之道，為而不爭。

(一)、俞曲園、諸子（老子）平議、第九五頁、曰：「樾謹按：此當作信者不美，美者不信。與下文善者不辯，辯者不善；知者不博，博者不知。文法一律。」

(二)、王弼、老子注、第九一頁、曰：「（『信言不美』）實在質也。（『美言不信』）本在樸也。（『知者不博』）極在一也。（『己愈有』）物所尊也。（『己愈多』）物所歸也。（『利而不害』）動常生成之也。」

(三)、焦竑、老子翼、第四八二頁、曰：「呂（吉甫）註：道之為物，……可以默契，不可以情求者也。則信言者，信此而已，安事美？善言者，善此而已，安事辯？知言者，知此而已，安事博？……聖人者，與道合體，夫何積之有哉？唯其無積，故萬物與我為一。萬物與我為一，則至富者也。故既以為人己愈有，既以與人己愈多。」

(四)、高亨、老子正詁、第一五二頁、曰：「亨按：（『為人』）為，施也。……廣雅、釋詁：『既，盡也。』既以為人己愈有，既以與人己愈多。言盡以施人而己愈有，盡以予人而已愈多也。……（『為而不爭』）為亦施也。」

案：「信言（者）不美，美言（者）不信。善者不辯，辯者不善。知者不博，博者不知」——第一組偶句，俞曲園、諸子（老子）平議、第九五頁，以為當作「信者不美，美者不信」，以與後文兩組偶句之句法相一律。（見上文引文）甚有見地。夫三組偶句，言「信」、「善」、「知」，表面上似以遮撥之筆法，構成一不相容關係，以反顯三者之絕對性價值涵義。焦竑、老子翼、第四八二頁、引呂吉甫註，以為乃默契道體之言。（見上文引文）最得其義。然則，「信」、「善」、「知」三者，乃道所呈現為絕對性之道德觀念。

(1)「信言（者）不美，美言（者）不信」，「信」者，真實，質樸。「美者」，華麗。夫體道而成「信」德，則見其體道之真實、質樸，而不見其外表之華麗，故曰「信言（者）不美」。反之，如果見其外表之華麗，則落於現象界，而不見其體道之真實、質樸。故曰「美言（者）不信」。

(2)「善者不辯，辯者不善」，「善」者，體道而踐之至於美滿之境地。「辯」者，言辭之反覆申述。夫體道而踐之，貴在循乎自然，不待言辭之反覆申述，故曰「善者不辯」。反之，如果以言辭申述，則轉為觀念化、概念化，而落於形而下，離「善」遠矣，故曰「辯者不善」。

(3)「知者不博，博者不知」，「知」者，通作智，指道家義之道德智慧。「知者」，即智者。「博」者，廣博於學。道德智慧，乃體道有得，屬於悟性作用，為無知無不知，泛應而曲當；不必博學。故曰「知者不博」。反之，如果博學，則屬於知性作用，必須運用概念架構系統，以知解外在事物，而流於抽象化，是為道德智慧之滯礙，故曰「博者不知」。

「聖人不積，既以為人己愈有，既以與人己愈多」——「積」者，累聚。高亨、老子正詁、第一五二頁，「既」作盡解。「為」作施解。（見上文引文）聖人體道成德，乃於實踐上契會天道，以超化自己；凡事循天而運，自然而應，故無所積。既體道成德，乃如道之盡施於人，而人則遵崇之，為精神上之富有，故曰「既以為人己愈有」。又如道之盡與於人，而人則歸往之，為精神上之眾多，故曰「既以與人己愈多」。

「天之道，利而不害；聖人之道，為而不爭」——「利」，益也。天之道，如春夏秋冬之運，如雨露風霜之澤，以成全萬物之生、之成之生命歷程，唯利之而已，無所害也，故曰「利而不害」。聖人之道，「為」者，高亨、老子正詁、第一五二頁，亦作施解，（見上文引文）即施為。聖人唯循其自然，本其當然，為而不為，而萬物欣欣向榮焉，何所爭？故曰「為而不爭」。

又案：本經之首章，為所安立之道體，（牟宗三先生、才性與玄理、第五章、第二節、第一四三頁，稱之為「境界形態之形而上的實體」）先作定位，定形而上存在之位；定性，定「無」「有」玄化之性。此章則列於本經之末章，歸結體道所成之德，皆不離其所本之道。而聖人一則超化自己以「成己」，一則利澤萬物以「成物」。[46]然則天之道、聖人之道融合以玄然而化之

---

[46]「成己」「成物」兩詞，義見朱子、四書、中庸、章句、第二十五章、第二二頁。

功大矣！

此章，申論「道」之呈現為指導實踐之道德觀念；而聖人體道，唯盡其施與之功，亦所以成就自己精神之富有。

天道好還相反相成

超然物外順應自然

國家圖書館出版品預行編目資料

新老子道德經闡釋 /
朱維煥著. - 初版. - 臺北市：臺灣學生，
2019.05
面； 公分
ISBN 978-957-15-1805-3 (平裝)
1. 道德經 2. 注釋
121.311 108008650

新老子道德經闡釋

著作者 朱維煥
篆書 王棲安
篆刻 沈崇詩
編輯指導 王棲安 潘燕玉
出版者 臺灣學生書局有限公司
發行人 楊雲龍
發行所 臺灣學生書局有限公司
地址 臺北市和平東路一段75巷11號
劃撥帳號 00024668
電話 (02) 23928185
傳真 (02) 23928105
E-mail student.book@msa.hinet.net
網址 www.studentbook.com.tw
登記證字號 行政院新聞局局版北市業字第玖捌壹號
印刷 蘭潭彩色印刷股份有限公司
定價 新臺幣三二〇元
出版日期 二〇一九年五月二十日 初版
ISBN 978-957-15-1805-3

12172
有著作權・侵害必究